컨테이저스

전략적 입소문

이 도서의 국립중앙도서관 출판예정도서목록(CIP)은 서지정보유통지원시스템 홈페이지(http://seoji.nl.go.kr)와
국가자료종합목록 구축시스템(http://kolis-net.nl.go.kr)에서 이용하실 수 있습니다.
(CIP제어번호: CIP2013017570)

컨테이저스
CONTAGIOUS
전략적 입소문

조나 버거 지음
정윤미 옮김

문학동네

언제나 나를 믿고 응원해주신
부모님과 할머니에게 이 책을 바칩니다.

CONTAGIOUS
CONTENTS

PROLOGUE

유행의 비결

2004년 3월, 하워드 와인Howard Wein은
필라델피아로 이사했다. 그는 이미 서비스 업계에서 잔뼈가 굵
은 사람이었다. 호텔 경영으로 MBA 학위를 취득했으며 스타우
드 호텔의 W 브랜드를 창립한데다 식음료사업부 책임자로서 수
십억 달러의 매출을 기록한 장본인이었다. 그러나 하워드는 더
이상 '대형' 호텔에서 일할 생각이 없었다. 그는 비교적 규모가
작은, 음식점 중심의 사업을 하고 싶었다. 그래서 필라델피아로
자리를 옮겨 바클레이 프라임Barclay Prime이라는 고급 스테이크 하
우스를 열었다.

콘셉트는 아주 간단했다. 바클레이 프라임을 사람들의 기대를
초월하는 최고의 스테이크 전문점으로 만드는 것이 목표였다.
가게는 필라델피아 시내 중심가에 있었는데 입구는 대리석으로

장식한 뒤 은은한 조명을 켜두었다. 식당 내부에는 흔히 볼 수 있는 식당용 의자 대신 소형 대리석 테이블에 푹신한 소파를 두었다. 주방에는 동서양 곳곳에서 가져온 굴이나 러시아산 캐비아 등 신선한 해산물이 풍성하게 준비되어 있었다. 송로버섯을 얹은 감자와 알래스카에서 페덱스로 당일 배송한 대형 넙치 요리도 주문할 수 있었다.

그러나 하워드는 우아한 분위기와 질 좋은 음식만으로는 승부를 볼 수 없다고 생각했다. 사실 식당의 대표 메뉴는 이미 사양길에 접어들고 있었다. 스테이크 전문점의 25퍼센트 이상이 1년 만에 폐업하는 추세였으며 개업 후 3년을 버티지 못하는 곳이 60퍼센트를 넘었다.

음식점이 금세 문을 닫는 이유는 한두 가지가 아니었다. 일단 식재료 비용이 많이 들었고 요리, 서빙, 매장 관리 등에 필요한 인건비도 만만치 않았다. 게다가 이미 시내 곳곳에는 경쟁업체가 즐비했다. 주요 대도시에는 스테이크 하우스 같은 미국인들이 즐겨 찾는 식당이 한 블록 건너 하나씩 자리잡고 있었다.

대부분의 영세업체가 그러하듯 이런 상황에서는 음식점 또한 인지도를 확보하지 못하면 결코 성공할 수 없다. 하지만 음식맛이 좋다는 소문은 고사하고 새로 식당을 개업했다는 입소문을 내는 것조차 쉽지 않았다. 그가 예전에 몸담았던 대형 호텔 체인과 달리 개인 사업자가 운영하는 음식점 대다수는 광고나 마케팅에 투자할 자금이 충분치 않아서 고객의 입소문에 의존할 수밖에 없었다.

하워드는 입소문을 내야 살아남을 수 있다는 것을 잘 알았다. 필라델피아에는 이미 고급 스테이크 전문점이 수십 개나 있었으므로 바클레이 프라임만의 차별화 전략이 필요했다. 경쟁을 뚫고 그의 브랜드를 알리려면 어떻게 해야 할까? 사람들의 입에 그의 가게가 오르내리려면 무슨 수를 써야 할까?

그렇다면 100달러짜리 치즈스테이크(필라델피아의 명물로 일종의 오픈 샌드위치다― 옮긴이)는 어떨까?

당시 필라델피아의 샌드위치 가게, 햄버거 가게, 피자 가게 수백 군데에서 파는 일반적인 치즈스테이크는 통상 4~5달러였다. 조리법도 간단했다. 불판 위의 스테이크를 잘라서 샌드위치 빵에 넣고 프로볼로네 치즈나 치즈 위즈를 위에 얹는 것이 전부였다. 이 지역의 대표적인 패스트푸드로 맛은 좋았으나 분명 고급 음식은 아니었다.

하워드는 저렴한 먹을거리로 알려진 치즈스테이크를 최고급 요리로 새롭게 준비해서 뉴스에 보도될 만큼 비싼 값을 매기면 입소문이 날 거라고 생각했다. 먼저 그는 직접 만든 신선한 샌드위치 빵에 집에서 만든 겨자 소스를 바르고 얇게 썬 고베神戸 와규를 올렸다. 마블링이 거의 완벽에 가까운 최고급 쇠고기였다. 그다음 캐러멜 소스를 곁들인 양파, 껍질을 벗긴 얼룸 토마토, 트리플 크림이 들어간 탈레지오 치즈를 넣었다. 그리고 그 위에 직접 재배한 흑송로버섯과 버터를 듬뿍 바른 메인 로브스터(메인 주는 로브스터로 유명하다—옮긴이) 꼬리를 올렸다. 여기서 그치지 않고 더 특별하게 뵈브 클리코 샴페인까지 차갑게 해서 한 잔 곁들여 냈다.

사람들의 반응은 폭발적이었다.

그들은 샌드위치를 직접 맛보는 데 그치지 않고 누가 시키지도 않았는데 주변 사람들에게 열성적으로 스테이크에 대해 알리기 시작했다. 어떤 사람은 "처음으로 이 스테이크를 먹어본 집단은 스테이크에 대해 온갖 이야기를 할 수 있는 우위를 점하는 것"이라고 했다. 일부에서는 그 샌드위치가 "솔직히 말해서 이루 다 말로 할 수 없을 정도로 놀라웠다. 이렇게 고급 재료를 사용하면 도저히 평범한 음식이 될 수 없다. 그야말로 금덩어리를 그대로 베어 문 격이었다"고 평했다. 실제로 맛은 둘째 치고 가격도 금덩어리에 비할 만큼 고가였다.

하워드는 그저 남들이 생각지 못한 치즈스테이크를 내놓은 게 아니라 새로운 화젯거리를 창출했다.

이 방법은 성공적이었다. 100달러짜리 치즈스테이크에 대한 입소문은 삽시간에 퍼졌다. 바클레이 프라임에 가본 사람에게 그곳이 어땠냐고 물어보라. 정작 다른 메뉴를 주문했더라도 일단 100달러짜리 치즈스테이크에 대해 언급할 것이다. 바클레이 프라임에 가본 적 없는 사람들도 그 치즈스테이크로 이야기꽃을 피운다. 이렇게 많은 이들의 입에 오르내리자 유에스에이 투데이, 월스트리트저널 같은 유명 매체에서 샌드위치를 특집 기사로 다루기까지 했다. 디스커버리 채널이 제작한 〈최고의 음식Best Food Ever〉 쇼에도 등장했다. 데이비드 베컴도 필라델피아를 방문했을 때 이 샌드위치를 먹었으며 데이비드 레터맨David Letterman은 바클레이 프라임의 수석 요리사를 뉴욕으로 초빙해 〈레이트 쇼Late Show〉에서 샌드위치를 직접 만들게 했다. 샌드위치에 대한 입소문 하나에서 이 모든 것이 시작된 것이다.

입소문은 매장 운영에 큰 도움이 되었다. 이제 바클레이 프라임은 개업 10주년이 눈앞이다. 예상과 달리 바클레이 프라임은 폐업 위기를 맞기는커녕 나날이 번창하고 있다. 지금까지 다수의 요리상을 수상했으며 매년 필라델피아 최고의 스테이크 전문점 명단에 이름을 올리고 있다. 하지만 이보다 더 중요한 점은 입소문이 계속 이어진다는 것이다. 바클레이 프라임은 인기몰이에 성공했다.

특정 제품, 아이디어, 행동이
인기를 끄는 이유는 무엇일까?

■ ■ ■

지금까지 수많은 것이 유행을 선도했다. 몇 가지를 들자면 노란색 리브스트롱 손목밴드, 무지방 그리스식 요구르트, 식스시그마six sigma 경영 전략, 금연 운동, 그리고 저지방식, 앳킨스Atkins, 사우스비치South Beach 등의 다이어트들, 저탄수화물 열풍 등이 있다. 지역 규모로 작은 열풍이 불기도 한다. 동네마다 인기 있는 헬스클럽이 따로 있고 새로 생긴 교회나 유대교 회당이 인기를 끌기도 하고, 새 학교를 지을지 말지 결정하는 투표에 사람들의 관심이 집중되기도 한다.

이 모든 것이 바로 사회적 유행social epidemic의 예시다. 제품이나 아이디어, 행동이 많은 이들에게 파급된 경우다. 처음에는 소수의 개인이나 집단에서 시작하지만 바이러스처럼 삽시간에 퍼져나간다. 때로는 100달러짜리 치즈스테이크처럼 지나친 지갑 털이 바이러스가 되기도 한다.

사회적 전염의 예시는 금방 찾을 수 있지만 실제로 이를 유발하는 것은 쉽지 않으며, 마케팅과 광고에 자금을 쏟아붓고도 인기를 끌지 못하는 경우가 비일비재하다. 그래서 대부분의 음식점이 개업 후 얼마 버티지 못하고 문을 닫으며 많은 중소기업이 도산한다. 많은 사회운동이 별다른 호응을 얻지 못한 채 사라진다.

이러한 현실 속에서도 특정 제품, 아이디어, 행동은 왜 사람들의 관심을 끄는 데 성공하는가?

한 가지 이유는 제품이나 아이디어 자체가 우수하기 때문이다. 인기 있는 웹사이트는 접근이 쉽고 잘 팔리는 약은 효과가 확실하며 인정받는 과학 이론은 그 정확성에 논란의 여지가 없다. 따라서 기능이 개선되거나 성취 수준이 높아지면 사람들에게 환영을 받는다. 과거에 사용하던 커다란 TV와 컴퓨터 모니터를 생각해보라. 무겁고 부피가 커서 다른 층으로 옮기려면 적어도 친구 두세 명에게 도움을 청해야 했고 혼자 옮기려다가는 허리를 다치기 십상이었다. 평면 TV는 제품 자체가 더 우수했기에 큰 인기를 얻었다. 화면이 더 커졌고 무게도 크게 줄었다. 이런 장점이 있으니 소비자가 외면할 리 없었다.

또다른 비결은 매력적인 가격이다. 상품의 가격이 내려갈수록 소비자의 호응이 높아지는 것은 새삼스러운 일도 아니다. 비슷한 제품 두 개 중에 골라야 한다면 당연히 가격이 낮은 쪽을 택한다. 같은 제품이라도 반값 할인을 하면 매출이 크게 증가한다.

당연히 광고도 한몫한다. 소비자는 구매하기 전에 사려는 제품에 대한 정보를 원한다. 그래서 광고주는 광고를 많이 할수록 인기도 더 많이 얻을 수 있다고 생각한다. 예를 들어 채소 섭취를 유도하려면 어떻게 해야 할까? 광고를 대폭 늘리면 많은 이들이 광고 메시지를 접하고 브로콜리 등의 채소를 사러 갈 것이다.

물론 품질, 가격, 광고가 제품이나 아이디어의 성공 여부에 영향을 미치지만 이것이 전부는 아니다.

올리비아Olivia와 로절리Rosalie라는 이름을 예로 들어보자. 둘 다 여자아이 이름으로 손색이 없다. 올리비아는 라틴어로 '올리브 나무'라는 의미로 아름다움, 평화, 다산을 상징한다. 로절리는 장미를 뜻하는 라틴어와 프랑스어에서 유래했다. 길이도 비슷하고 모음으로 끝나며 발음하기 쉽고 사랑스러운 느낌을 준다. 미국의 수많은 부모가 딸을 낳으면 올리비아 또는 로절리라고 이름 짓는다.

그러나 지인 중에 실제로 올리비아나 로절리가 몇 명이나 있는지 세어보라. 지금까지 만난 사람 중에서 올리비아와 로절리는 각각 몇 명이었는가?

단언하건대 올리비아라는 사람을 한 번 정도 만나봤다면 로절리라는 여성은 아예 모를 수도 있다. 로절리라는 이름을 가진 여성을 한 명 정도 안다면 올리비아라는 이름의 여성은 **여러 명 알**

것이다.

꽤 흥미롭지 않은가? 사실 올리비아라는 이름이 훨씬 더 인기가 많다. 일례로 2010년, 미국에서 신생아에게 올리비아라는 이름을 붙인 경우는 1만 7천 건에 달했지만 로절리는 492건에 그쳤다. 1920년대에 로절리라는 이름이 어느 정도 인기를 끌긴 했지만 최근 올리비아가 누리는 인기에는 감히 비할 바가 못 된다.

왜 올리비아라는 이름이 더 사랑받는 걸까? 이것은 품질, 가격, 광고 등의 관점으로 접근할 문제가 아니다. 어느 이름이 더 '낫다'고 말하기는 어렵고 두 이름 모두 비용이 들지 않으므로 가격 면에서도 차이가 없다. 올리비아라는 이름을 지으라고 권하는 광고도, 어느 회사가 '가장 인기 있는 이름'에 올리비아를 선정한 적도 없다.

유튜브에 올라오는 동영상도 마찬가지다. 어차피 모두에게 무료로 공개되므로 가격이 다른 것도 아니고 광고나 마케팅 효과를 보는 동영상이 있다 해도 소수에 불과하다. 완성도 면에서 일부 동영상이 앞설지 모르나 바이럴* 영상 대부분은 일반인이 핸드

* 이 책에서 말하는 '바이럴'은 사람들 사이에 빠르게 확산되는 것을 가리킨다. 전염성 질병을 생각하면 쉽게 이해할 수 있으나 약간의 차이가 있다. 사람 간의 접촉으로 확산된다는 점은 같지만 예상되는 전파 범위는 전혀 다르다. 병원균에 감염된 사람은 여러 사람에게 균을 옮기게 된다. 그렇게 병에 걸린 사람들은 또다시 많은 이들에게 질병을 옮긴다. 이러한 현상은 단 한 사람에게서 시작된 것이다. 하지만 제품이나 아이디어의 경우 이와 같은 장기적인 연결 고리가 형성되기 어렵다(고엘, 와츠, 골드스타인. 2012년). 사람들은 자기가 아는 제품이나 아이디어를 주변 사람과 공유하지만 한 사람이 전염병 수준의 장기적인 연결 고리를 생성할 가능성은 비교적 낮은 편이다. 따라서 A라는 행동을 할 때 관련

폰 카메라나 저렴한 가정용 비디오 카메라로 촬영한 것이라 화질이 나쁘고 초점도 잘 안 맞는다.

특정 이름이 인기를 누리거나 수많은 유튜브 동영상 중에서 유독 특정 동영상의 조회수가 높은 이유를 품질, 가격, 광고로 설명할 수 없다면 어디에서 그 답을 찾아야 할까?

사회적 전파력

■ ■ ■

정답은 사회적 파급력과 입소문이다. 사람들은 이야기, 뉴스, 정보를 주변 사람과 공유하기를 좋아한다. 친구를 만나면 유명 휴양지에 대한 정보를 주고받으며, 이웃 사람과는 가까운 매장의 할인 정보를 공유하고 직장 동료와는 정리해고의 가능성을 두고 대화를 나눈다. 영화 관람 후에는 인터넷에 후기를 남기며 페이스북에 떠도는 소문을 공유하고 방금 시도해본 요리법을 트위터에 떠벌린다. 평균적으로 사람들은 매일 1만 6천 단어 분량의 정보를 공유하며, 매시간 여러 브랜드에 대해 1억 건 이상의 대

아이디어가 바이럴 효과를 얻게 된다는 말은 이것이 사람들 사이에 확산될 가능성이 크다는 뜻이지 끝없는 연결 고리를 생성하거나 대중에게 '영향'을 준다는 뜻은 아니다.

화를 나눈다고 한다.

그런데 입소문은 빈도뿐 아니라 그 중요도도 생각해야 한다. 주변에서 들은 이야기, 이메일이나 문자 메시지로 접한 정보는 우리의 생각, 독서, 구매 결정, 행동 등에 지대한 영향을 미친다. 이왕이면 지인이 추천한 웹사이트를 둘러보고, 친척이 좋다고 말한 책을 선택하며, 친구들이 지지하는 후보에게 표를 던진다. 사실 모든 구매 결정의 20~50퍼센트는 입소문이 그 주요 요인이라고 한다.

결과적으로 사회적 파급력이 유행 여부를 좌우한다고 해도 과언이 아니다. 신규 고객의 입소문이 음식점 매출을 200달러 가까이 높이기도 한다. 아마존닷컴에 별 다섯 개짜리 서평이 달리면 별 하나짜리 서평이 달릴 때보다 20권이 더 팔려나간다. 의사들은 다른 의사가 처방한 적이 있다는 사실을 확인하면 신약도 비교적 쉽게 처방한다. 가까운 친구가 금연을 선언하면 덩달아 담배를 끊고 친구가 뚱뚱해지면 자기도 모르게 체중이 증가한다. 기존의 광고도 여전히 영향력이 크지만 매일 만나는 사람들과 주고받는 대화는 광고의 최소 열 배 이상의 힘을 발휘한다.

입소문이 전통적인 광고보다 효과적인 이유는 크게 두 가지로 나뉜다. 첫째, 입소문의 설득력이 훨씬 강하다. 광고는 제품의 좋은 점만 부각하는 경향이 있다. 치과의사 10명 중 9명이 크레스트Crest 치약을 추천한다는 광고나, 타이드Tide만큼 때가 잘 빠지는 세제는 없다는 광고는 이미 귀에 못이 박힐 정도다.

모든 광고는 자기네 제품이 최고라고 말하기 때문에 신뢰하기 어렵다. 크레스트 치약 광고에 치과의사 10명 중 한 사람만 이 치약을 선호한다는 말이 나올 리가 있겠는가? 또 나머지 9명 중 4명은 크레스트 치약이 충치를 유발한다고 여긴다는 말이 광고에 나오겠는가?

그러나 입소문은 다르다. 친구들은 사실을 있는 그대로 알려준다. 크레스트 치약이 좋으면 좋다고 말할 것이고 맛이 이상하거나 화이트닝 효과가 없으면 그 또한 가감 없이 말해줄 것이다. 그들의 의견이 솔직하고 객관적이라고 생각하기에 광고보다는 친구의 말에 귀기울이고 신뢰하는 것이다.

둘째, 입소문은 대상을 정확히 겨냥한다. 기업은 다양한 광고를 동원해 최대 다수의 관심 고객을 공략하려 한다. 스키 장비 판매 기업을 생각해보자. 심야 뉴스의 시청자는 스키를 좋아할 확률이 낮으므로 이 시간에 TV 광고를 하는 것은 의미가 없다. 그래서 이 회사는 스키 잡지나 인기 있는 스키장의 리프트 티켓 뒷면에 광고를 내는 것이 유리할 거라 생각한다. 그러나 이렇게 하면 분명 스키를 좋아하는 사람이 광고를 많이 보겠지만 정작 이들 중 스키 장비를 새로 구비해야 하는 사람은 많지 않으므로 광고비를 버리는 셈이 된다.

그러나 입소문은 누가 시키지 않아도 관심이 있는 고객에게 전해지기 마련이다. 우리는 새로 알게 된 이야기나 좋은 제품이 있다는 정보를 아무에게나 전달하지 않는다. 일단 누구에게 그 정보가 유용할지 생각해보고 관심이 있을 만한 사람에게 알려준다. 스키에 전혀 관심 없는 친구에게 스키 장비를 좋은 가격에 살 수 있다고 알려줄 필요는 없다. 마찬가지로, 자녀가 없는 친구에게 기저귀를 편리하게 갈아주는 방법을 뭐하러 말해주겠는가? 입소문은 그 내용에 실질적인 관심이 있거나 관련된 사람에게 전달되기 마련이다. 그래서 입소문을 듣고 찾아온 고객은 구매 결정이 빠르고 그 규모가 커서 전반적인 매출 신장에 크게 기여한다.

몇 년 전, 나는 한 우편물을 통해 입소문의 타깃 효과를 실감한 적이 있다. 가끔 출판사에서 나에게 무료로 도서를 보내준다. 내가 증정받은 책을 강의 자료로 지정해 책의 매출을 높여줄 것을 기대한 마케팅 전략의 일환이다.

그런데 몇 년 전 어느 출판사는 방법을 조금 달리해 책을 보냈다. 같은 책을 두 권이나 보낸 것이다.

특별한 이유가 없는 한 두 권 다 가질 필요는 없었다. 물론 출판사는 다른 의도가 있었다. 책과 함께 온 메모를 보니 한 권은 학생들에게 이 책을 추천할 때 사용하고 다른 한 권은 주변에 관심이 있는 동료가 있으면 선물하라고 쓰여 있었다.

입소문을 염두에 둔 전략이었다. 아무에게나 책을 보내는 것이 아니라 나나 나와 비슷한 일을 하는 사람을 통해 타깃을 겨냥한 것이었다. 이렇게 같은 책을 두 권 무료로 받으면, 탐조등을 손에 든 구조대원처럼 엄청난 사명감을 갖고 자발적으로 그 책을 좋아할 만한 사람을 찾아내 이를 전달하게 된다.

입소문을 유발하려면

■ ■ ■

그러나 입소문의 최대 장점은 따로 있다. 바로 누구나 입소문을 만들어낼 수 있다는 점이다. 매출을 늘리려고 애쓰는 『포천』 선정 500대 기업부터, 손님을 한 명이라도 더 끌려는 동네 음식점은 물론이고, 비만퇴치 운동에 앞장서는 비영리단체와 당선을 위해 동분서주하는 신참 정치인에 이르기까지 누구나 입소문을 만들 수 있다. 입소문은 무엇이든 인기를 끌게 할 수 있다. 심지어 B2B(기업 간 거래—옮긴이) 기업이 고객층을 넓히는 데도 유효하다. 광고비로 수백만 달러를 쓸 필요 없이 단지 사람들이 입만 열게 하면 된다.

그러나 문제는 사람들의 입을 어떻게 여느냐.

일반인에서 유명 인사까지 모든 이들이 소셜 미디어가 대세라는 점에 동의할 것이다. 이미 페이스북, 트위터, 유튜브 등에서 팔로워를 확보하고 소비자의 참여를 유도하는 활동이 적극적으로 이루어지고 있다. 소셜 미디어로 브랜드 광고를 선보이고, 신인 음악가들이 자신의 기량을 뽐내며, 중소기업 간의 거래도 이루어진다. 그래서 수많은 기업과 기관이 앞다투어 버즈 마케팅에 뛰어들고 있다. 원리는 아주 간단하다. 기업의 콘텐츠나 아이디어를 사람들에게 알려 사람들의 입에 오르내리도록 하면 소셜 네트워크를 통해 바이러스처럼 삽시간에 퍼져 제품이나 아이디어가 인기를 얻게 된다는 것이다.

그런데 이 방법에는 두 가지 유의사항이 있다. 집중focus과 실행execution이다.

퀴즈를 하나 내보겠다. 과연 입소문의 몇 퍼센트가 온라인에서 발생할까? 다시 말해 소셜 미디어, 블로그, 이메일, 채팅방에서 이뤄진 대화는 전체 대화에서 어느 정도의 비중을 차지할까?

대다수가 50~60퍼센트라고 응답했다. 70퍼센트라고 응답하거나 반대로 아주 낮게 예상한 사람도 있었지만 수백 명의 학생과 기업 관계자 들은 평균 약 50퍼센트로 예상했다.

그리 놀랍지는 않다. 최근 소셜 미디어가 폭발적인 인기를 누리고 있기 때문이다. 매일 수백만 명이 소셜 미디어를 사용하며 매 달 수십억 건의 콘텐츠가 등장한다. 소셜 미디어 덕분에 쉽고 빠르게 다양한 콘텐츠를 많은 이들과 공유하게 되었다.

그러나 50퍼센트라는 예상은 틀린 답이다.

사실 정답에 근접하지도 못했다.

정답은 바로 7퍼센트다. 47퍼센트도 27퍼센트도 아닌 7퍼센트이다. 켈러페이그룹Keller Fay Group에서 조사한 바로는 온라인에서 이루어지는 입소문은 전체의 7퍼센트에 불과하다고 한다.

많은 이들이 이 수치에 화들짝 놀랄 것이다. "말도 안 돼. 너무 미미하잖아. 사람들이 온라인 활동에 투자하는 시간이 얼만데!" 맞는 말이다. 분명 사람들은 온라인상에서 상당한 시간을 보낸다. 하루 약 2시간 정도를 소셜 미디어에 뺏긴다고 추정된다. 그러나 그들이 오프라인에서 보내는 시간도 많다는 점을 잊어서는 안 된다. 오프라인에서 보내는 시간은 온라인의 8배나 된다. 그러니 오프라인에서 훨씬 많은 대화를 하는 것은 당연하다.

온라인에서 이루어지는 입소문은 눈에 잘 띄기 때문에 과대평가되는 경향이 있다. 소셜 미디어 사이트는 모든 콘텐츠와 댓글, 공유 내용 등을 한눈에 볼 수 있도록 깔끔하게 정리해둔다. 그래서 소셜 미디어를 보면 많은 정보가 오가는 것처럼 보인다. 그러나 오프라인에서 나눈 대화는 눈에 보이지 않으므로 소셜 미디어를 이용할 때 이상으로 많은 대화를 나눠도 그 사실을 인식하지 못한다. 점심을 먹으면서 친구와 나눈 대화나 아이들의 학원이 마치기를 기다리면서 다른 학부모와 나눈 대화를 녹음할 리 없지 않은가? 오프라인 대화는 눈에 보이는 흔적을 남기지 않지만 우리의 행동에는 분명 큰 영향을 준다.

또한 온라인 입소문이 더 많은 이들에게 퍼질 거라 생각하는 사람도 있겠지만 항상 그런 것은 아니다. 온라인 대화의 파급효과가 더 클 수는 있다. 얼굴을 맞대고 하는 오프라인 대화는 일대일로 이루어지거나 소규모의 참석자로 국한된다. 그러나 트위터나 페이스북의 업데이트는 보통 한 번에 100명이 넘는 사람에게 전송된다. 그러나 100명 모두 이를 확인하리라는 보장은 없다. 하루에도 수십, 수백 개의 메시지가 올라오기 때문에 일일이 읽어보고 댓글을 달 시간이 부족하다. 학생들과 간단한 실험을 해보니 새로운 글을 게시해도 반응을 보이는 친구는 10퍼센트를 밑돌았다. 트위터 메시지의 반응률은 이보다 더 낮다고 한다. 이처럼 온라인에서 이루어지는 대화는 삽시간에 많은 사람에게 전달되는 장점이 있지만 오프라인에서처럼 깊이 있는 대화가 이루어지기는 어려우므로 소셜 미디어가 무조건 유리하다고 볼 수는 없다.

따라서 소셜 미디어 열풍을 논할 때는 사람들이 오프라인 입소문의 영향력을 무시하는 경향이 있다는 점을 간과해선 안 된다.

사실 온라인보다 오프라인에서 더 알차고 더 영향력이 강한 대화가 이뤄지니 말이다.*

두번째 문제는 페이스북과 트위터는 전략이 아니라 기술일 뿐이라는 점이다. 입소문 마케팅은 사람들이 실제로 대화를 나눌 때에만 효력을 발휘한다. 공중보건 관계자들이 안전한 성관계에 대한 홍보글을 매일 트위터에 올려도 아무도 이 글을 재전송하지 않으면 캠페인은 실패한다. 페이스북이나 트위터에 글을 올린다고 해서 자동으로 화젯거리가 되는 것은 아니다. 유튜브 동영상의 50퍼센트는 조회수가 500회도 되지 않는다. 조회수가 백만 건이 넘는 동영상은 0.3퍼센트에 지나지 않는다.

온라인, 오프라인을 막론하고 입소문의 영향력을 활용하려면 사람들이 대화를 나누는 이유, 특정 제품이나 주제가 자주 거론되고 공유되는 이유를 알아야 한다. 즉, 공유의 심리, 사회적 전달social transmission이 이루어지는 원칙을 이해해야 한다.

다음번에 파티에서 사람들과 대화하거나 직장 동료와 함께 식

---

* 온라인 입소문과 오프라인 입소문 중에서 어느 것이 더 효과적인가를 따질 때, 목표 행동이 발생하는 장소도 고려해야 한다. 사람들이 특정 웹사이트를 방문하는 것이 목표일 경우, 이는 클릭 한 번이면 이루어지므로 온라인 입소문이 효과적이다. 오프라인 제품이나 행동도 마찬가지다. 파스타 소스에 대한 온라인 입소문이 널리 퍼지는 것은 바람직한 현상이나 막상 장을 볼 때 그 소문이 기억나지 않으면 소용이 없다. 따라서 이 경우에는 오프라인 입소문이 더 효과적일 수 있다. 사람들이 구매하기 전에 사전 조사를 하는지, 한다면 어디에서 하는지도 중요하다. 일례로 자동차는 오프라인 구매가 주를 이루지만 일단 사전 조사는 온라인에서 이루어진다. 어떤 고객들은 온라인 조사를 통해 판매원을 만나기도 전에 어떤 자동차를 살 것인지 정해버린다. 이런 경우에는 온라인 입소문이 고객의 실제 행동을 좌우한다고 말할 수 있다.

사할 때 상대방과 어떤 대화를 나누게 되는지 잘 기억해두라. 아마 새로 나온 영화나 서로 잘 아는 사람에 대해 이야기할 확률이 높을 것이다. 휴가, 동료의 출산, 비정상적으로 따뜻한 겨울 날씨에 대한 불평 등도 가벼운 이야깃거리로 자주 등장한다.

왜 하필 이런 주제가 대화를 장악할까? 사실 뉴스, 어떤 아이디어, 제품 등 대화의 주제가 될 만한 이야깃거리는 무궁무진하다. 그런데 유독 특정한 화제나 영화, 동료 이야기가 대화에 더 빈번하게 등장하는 이유는 무엇일까?

그것은 바로 특정한 이야깃거리나 소문이 전염성이 더 강하기 때문이다. 온라인 콘텐츠 중에서도 바이럴 효과가 큰 것이 있는가 하면 아무도 눈길을 주지 않는 것도 있다. 어떤 제품은 나오자마자 입소문으로 인기를 끌지만 다른 제품은 한 번도 언급되지 않은 채 잊히고 만다. 왜 이런 차이가 생기는 걸까?

이 책은 바로 그 질문을 명쾌하게 해결해줄 것이다.

일반적으로 사람들은 적절한 대상을 통해 입소문을 널리 퍼뜨릴 수 있다고 생각한다. 어떤 사람들은 남다른 영향력이 있기도 하다. 일례로 말콤 글래드웰Malcolm Gladwell은 『티핑 포인트 The Tipping Point』라는 저서에서 사회적 전염은 전문가maven, 연결자 connector, 판매원salesman 등 "소수의 특별한 사람들이 주도하는 것"

이라고 지적했다. 그런가 하면 '투표할 때 누구를 뽑을지, 어느 식당이 가볼 만하며 무슨 제품을 사야 하는지 미국인 10명당 1명꼴로 지정해주는 사람이 있다'는 주장도 있다. 마케팅 관계자들은 이러한 이른바 '오피니언 리더'를 찾아내 그들의 제품을 추천하게 하려고 수백만 달러를 쏟아붓는다. 정계 인사들도 선거운동을 할 때 이런 '영향력 있는 유권자'를 발굴해 자신의 편으로 영입하느라 혈안이 된다.

쉽게 말해서 오피니언 리더는 무엇이든 금으로 바꿔놓는 미다스의 손과 같은 존재다. 그들이 선택하는 제품, 그들의 입에 오르내리는 아이디어는 인기를 얻는다.

그러나 이런 일반적인 통념은 잘못된 것이다. 주변을 둘러보면 설득력 있게 말을 잘하거나 유독 인맥이 넓은 사람이 한두 명씩 있다. 그러나 이들이 반드시 입소문을 널리 퍼뜨리거나 바이럴 효과를 주도하는 것은 아니다.*

우리는 전달자에만 지나치게 집중해 공유를 유발하는 훨씬 더

* 지금으로서는 인맥이 넓거나 설득력 있게 말을 잘하는 사람들이 유행에 더 큰 영향을 미친다고 말할 만한 실증을 거의 찾을 수 없다.
가장 최근에 누군가에게 들은 이야기를 전달한 적이 있는가? 그때 그 이야기를 들려준 사람의 영향력 때문에 그 말을 전달하기로 마음먹었는가? 아니면 이야기가 재밌거나 놀라워서 다른 사람에게 전달했는가? 또한 친구에게 최신 뉴스 기사를 전달받은 후에 다른 사람에게 또다시 알려준 경험을 떠올려보라. 그 뉴스를 보내준 친구가 유달리 설득력이 강한 사람이라서 당신도 다른 사람에게 알려준 것인가? 아니면 그 기사에 관심을 가질 만한 사람이 생각나서 전달한 것인가? 이렇게 몇 가지 경우만 생각해보더라도 입소문을 주도하는 궁극적인 힘은 전달자가 아니라 메시지에 있다는 것을 쉽게 이해할 수 있다.

명백한 원인인 메시지 자체는 경시해왔다.

이해를 돕기 위해 예를 들자면 유머를 구사할 때도 이와 비슷한 현상을 볼 수 있다. 어떤 사람들은 유독 재미있는 이야기를 맛깔나게 전달한다. 그들이 이야기를 시작하면 주변 사람들이 모두 배꼽을 잡는다.

물론 모든 유머가 다 웃기지는 않지만 어떤 것은 워낙 재미있어서 누가 어디에서 해도 박장대소가 터져나온다. 말주변이 없는 사람이 전달해도 문제가 되지 않는다. 바이럴 효과가 높은 콘텐츠는 바로 이런 유머와 같아서 전달자가 누구인가에 영향을 받지 않는다. 이런 콘텐츠는 매개체 역할을 하는 사람의 언변이나 인맥에 아무런 영향을 받지 않기에 무조건 입소문이 퍼진다.

어떤 메시지가 사람들의 공유욕구를 자극하는 것일까?

소셜 미디어 '전문가'나 입소문을 연구하는 사람들도 이 문제에 대해 여러 가지로 추측했다. 한 가지 유력한 이론은 바이럴리티virality는 원래 완전히 무작위적이라서 어떤 동영상이나 콘텐츠가 인기몰이를 할지 예측 자체가 불가능하다는 것이다. 사례 연구나 개인적인 경험을 근거로 다른 의견을 제시하는 사람도 있다. 유튜브 인기 동영상들은 하나같이 귀여운 아기나 고양이가 등장하거나 폭소를 유발하는 요소로 가득하다. 그래서 흔히들 귀여움이나 유머야말로 바이럴 효과의 핵심 요소라고 생각한다.

그러나 이 '이론'은 귀여운 아기가 등장하거나 폭소를 유발하는데도 별 인기가 없는 동영상 또한 수없이 많다는 점을 간과하고 있다. 왜 그럴까? 고양이가 등장하는 동영상이라도 어떤 것은 인기몰이를 하는 데 비해 어떤 것은 철저히 외면당한다. 이런 동영상 대부분은 조회수가 수십 건도 되지 않는다.

빌 클린턴, 빌 게이츠, 빌 코즈비는 전 세계적인 유명인이다. 당신도 이름을 빌로 바꾸면 이 사람들처럼 유명세를 누리고 부자도 될 수 있을까? 앞서 언급한 세 사람이 유명한 것은 사실이지만 이름을 바꾼다고 해서 인기를 얻으리라는 추측은 어불성설이다. 바이럴 효과를 누린 몇몇 콘텐츠와 비슷한 특징을 갖췄지만 인기를 끄는 데 실패한 경우도 많다는 것을 잊어서는 안 된다. 공유의 원인을 제대로 이해하려면 성공 사례와 실패 사례를 모두 검토해야 한다. 그러면 성공을 보장하는 몇 가지 요소를 발견할 수 있다.

입소문을 유발하는 요소는 따로 있는 것일까?

■ ■ ■

이쯤 되면 '그래, 입소문을 유발하는 요소는 따로 있어'라고 생각하는 독자가 있을 것이다. 그렇다면 그런 요소는 인위적으로 만들 수 있을까? 아니면 애초에 내재돼 있는 것일까?

세금 환급보다는 스마트폰 이야기가 흥미진진하고 소송개혁법보다는 반려견 이야기가 더 즐겁다. 토스터나 믹서보다 할리우드 영화 이야기가 재미있는 것은 당연하다.

한번 생각해보자. 앞서 출시된 제품이 후속 제품보다 더 유리할까? 그 자체로 바이럴 효과가 높은 제품이나 아이디어가 따로 정해져 있는 것일까? 그렇지 않으면 모든 제품과 아이디어는 바이럴 효과를 높이게끔 개선할 수 있을까?

톰 딕슨Tom Dickson은 이직을 준비중이었다. 샌프란시스코에서 태어나 모르몬교도로 자란 그는 솔트레이크시티에 위치한 브리검영 대학교에서 엔지니어링을 전공한 후 1971년에 졸업했다. 졸업 후에 그가 고향으로 돌아왔을 무렵에는 고용시장이 침체돼 선택의 여지 없이 자궁 내 피임장치 외에 각종 피임기구를 생산하는 회사에 취직했다. 모르몬교는 낙태를 반대하는데, 임신 예방을 위한 피임장치도 모르몬교에서는 낙태 유도장치로 본다. 종교적 신념에 어긋나는 일을 하면서 양심의 가책을 느낀 톰은 결국 다른 일자리를 알아보기 시작했다.

그는 오래전부터 제빵에 남다른 흥미가 있었다. 취미로 제빵을 하다보니 밀가루를 만들기에 적합한 가정용 분쇄기가 없다는 것을 알게 되었다. 그는 전공을 살려 직접 분쇄기를 만들었다. 10달러짜리 진공청소기용 모터로 만든 그 분쇄기로 시중의 다른 기계보다 훨씬 저렴한 비용으로 고운 밀가루를 만들어냈다.

직접 만든 분쇄기의 성능에 자부심을 가진 톰은 좀더 규모를 키워 분쇄기 생산에 돌입했다. 사업은 날로 번창했으며 여러 가지 식재료를 다양하게 분쇄하는 방법도 연구하게 되었다. 그는 곧 유타 주로 돌아가서 본격적으로 믹서 제조업체를 열었다. 1995년에 가정용 믹서를 출시하고 1999년에는 블렌드텍Blendtec을 설립했다.

그러나 제품은 우수한 데 비해 전혀 인지도가 없었다. 2006년, 톰은 고심 끝에 대학 동기 조지 라이트George Wright를 마케팅 책임자로 고용했다. 조지는 훗날 블렌드텍 총매출보다 이전에 근무한 회사의 마케팅 예산이 훨씬 많았다며 농담하기도 했다.

조지는 블렌드텍에 출근한 지 얼마 지나지 않아서 공장 바닥에 톱밥이 잔뜩 쌓인 것을 보았다. 주변에 건축 공사중인 곳도 없는

데 바닥에 톱밥이 뒹구는 이유가 뭔지 궁금해졌다.

주범은 바로 톰이었다. 톰이 매일같이 공장에 와서 믹서를 뜯어보거나 내구성과 분쇄력을 시험하기 위해 나무판을 작게 잘라서 믹서에 넣다보니 하루가 멀다 하고 톱밥이 쌓였던 것이다.

이를 안 조지는 블렌드텍을 널리 알릴 아이디어가 번뜩 떠올랐다.

그에게 주어진 예산은 5천만 달러도, 5만 달러도 아닌 50달러에 불과했다. 그는 50달러를 들고 나가서 골프공, 쇠갈퀴, 구슬을 샀다. 또한 톰에게 입힐, 과학자들이 연구실에서 입는 흰 연구복도 한 벌 샀다. 모든 준비가 끝나자 그는 톰에게 카메라 앞에서 지금까지 하던 대로 분쇄력 실험을 해보라고 했다.

가정용 믹서에 구슬을 넣고 돌린다고 생각해보라. 플라스틱이나 찰흙으로 만든 싸구려 구슬이 아니다. 조지가 사온 구슬은 지름이 1cm가 넘는 단단한 유리구슬이었다. 자동차에 깔려도 깨지지 않을 만큼 강도가 높았다.

톰은 믹서에 구슬을 50개나 넣고 '천천히 분쇄하기' 버튼을 눌렀다. 요란한 굉음을 내며 믹서가 작동하기 시작했다. 마치 우박이 자동차 지붕에 쏟아지는 것 같았다.

15초 후에 믹서 작동을 멈추고 조심스럽게 뚜껑을 열자 흰 연기가 치솟았다. 모두 유리 가루였다. 구슬은 모두 밀가루처럼 곱게 갈려 있었지만 믹서는 멀쩡했다. 뒤이어 넣은 골프공도 마찬가지로 가루가 되었고 쇠갈퀴는 고철 덩어리로 변했다. 조지는 이 동영상을 유튜브에 올린 다음 기도하는 심정으로 기다렸다.

그의 직감은 정확히 맞아떨어졌다. 사람들은 모두 혀를 내둘렀다. 조지가 올린 동영상은 단번에 큰 화제가 되었다. 사람들은 "믿을 수 없다" "이보다 강력한 믹서는 없다"며 믹서의 분쇄력에 찬탄했다. 어떤 사람들은 동영상을 보고도 믿지 못하겠다고 말했고, 한편에서는 다른 것도 실험해보고 싶다는 반응도 보였다. 컴퓨터 하드 드라이브나 일본도도 분쇄할 수 있느냐는 질문이 등장했다.

일주일 만에 동영상 조회수는 600만 회를 기록했다. 톰과 조지는 손을 맞잡고 기뻐했다.

톰은 라이터, 닌텐도 위 컨트롤러 등 닥치는 대로 믹서에 넣어보았다. 형광봉, 저스틴 비버의 CD, 심지어 아이폰도 예외가 아니었다. 블렌드텍의 믹서는 단 한 번도 실패하지 않았다. 결국 그의 실험 동영상인 '이것도 갈릴까요Will It Blend?' 시리즈는 3억 회 이상의 조회수를 기록했다. 동영상이 공개된 지 2년 만에 믹서 매출은 700퍼센트나 증가했다. 동영상 제작비용은 고작 몇백 달러에 불과했다. 그러나 입소문 덕에 어느 집에나 있는 주방용품에 불과한 믹서가 인기 상품이 되었다.

블렌드텍의 성공담은 전염성이 강한 콘텐츠에 관한 중요한 사실 하나를 보여준다. 바이럴 효과는 타고난 특성이 아니라 만들어지는 것이라는 점이다.

아마 많은 이들이 이 사실에 안도할 것이다.

물론 운이 좋은 제품도 있을지 모른다. 어떤 상품이 갑자기 큰 화제가 되면 그 제품이 인기를 누릴 만한 내재적 특징이 있지 싶은 것도 당연하다.

하지만 블렌드텍의 성공담처럼 매일 접하는 제품이나 아이디어도 화제가 될 수 있다. 문제는 내재적 특징이 아니라 이를 어떻게 가공하느냐다. 이렇다 할 특징이 없거나 따분해 보이는 제품이나 아이디어라도 인기몰이를 할 수 있다.

그렇다면 사람들의 이목을 집중시킬 수 있도록 제품이나 아이디어, 행동을 가공하려면 어떻게 해야 할까?

사회적 영향력을 연구하라

∎ ∎ ∎

나는 매우 뜻밖의 계기로 사회적 전염성을 연구하게 됐다. 내가 어릴 때 부모님은 맛있는 걸 주거나 TV를 보게 허락하는 식으로 나를 회유하지 않았다. 두 분은 항상 교육적인 것으로 보상을 해주었다. 한번은 논리 퍼즐 책을 선물 받았는데 어찌나 재밌던지 몇 달 동안 퍼즐에 빠져 살았다. 이런 경험이 쌓이면서 자연스럽게 수학과 과학에 흥미를 느끼게 됐다. 이후 고등학교 시절에 도시수문학(하천의 흐름이나 집수 상태가 하천 모양에 미치는 영향을 연구하는 학문)에 대한 연구 프로젝트에 참여한 것을 계기로 환경공학자가 되겠다는 꿈을 안고 대학에 입학했다.

그런데 대학 재학중에 흥미로운 일이 있었다. 당시 꽤 '어려운' 과학 수업을 듣다가 갑자기 지금 배우는 원리를 복잡한 사회현상에 적용하면 어떨까 싶었다. 나는 원래 사람들을 관찰하는 걸 좋아해서 TV를 볼 때도 방송 프로그램이 아니라 광고를 더 재미있어하곤 했다. 여러 가지 사회현상이 왜 발생하는지 막연하게 궁금해할 것이 아니라 과학적인 방법으로 직접 연구해봐야겠다는 생각이 들었다. 생물학과 화학에 사용된 연구방법을 적용해보니 사회적 영향과 대인 커뮤니케이션을 이해할 수 있었다.

이후 본격적으로 심리학, 사회학 수업을 듣기 시작했다. 더 나아가 사람들이 자신과 타인을 어떻게 인식하는지에 대한 연구에도 참여했다. 그러던 중 할머니로부터 내가 좋아할 만한 새 책을 소개받았다. 바로 『티핑 포인트』였다.

나는 그 책에 완전히 매료돼 가능한 모든 관련 자료를 찾아 읽었다. 그런데 유독 한 가지 문제가 풀리지 않았다. 책 내용은 매우 값졌으나 현상을 설명만 할 뿐 그 원인은 알려주지 않았다. 그래서 '특정한 상품이나 아이디어가 인기를 끄는 이유'가 무엇인지 도무지 알 수 없었다. 과연 그런 현상을 유발하는 근본적인 인간의 행동은 무엇인지 궁금했다. 결국 직접 이 의문을 해결하기로 마음먹었다.

박사학위를 받고도 10년 이상 연구한 후에야 몇 가지 답을 얻었다. 지난 10년간 펜실베이니아 대학 와튼스쿨에서 마케팅학을 가르치면서 이 문제를 계속 파고들었다. 여러 연구 협력자들 덕분에 다음과 같은 주제를 조사할 수 있었다.

- 뉴욕타임스의 일부 기사와 유튜브에 올라오는 특정 동영상이 바이럴 효과를 누리는 이유.
- 특정 제품에 대한 입소문이 빠르게 퍼지는 이유.
- 선거철에 특정 공약이 많은 이들의 관심을 끄는 이유.
- 신생아 이름을 짓는 데 유행이 생기는 이유.
- 언론의 부정적인 보도가 매출에 악영향을 주는 경우와 오히려 매출 신장에 효과가 있는 경우.

우리는 신생아의 이름 수백 개와 뉴욕타임스 기사 수천 건, 자동차 구매자료 수백만 건을 분석했다. 각종 브랜드, 유튜브 동영상, 도시의 뜬소문, 제품 후기, 오프라인 대화 내용을 수집하고 분석, 정리하는 데 수천 시간을 쏟았다. 사회적 파급력과 특정 요소가 남다른 인기를 누리는 이유를 정확히 파악하는 게 목적이었다.

몇 년 전 와튼스쿨에서 '전략적 입소문'에 대한 강의를 시작했다. 강의의 기본 전제는 매우 단순했다. 마케팅, 정치학, 공학, 공중보건 등, 어느 분야에 있건 누구나 자신의 제품이나 아이디어가 인기를 얻을 수 있는 비결이 무엇인지 알아야 한다. 브랜드 매니저라면 제품의 인지도를 높일 수 있다면 무슨 짓이라도 할 것이다. 정치가는 자신의 생각을 가능한 한 많은 사람에게 알려야 한다. 공중보건 관계자는 국민이 패스트푸드를 지양하고 집에서 직접 요리하게끔 유도해야 한다. 지금까지 수많은 학부생, MBA 과정을 밟는 학생 및 기업 간부가 이 강의를 통해 사회적 전파력이 제품이나 아이디어, 특정 행위의 성공에 어떤 영향을 미치는지 배웠다.

강의를 듣지 못한 사람들은 내게 이메일을 보낸다. 지인이 강의를 듣고 매우 좋았다고 하는데 자신은 시간이 맞지 않거나 수강신청 기간을 놓쳤으니 수업을 못 듣는 대신 도움이 될 만한 책이 있으면 알려달라는 것이다.

물론 시중에 읽어볼 만한 책은 많이 나와 있다.『티핑 포인트』는 반드시 읽어보기 바란다. 흥미로운 실례가 많지만 출간된 지 10년 이상 되어 관련 연구가 많이 발전했다는 점을 감안해야 한다. 칩 히스Chip Heath와 댄 히스Dan Heath가 저술한『스틱Made to Stick』도『티핑 포인트』못지않게 유익한 책이다(참고로 칩은 대학원 시절 나의 멘토였다. 그의 연구로부터 지대한 영향을 받았다). 인지심리학과 인간의 기억에 대한 학술 연구를 중심으로 흥미진진한 예시를 곁들여 알기 쉽게 설명해준다. 책의 제목 '스틱'은 사람들의 뇌리에 박혀 오래 기억되는 것을 뜻한다. 다만 여기서는 아이디어가 잘 기억되게 하는 비법을 핵심적으로 다뤄 제품이나 아이디어를 널리 퍼뜨리는 법이나 입소문을 타게 하는 비결 등에 대해서는 자세히 설명하지 않는다.

사람들이 입소문의 비결이나 원리에 대해 물을 때면 이 분야의 다른 전문가들이나 내가 발표한 논문을 여러 편 소개해준다. 그러면 답신을 보내 고맙기는 하지만 보다 '이해하기 쉬운' 자료를 알려달라고 요청하는 사람들이 있다. 즉, 학술지 논문처럼 전문 용어가 반복되는 딱딱한 글이 아니라 알차면서도 읽기 쉬운 자료를 달라는 것이다. 이 책은 이런 요청에 부응해 오랜 기간에 걸친 연구조사를 바탕으로 인기몰이의 기본 원리 또는 원인을 속시원히 알려주기 위해 쓰였다.

'전염성'의 여섯 가지 원칙

■ ■ ■

이 책은 콘텐츠의 '전염성'을 결정짓는 요소가 무엇인지 설명하려 한다. 여기서 말하는 '콘텐츠'란 이야기, 뉴스, 정보 등을 통틀어 가리킨다. 제품과 아이디어, 메시지, 동영상도 콘텐츠다. 지방 라디오 방송국에서 주도하는 모금운동이나 청소년 대상의 성교육도 마찬가지다. '전염성'이란 널리 확산될 가능성을 뜻한다. 사람들 사이의 입소문으로 확산될 수도 사회적 파급력으로 커질 수도 있다. 소비자, 직장 동료, 유권자 들 사이의 대화에 등장하거나 공유되거나 모방심리를 자극하는 계기가 될 수도 있다.

다양한 콘텐츠 연구를 통해 동료 교수들과 나는 전염성 있는 콘텐츠의 공통적인 주제와 속성을 찾아냈다. 이것만 알면 어떤 제품이나 아이디어, 행동도 인기를 누리게 만들 수 있다.

'이것도 갈릴까요?'와 바클레이 프라임의 100달러짜리 치즈스테이크를 생각해보자. 이 둘의 공통점은 놀라움과 경탄을 자아낸다는 것이다. 누가 아이폰을 믹서에 넣어서 갈아버리거나 100달러짜리 치즈스테이크를 만들 생각을 하겠는가? 둘 다 '비범성'을 가진 경우라 주변에 알리고 싶다는 강한 충동을 느끼게 한다. 정보의 유용성도 한몫한다. 성능이 좋은 제품이나 맛있는 식당을 알아두는 것은 생활에 큰 도움이 된다.

요리를 할 때 단맛을 내려면 설탕을 넣는 것처럼 입소문에서 그 같은 역할을 하는 재료를 찾기 위해 바이럴 효과가 뛰어난 광고, 많은 이들이 공유한 뉴스 기사, 입소문이 널리 퍼진 제품을 계속 조사했다.

수백 건의 제품, 아이디어, 메시지를 분석한 결과, 여섯 가지 '재료' 다른 말로 하자면 원칙을 발견하게 되었다. 우리는 대화, 공유, 모방욕구를 자극하는 이 원칙들의 첫 글자를 따서 STEPPS 라고 부르기로 했다.

• 원칙 1: 소셜 화폐(Social Currency)

어떤 제품이나 아이디어에 대한 이야기를 꺼낼 때 그 내용은 화자의 이미지에 어떤 영향을 줄까? 누구나 아둔한 이미지보다는 지적인 이미지를 원한다. 돈에 쪼들리는 것보다는 여유 있는 사람처럼 보이고 싶어하고 괴짜보다는 '쿨한' 사람으로 평가받기를 원한다. 어떤 옷을 입고 어떤 자동차를 타느냐가 우리의 이미지에 영향을 미치듯 어떤 대화를 하느냐도 우리의 이미지에 영향을 줄 수 있다. 이것이 바로 소셜 화폐다. 아이폰을 단숨에 가루로 만들어버리는 믹서 이야기 같은 '근사한' 정보에 대해 많이 아는 사람은 굉장히 똑똑해 보인다. 그러므로 사람들이 지향하는 이미지를 만들 수 있는 메시지를 내놓아야 한다. 그러면 입소문은 자연스럽게 발생할 것이다. 이런 메시지를 어떻게 만들 수 있을까? 우선 내적 비범성을 찾아내고 사람들에게 '인사이더'라는 소속감을 주어야 한다. 또한 게임 메커닉스를 잘 활용하여 그들의 사회적 지위를 다른 사람이 알아볼 수 있도록 가시적인 표식을 어떻게 얻거나 생성할 수 있는지 제시해야 한다.

• 원칙 2: 계기(Triggers)

어떻게 해야 사람들의 머릿속에 당신의 제품이나 아이디어가 떠오르게 할 수 있을까? '계기'는 관련된 사물이나 주제를 생각나게 하는 자극을 뜻한다. 땅콩버터를 보면 젤리가 생각나고 '개'라는 말을 들으면 자연스레 '고양이'가 연상된다. 필라델피아에 사는 사람이라면 치즈스테이크를 보는 순간 바클레이 프라임의 100달러짜리 샌드위치가 떠오를 것이다. 사람들은 번뜩 떠오르는 것을 이야기하기 마련이다. 따라서 어떤 제품이나 아이디어가 자주 사람들의 머릿속에 떠오를수록 해당 제품 또는 아이디어에 대한 대화가 자주 발생한다. 주변 환경에서 연상할 계기가 자주 생길 만한 제품이나 아이디어를 기획해야 한다. 또는 당신의 제품이나 아이디어를 흔히 접할 수 있는 것과 연결해서 이를 '계기'로 활용할 수도 있다. 일단 머릿속에 떠오르기만 하면 자연스레 대화로 이어진다.

• 원칙 3: 감성(Emotion)

사람들은 무언가에 관심을 가지면 으레 주변 사람과 그 주제에 대해 공유하게 된다. 이러한 욕구를 자극하려면 어떻게 해야 할까? 파급력이 강한 콘텐츠는 대개 감성을 강하게 자극한다. 아이폰을 믹서에 넣고 가는 행동은 누가 봐도 화들짝 놀랄 만하다. 세금 인상 가능성은 생각만 해도 짜증이 난다. 이처럼 감성을 자극하는 요소는 공유될 가능성이 크다. 그러므로 무조건 기능만 강조할 것이 아니라 사람들의 감성에 주목해야 한다. 앞으로 자세히 살펴보겠지만 모든 감성이 공유욕구를 자극하는 것은 아니다. 오히려 공유욕구를 억누르는 감성도 있다. 그러므로 어떤 감성을 유발해야 하는지 제대로 알아야 한다. 그저 작은 불씨만 당겨주면 감성의 불길은 절로 타오르기 마련이다. 때로는 부정적인 감성도 이 점에 있어서 매우 효과적으로 작용한다.

• 원칙 4: 대중성(Public)

누군가 당신의 제품을 사용하거나 당신이 원하는 행동을 할 때 다른 사람들도 그 장면을 목격할 수 있는가? '원숭이는 보는 대로 따라 한다'는 이 말은 인간이 모방심리가 매우 강하다는 사실을 잘 드러내준다. 한편으로 이 말은 눈으로 못 본 것은 따라 하고 싶어도 그럴 수 없다는 의미도 있다. 일단 대중의 눈에 띄어야 쉽게 따라 할 수 있고, 누구나 쉽게 따라 할 수 있어야 인기를 얻을 수 있다. 그러므로 당신의 제품이나 아이디어에 '대중성'을 부여하는 것은 매우 중요한 문제다. 이를 위해 제품 자체에 광고 효과가 있어야 하며 해당 제품을 구매하거나 아이디어를 접한 후에도 계속 대중을 끌어당기는 '행동적 잔여behavioral residue'를 창조해야 한다.

• 원칙 5: 실용적 가치(Practical Value)

어떻게 하면 유용한 콘텐츠처럼 보이게 할 수 있을까? 사람들은 다른 이를 돕고 싶어해 시간을 절약해주고 건강을 지켜주며 비용을 절감해주는 제품이나 아이디어를 알게 되면 금방 입소문을 퍼뜨린다. 하지만 제아무리 실용적인 정보라도 정보의 홍수 속에서 살아가는 현대인의 눈에 띄지 않으면 금세 잊힌다. 일단 당신의 메시지가 정말 파격적이고 유리한 제안처럼 보이게 만들어야 한다. 비용이나 혜택 등 어떤 면에서든지 절대 놓쳐선 안 되는 가치가 있다는 점을 강조해야 한다. 또한 사람들이 전달하기 쉽도록 정보나 전문지식을 간단명료하게 정리해 제시해야 한다.

• 원칙 6: 이야기성(Stories)

당신의 아이디어를 한 편의 흥미로운 이야기로 포장하는 것은 어떨까? 사람들은 필요한 정보만 딱 잘라서 말하지 않는다. 그보다는 한 편의 완성된 이야기를 공유하는 경우가 많다. 신화 속 트로이 목마 이야기처럼 이야기는 중요한 교훈을 전달하는 매개체로 자주 사용된다. 가벼운 대화나 잡담처럼 보여도 그 속에는 많은 정보가 담겨 오간다. 당신도 사람들이 이야기하고 싶어할 만한 자신만의 '트로이 목마', 즉 이야기를 만들어서 그 속에 제품이나 아이디어를 담아 전할 수 있다. 단순히 멋진 이야기 한 편을 완성하는 것으로 만족해서는 안 된다. 바이럴 효과를 내려면 전달할 만한 가치가 충분한 이야기를 만들어야 한다. 또한 당신이 전하려는 메시지를 이야기의 중심부에 두어서 이를 생략하면 이야기가 전개될 수 없도록 해야 한다.

지금까지 전염성의 여섯 가지 원칙을 간략히 살펴보았다. 다시 정리하자면 제품이나 아이디어는 소셜 화폐, 계기, 감성을 자극하는 요소, 대중성, 실용적 가치를 갖춰야 하고 더 나아가 이야기로 포장해야 한다. 이제 원칙 하나하나를 자세히 들여다볼 것이다. 각 원칙의 근거가 되는 과학적 이론과 연구조사 결과와 실제로 이 원칙을 적용한 개인 및 기업과 단체 들의 성공 사례를 살펴볼 것이다.

우리는 여섯 가지 원칙의 각 첫 글자를 따서 STEPPS라고 부르기로 했다. 파급효과가 뛰어난 콘텐츠로 만드는 여섯 가지 요소로 생각해도 무방하다. 이 여섯 가지 '재료'가 갖춰지면 입소문이 나고 성공할 수 있다. 사람들은 왜 바클레이 프라임의 100달러짜리 치즈스테이크에 대해 이야기할까? 결국 그 정보가 소셜 화폐이며, 그것을 떠올릴 계기가 있었기 때문이다(필라델피아에서는 치즈스테이크를 흔히 접할 수 있다). 가격이 매우 비싸서 누구나 놀라워하는 것은 감성의 원칙에도 해당한다. 고급 스테이크 전문점에 대한 정보는 실용적 가치라는 원칙을 충족시키며 이는 단편적인 정보가 아닌 한 편의 이야기로 포장될 수 있다. 어떤 제품이나 아이디어, 메시지에 이러한 여섯 가지 요소를 잘 적용하면 인지도를 높이고 많은 사람에게 사랑받을 수 있다. 여섯 가지 원칙을 나열한 순서는 독자의 기억을 돕기 위해 STEPPS에 맞춘 것일 뿐이다.*

---

* 그러나 여섯 가지 원칙을 요리 재료에 비유한 것은 한 가지 문제가 있다. 음식을 만들 때는 레시피의 모든 재료가 있어야 하지만 이 원칙들은 그렇지 않다. 여섯 가지 원칙을 모두 갖추면 좋겠지만 그렇지 않아도 얼마든지 성공할 수 있다. 대중성은 충족하지만 이야기로 포장하지 않았다고 해서 실패하는 것은 아니라는 뜻이다. 어쩌면 여섯 가지 원칙을 요리 재료가 아니라 샐러드의 맛을 돋우는 다양한 토핑에 비하는 것이 나을지 모른다. 코브 샐러드에는 흔히 닭고기, 토마토, 베이컨, 달걀, 아보카도, 치즈를

이 책은 두 부류의 독자를 염두에 두고 썼다. 물론 이 둘은 서로 겹치는 부분이 있다. 어쩌면 당신은 사람들이 가십에 솔깃해하는 이유, 온라인 콘텐츠가 인기몰이를 하는 이유, 뜬소문이 삽시간에 퍼지는 이유, 음료수 자판기 앞에만 서면 다들 약속이라도 한 듯 어떤 특정한 화제에 대해서만 이야기하는 이유가 궁금했을지 모른다. 대화를 하고 자기가 아는 것을 공유하는 것은 지극히 기본적인 인간의 욕구다. 이를 통해 다른 사람과 관계를 맺고 정체성을 확립하며 인간다워진다. 이 책은 사회적 전파력에 관한 연구의 바탕을 이루는 근본적인 심리학적 및 사회학적 과정을 집중 조명하고 있다.

자신의 제품, 아이디어, 행동을 널리 알리려는 사람에게도 이 책을 권한다. 분야나 규모에 관계없이 모든 기업은 널리 인정받는 제품을 만들고자 한다. 동네 커피숍도 어떻게 하면 고객을 늘릴 수 있는지 고민하고 변호사도 의뢰인을 늘리는 데 관심을 보이며 영화관은 관람객 확보, 블로그 운영자는 조회 및 공유 횟수

넣는다. 하지만 치즈와 베이컨만 넣은 샐러드도 얼마든지 맛있게 먹을 수 있다. 이처럼 여섯 가지 원칙은 반드시 전부 갖춰야 하는 것이 아니므로 상황에 따라 적절한 것을 선택해서 활용하기 바란다.
아이디어의 종류나 계획에 따라 어떤 원칙이 더 유리하거나 더 큰 효과를 낼 수도 있다. 비영리단체는 감성을 자극하는 방향으로 기획하는 것이 좋으며, 물리적인 요소가 있는 행동이나 제품은 가시성을 극대화하는 편이 낫다. 의외로 전혀 어울리지 않을 것 같은 원칙을 적용해서 효과를 볼 수도 있다. 분쇄 성능이 뛰어난 믹서는 그 자체로 실용적 가치가 충분하다. 그러나 '이것도 갈릴까요?'는 (실용적 가치가 아니라) 소셜 화폐를 공략한 덕분에 성공했다. 그뿐만 아니라 믹서에 넣을 거라고 상상도 하지 못한 일상용품을 활용한 것도 그 동영상에 비범성을 부여해 많은 이들의 관심을 끌어냈다.

를 늘릴 방법을 궁금해한다. 비영리단체, 정책 기획자, 과학자, 정치가 등 다양한 분야에 종사하는 사람들이 이와 유사한 고민을 안고 있다. 박물관은 방문자를 늘려야 하고 유기견 센터는 입양 희망자가 늘어나기 바란다. 환경운동가들은 삼림 벌채에 반대하는 사람이 많아지기를 기대한다.

이 책은 대기업 관계자, 기업 인지도를 높여야 하는 중소기업 운영자, 선거를 앞둔 정치인, 캠페인을 기획하는 보건당국 관계자 등의 고민을 단번에 해결해줄 것이다. 제품이나 아이디어를 널리 알리거나 인기몰이를 하는 데 필요한 기본 틀을 제공해줄 뿐만 아니라 정보의 파급에 도움이 되는 유용한 기술, 즉 사람들이 손쉽게 공유할 수 있도록 메시지, 광고, 정보, 스토리를 가공하는 법도 소개할 것이다. 전달 매개체 역할을 하는 사람의 인맥이 넓은지 좁은지, 말솜씨가 좋은지 말수가 적고 부끄럼을 타는 사람인지는 문제가 되지 않는다. 이 책에서 소개하는 테크닉을 활용하면 그러한 여건에 구애받지 않으면서 사람들이 정보를 공유하게 만들 수 있다.

이 책은 입소문과 사회적 파장 과정에 대한 가장 정확한 최신 이론을 담고 있다. 또한 단순한 지식으로 그치지 않고 이를 실제에 적용해 당신의 제품이나 아이디어를 성공시킬 방법도 자세히 알려줄 것이다.

SOCIAL CURRENCY

CHAPTER 1

소셜 화폐의 법칙

사람들은 타인에게 좋은 인상을 남기는
이야기를 공유한다

뉴욕 시의 톰킨스 스퀘어 파크Tompkins Square Park 근처에 19세기풍 건물과 빈티지 가게가 옹기종기 모인 세인트마크스 플레이스St. Mark's Place라는 거리가 있다. 이 거리에는 핫도그 형태로 된 빨간 간판 위에 'eat me(먹어봐)'라고 머스터드 소스로 쓴 듯한 글씨가 걸린 작은 식당이 하나 있다. 몇 계단을 내려가면 조그맣고 오래된 분위기의 가게에 발을 들여놓게 된다. 기다란 테이블 위에는 손님들이 좋아하는 각종 소스가 준비되어 있다. 그곳에서는 전자오락실처럼 비디오 게임을 마음껏 할 수 있고, 마음에 쏙 드는 메뉴도 주문할 수 있다.

이곳에서는 총 17가지 핫도그를 판매한다. 우리가 아는 프랑크푸르트 소시지가 다 모여 있다고 해도 과언이 아니다. '굿모닝'은 소시지에 베이컨을 말아놓은 핫도그로 잘 녹은 치즈에 달걀 프라이까지 얹어준다. '쓰나미'는 데리야끼, 파인애플, 파로 맛을 낸 것이다. 정통 소시지를 좋아한다면 쇠고기 순살로 만든 프랑크푸르트 소시지를 그릴에 구워 넣은 '뉴요커'를 추천한다.

가게 안은 체크무늬 식탁보가 깔린 식탁에서 핫도그를 먹는 미식가들로 가득하다. 그런데 이곳에 한 가지 독특한 점이 있다. 가게 한구석에 놓인 빈티지 느낌이 물씬 풍기는 나무로 된 전화 부스다. 손님들은 '클라크 켄트가 슈퍼맨으로 변신할 때 이런 전화 부스에 들어가지 않았을까?' 하며 부스 안을 기웃거리게 된다.

부스 안에는 손가락을 넣어 돌리는 구식 다이얼 전화기가 걸려 있다. 재미 삼아 수화기를 들고 2번 구멍에 손가락을 넣어 끝까지 돌려보면 어떻게 될까?

신기하게도 수화기에서 사람 목소리가 흘러나온다. "손님, 예약하셨습니까?" 아니, 예약이라니?

물론 우연히 수화기를 든 손님이 예약했을 리는 없다. 핫도그 가게 구석에 있는 전화 부스에서 무슨 예약을 한단 말인가?

놀란 토끼 눈을 한 이 손님에게 사실 그날은 행운의 날인 셈이다. 갑자기 전화 부스 뒤쪽에 있던 비밀의 문이 열린다. 그 문으로 들어가면 '플리즈 돈 텔Please Don't Tell'이라는 비밀 술집이 나온다.

1999년에 브라이언 셰베이로Brian Shebairo는 오랜 친구 크리스

앤티스타_{Chris Antista}와 힘을 합쳐 핫도그 장사를 시작하기로 했다. 유년 시절 뉴저지의 '러츠 헛_{Rutt's Hut}'이나 '조니 앤드 행거스_{Johnny & Hanges}'에서 먹은 핫도그를 뉴욕에서 선보이기로 한 것이다. 2년간 오토바이로 미국 동부 연안을 누비며 유명한 핫도그 가게를 찾아가 맛보고 연구하면서 개업에 필요한 만반의 준비를 끝냈다. 이들은 2001년 10월 6일에 이스트빌리지에 '크리프 도그스_{Crif Dogs}'라는 가게를 열었다. 입에 핫도그를 가득 문 브라이언이 크리스를 부르다가 발음이 꼬인 데서 착안한 이름이었다.

크리프 도그스는 단숨에 인기를 끌었고 여러 잡지사에서 최고의 핫도그로 인정받았다. 그러나 몇 년 후에 브라이언은 새로운 도전을 계획했다. 이번에는 술집이 목표였다. 이미 주류 판매허가를 받았지만 제대로 활용해본 적이 없었다. 두 사람은 프로즌 마르가리타_{Frozen Margarita} 기계로 칵테일을 만들어본 경험이 있었고 냉장고에는 예거마이스터_{Jägermeister}가 준비되어 있었다. 그러나 본격적으로 칵테일을 만들려면 전용 공간이 필요했다. 마침 버블티를 파는 옆 가게가 매출 부진으로 애를 먹고 있었다. 이에 브라이언의 변호사가 그 가게를 인수해 술집으로 만들어보라고 조언했다. 버블티 가게 주인에게 매장을 넘기라고 설득하는 데무려 3년이 걸렸다.

막상 가게를 인수했지만 더 큰 어려움이 기다리고 있었다. 뉴욕에는 이미 술집이 포화 상태였다. 크리프 도그스를 중심으로 네 블록 이내에 술집만 60곳이 넘었다. 같은 블록에도 이미 여러 개의 술집이 있었다. 브라이언은 로큰롤 음악이 흐르는 자유분방한 술집을 구상했으나 이는 승산이 없었다. 사람들의 관심을 끌려면 차별화된 전략이 필요했다.

어느 날 브라이언은 골동품 사업을 하는 친구를 만났다. 야외에 커다란 벼룩시장을 열어 장식용 그릇장과 유리로 만든 가짜 눈, 치타 박제 등을 파는 사람이었다. 그는 1930년대에 만들어진 오래된 전화 부스가 브라이언의 술집에 잘 어울릴 거라고 했다.

그 순간 브라이언은 기발한 아이디어를 떠올렸다.

어릴 적 그의 삼촌은 목수 일을 했다. 삼촌은 여느 목수들처럼 이것저것 만들거나 집을 짓는 것은 물론이고 비밀의 문으로 이어진 지하실을 만들기도 했다. 비밀의 문은 꽁꽁 숨겨진 것이 아니라 똑같아 보이는 나무판 중 특정한 부분을 밀면 열리게 설계되어 있었다. 그 안에 금은보화가 숨겨져 있지는 않았지만 그 문을 여는 것만으로도 짜릿해지곤 했다.

브라이언은 전화 부스를 이용해 술집으로 통하는 비밀의 문을 만들기로 했다.

'플리즈 돈 텔'이라는 비밀 공간은 '당신에게만 매우 특별한 비밀을 알려드립니다'라는 느낌을 준다. 가게 밖에서는 이곳의 간판을 찾을 수 없다. 전광판이나 잡지 등에서 광고를 하는 것도 아니다. 핫도그 가게에서 우연히 구석에 놓인 전화 부스에 들어가 본 사람만 알게 되는 곳이다.

물론, 이건 말도 안 되는 전략이다. 마케팅 전문가들이 대대적인 광고와 접근성 확보야말로 사업 성공의 기본이라고 귀에 못이 박히도록 말하지 않던가?

그러나 플리즈 돈 텔은 한 번도 광고한 적이 없지만 2007년에 문을 연 이래로 뉴욕에서 가장 인기 있는 술집으로 자리잡았다. 당일 오후 3시부터 예약할 수 있고, 엄격하게 선착순으로만 진행된다. 많은 이들이 통화중이라는 안내 방송에도 굴하지 않고 예약을 하기 위해 수화기에 매달리지만 3시 30분이면 모든 예약이 끝난다.

시장 점유율을 높이려고 전혀 애쓰지 않는다. 가게 앞에서 호객 행위를 하거나 웹사이트에서 요란하게 광고를 하지도 않는다. 이들은 '고객이 직접 발견할 때까지 기다린다'. 이곳의 칵테일 메뉴를 책임지고 있는 짐 미한Jim Meehan은 처음부터 고객들이 어떤 경험을 하게끔 돕는 것을 목표로 삼았다. 그는 이렇게 설명한다. "가장 효과적인 마케팅은 경험자의 추천입니다. 비밀의 공간에 직접 가본 사람들이 퍼뜨리는 입소문이 가장 빠르고 믿을

만하니까요." 당신이 핫도그 가게에 있다고 상상해보라. 바로 옆
자리에서 핫도그를 먹던 두 사람이 전화 부스 뒤편으로 사라지면
궁금해지지 않겠는가?

　만약 이 같은 상황이 잘 납득이 안 된다면 한 가지 비결을 더
알려주겠다. 비밀을 알게 된 사람들은 그 사실을 오랜 시간 가만
히 품고 있지 않는다.
　최근 누군가가 당신에게 비밀을 이야기한 적이 없는지 생각해
보라. 절대 누구에게도 말해선 안 된다고 얼마나 간절하게 부탁
했는지 기억나는가? 이야기를 들은 뒤 당신은 어떻게 했는가?
　당신이 평범한 사람이라면, 아마도 다른 누군가에게 그 비밀
을 전달했을 것이다(창피해하지 않아도 된다. 당신의 비밀은 나만 알고
있으니까).
　사람들은 비밀을 알게 되면 이를 숨기는 것이 아니라 누군가에
게 말하고 싶은 충동을 강하게 느낀다. 그 이유는 무엇일까? 자신
의 사회적 가치를 높여주는 것은 공유하고 싶어지기 마련이다.
이런 인간의 기본 심리가 바로 소셜 화폐다.

새로운 화폐를 만들다

■■■

아이들은 미술 활동을 좋아한다. 크레용으로 그림을 그리거나 종이접기를 해 풀칠하기도 하고 재활용품으로 정성 들여 작품을 만들면서 즐거워한다. 그런데 무언가 만든 후 모든 아이들이 반드시 하는 행동이 있다.

바로 다른 사람에게 보여주는 것이다.

'자기 공유' 행위는 어린 시절에만 국한되지 않는다. 사람들은 새 옷을 사면 친구들에게 자랑하고, 지역 신문사에 기고문을 보내기 전 가족에게 먼저 선보인다. 소셜 미디어와 온라인 소셜 네트워크도 자신의 생각이나 의견, 경험을 공유하려는 욕구 때문에 활성화됐다. 사람들은 블로그에 자기가 좋아하는 것을 공개하며 페이스북에 점심 메뉴를 올리고 트위터에서 현 정부에 대한 불만을 터뜨린다. 또 여기에 댓글이 달리면 소셜 네트워크에 중독되어 자신의 생각, 기호, 욕구를 한시도 쉬지 않고 모든 사람에게 알려야 한다는 강박관념이 생긴다.

연구결과에 의하면 실제로 소셜 네트워크에 올라오는 내용의 40퍼센트 이상은 개인적인 경험이나 인간관계에 관한 내용이다. 트위터의 내용도 절반 이상은 '내' 이야기, 이를테면 자신이 지금

하는 일이나 최근에 겪은 일로 가득차 있다. 그렇다면 사람들은 왜 자신의 경험이나 생각에 대한 이야기를 많이 하는 것일까?

단순히 허영심으로 치부할 문제는 아니다. 사람은 자신에 대해 이야기할 때 즐거움을 느낀다. 하버드대 신경과학자 제이슨 미첼Jason Mitchell과 다이애나 타미르Diana Tamir에 의하면 자신의 정보를 공개하는 것은 곧 내적 보상을 받는 것과 같다고 한다. 두 사람은 실험 대상자의 두뇌를 스캐너에 연결해 자신의 생각이나 사고방식에 대해 말할 때("내 취미는 스노보드 타기야")와 제3자의 생각이나 사고방식에 대해 말할 때("그는 강아지를 아주 좋아해")에 어떤 차이가 있는지 관찰했다. 흥미롭게도 자신의 생각이나 사고방식에 대해 말할 때는 음식이나 돈 같은 직접적인 보상에 반응하는 두뇌 회로가 활성화되었다. 지난 주말을 어떻게 보냈는지 이야기하면 더블 초콜릿 케이크를 한입 먹을 때와 같은 행복감을 맛보는 것이다.

사람들은 자기 이야기를 할 수 있다면 돈을 지불하는 것도 마다하지 않는다. 미첼과 타미르는 또다른 연구를 통해 이 점을 증명했다. 두 사람은 실험 참가자들에게 설문지를 나눠주고 질문에 답하도록 했다. 실험 참가자들은 몇 초간 침묵을 지킬 것인지 아니면 자신에 대한 질문(예를 들어 "당신은 샌드위치를 얼마나 좋아합니까?")에 대답하고 다른 사람들과 그 이야기를 공유할지 선택했다. 수백 개의 양자택일형 질문이 주어졌으며 오랫동안 고민하지 않고 어떻게 할 것인지 결정해야 했다. 두 사람은 흥미로운 실험결과를 얻기 위해 특정 선택지를 고르면 보상금을 지급하도록 했다. 일부 질문의 경우, 몇 초간 참기만 하면 더 많은 보상금을 얻을 수 있었다. 자신에 대한 정보를 남에게 공개하지 않는 것만으로도 보상금을 늘릴 수 있었다.

어떤 결과가 나왔을까? 사람들은 보상금을 마다하고 자신의 생각을 다른 사람들에게 이야기하는 쪽을 선택했다. 보상금이 25퍼센트나 줄어도 개의치 않았다. 5초간 말없이 있으면 보상금을 다 받을 수 있는데도 사람들은 자기 생각을 말하고 1센트만 받는 쪽을 선호했다. 이로써 '무슨 생각중인지 말해주면 1페니를 줄게'라는 영어식 관용 표현이 틀렸다는 것이 입증되었다. 이제 이 표현 대신 '내 말을 잘 들어주면 1페니를 줄게'라고 해야 할 것 같다.

사람들이 자신에 대해 말하는 것을 좋아한다는 사실에는 의문의 여지가 없다. 그렇다면 다른 주제보다 자기 생각이나 경험에 대해 말하길 더 즐기는 이유는 무엇일까?

딱 1분만 시간을 내어 두 가지 질문에 답해보자. 나의 직장 동료인 칼라는 미니밴을 몰고 다닌다. 그것 외에도 칼라에 대해 할 말은 많지만 일단 미니밴을 탄다는 것만 생각해보라. 어떤 점을 추론할 수 있는가? 칼라의 나이가 몇 살일지도 맞춰보자. 22세? 35세? 아니면 57세? 칼라에 대해 거의 아는 점은 없지만, 일단 각자의 경험에 근거해 추측해보자.

칼라는 자녀가 있을까? 만약 있다면 그 자녀는 스포츠 활동을 할까? 만일 그렇다면 어떤 스포츠를 할까?

여기까지 생각한 후에 이제 또다른 친구인 토드에 대해 생각 해보자. 그는 모히칸 헤어스타일을 고수하는 멋진 남성이다. 그의 성격, 나이, 좋아하는 음악이나 쇼핑 취향을 한번 맞춰보길 바란다.

수백 명에게 같은 질문을 해보았지만 대답은 대부분 같았다. 100퍼센트 모든 사람들이 칼라는 30대에서 40대 중반 사이의 여 성이며 분명히 자녀가 있을 거라고 했다. 또한 대부분 칼라의 자 녀가 스포츠 활동을 하고 있으며 십중팔구 축구를 할 거라고 생 각했다. 미니밴이라는 말만 듣고 그렇게 추측한 것이다.

토드에 대해서는 어떻게 추측했을까? 많은 이들이 그가 10대 후반이나 20대 남성일 거라고 대답했다. 펑크, 헤비메탈, 록 같 은 강한 음악을 좋아하며 빈티지 옷을 즐겨 입고 펑크 스타일 옷 가게에서 쇼핑할 것 같다고 말했다. 모히칸 헤어스타일이라는 사실만으로 거의 모든 사람이 이렇게 결론낸 것이다.

이제 정답을 공개하겠다. 토드는 빈티지 옷이나 비트가 강한 음악을 전혀 좋아하지 않고 펑크 스타일 의류 매장에서 쇼핑을 하지도 않는다. 그는 클래식 음악을 즐겨 듣고 장소를 가리지 않고 자유롭게 쇼핑하는 50대 초반의 남성일 수 있다. 면바지를 사러 갭Gap 매장에 들어가려다가 입장이 제지될 정도는 아니라는 것이다.

칼라도 사람들의 생각과 전혀 다른 여성일 수 있다. 그녀는 어린아이라면 질색하며 드럼 연주에 능한 20대 초반의 당돌한 여성일 수 있다.

그러나 놀랍게도 토드와 칼라를 이런 식으로 상상한 사람은 한 명도 없었다. 이들이 고른 자동차나 머리 모양 등은 그의 정체성을 암시하므로 많은 사람이 비슷한 방향으로 추론했던 것이다. 칼라는 미니밴을 타고 다닌다는 이유만으로 축구를 하는 자녀가 있는 어머니라는 오해를 받았다. 토드가 모히칸 헤어스타일을 고수한다는 말은 펑크 음악을 좋아하는 젊은 남성을 연상시켰다. 사실 우리는 항상 어떤 사람의 자가용, 옷차림, 음악 취향을 근거로 많은 점을 넘겨짚는다.

이와 마찬가지로 이야기 내용도 화자의 인상을 좌우할 수 있다. 파티에서 재미있는 농담을 하는 사람은 위트가 넘친다는 평가를 받는다. 어젯밤에 있었던 중요한 스포츠 경기나 연예인에 대해 잘 알면 아는 게 많은 멋진 사람이라는 인상을 주게 된다.

따라서 사람들은 자신이 재미있고 똑똑하며 눈치가 빠른 사람이라는 이미지를 줄 수 있는 이야기를 공유하려 한다. 지루하고 아둔하며 어수룩한 이미지가 생길 만한 말은 아예 꺼내지 않는다. 당연한 심리다. 그런가 하면 하고 싶은 말이 있어도 참고 넘어간 적도 있을 것이다. 아마 그 이야기를 했다가는 자신 또는 관련된 사람의 이미지가 나빠질까봐 두려웠을지 모른다. 예를 들어 시내에서 가장 유명한 레스토랑을 예약한 것은 다른 사람에게 자랑해도 예약한 호텔 방이 주차장 바로 앞이었다는 것은 이야기하지 않는다. 우연히 산 카메라가 알고 보니 『컨슈머 리포츠Consumer Reports』 선정 1위였다는 것은 자랑해도 노트북을 바가지를 쓰고 샀음을 뒤늦게 알게 됐다는 이야기는 말하지 않고 넘어간다.

이처럼 말은 좋은 이미지 형성에 꼭 필요한 도구다. 새 차나 명품 핸드백을 구입하는 것과 견줄 만하다. 이런 것을 소셜 화폐라고 한다. 돈으로 물건이나 서비스를 구매할 수 있듯이, 소셜 화폐로 긍정적인 이미지를 가족, 친구, 동료에게 심어줄 수 있다.

기업이나 조직은 소셜 화폐를 만들어야 사람들에게 이야기를 끌어낼 수 있다. 상품이나 아이디어에 관해 전달하는 사람들에게 좋은 이미지가 생성되도록 해주면 된다. 이러한 방법은 세 가지로 나뉜다. '내적 비범성inner remarkability' 찾기, 게임 메커닉스 활용하기, 고객에게 '인사이더'라는 소속감 심어주기가 바로 그것이다.

내적 비범성을 갖춰라

■ ■ ■

푹푹 찌는 날씨에 친구와 함께 차를 타고 가던 도중 음료수를 사러 편의점에 들렀다고 상상해보자. 탄산음료는 질렸고 생수는 맛이 없으니 시원하면서도 상큼한 음료를 마시고 싶다. 음료 코너를 둘러보니 분홍색 레모네이드인 스내플Snapple이 눈에 들어온다. 바로 이거다. 일말의 주저 없이 스내플을 들고 계산대로 갔다.

편의점 밖으로 나오자마자 단숨에 마셔버렸다. 온몸에 다시 힘이 솟는 것 같다. 다시 차로 돌아가는 도중에 우연히 병뚜껑 안에 쓰인 글씨를 발견했다.

의외의 사실 #27: 유리공이 고무공보다 훨씬 높이 튀어오른다.

정말일까? 재미있네.

이 말에 눈이 휘둥그레지지 않을 사람이 있을까? (유리도 튀어오를 수 있다는 사실을 아는 사람조차 거의 없다.) 이때 당신은 어떻게 할 것인가? 차에 타자마자 병뚜껑에 적힌 내용을 친구에게 말해줄 것인가? 아니면 아무 일도 없었다는 듯 입을 다물고 있을 것인가?

2002년, 스내플 광고를 맡은 광고 에이전시의 총괄부사장 마커 루벤스타인Marke Rubenstein은 고객의 눈길을 끌기 위한 새로운 방법을 고심하고 있었다. 생기 넘치는 중년 여성이 강한 뉴욕식 발음으로 스내플 팬들이 보낸 편지를 읽는 TV 광고 덕분에 이 브랜드는 잘 알려져 있었다. 광고에 등장한 여성은 실제 스내플 사의 직원으로, 편지는 데이트에 관한 조언을 구하거나 양로원에 스내플이 주최하는 파티를 열어달라고 부탁하는 내용 등이었다. 기존의 TV 광고도 꽤 재미있었지만 세련되고 기발한 새 광고가 필요했다.

마케팅 회의에서 누군가가 병뚜껑 안쪽을 활용해보자고 제안했다. 그러나 예전에 병뚜껑 안쪽에 유머를 넣은 적이 있었지만 큰 효과가 없었다. 사실 그 유머 자체도 그리 좋지 않았다("만약 '#2 연필'이 가장 인기 있다면 왜 아직도 2위인가?"라는 식이었다). 그래서 병뚜껑 전략 자체가 실패한 것인지 재미없는 유머가 문제인 건지 판단할 수 없었다. 루벤스타인과 팀원들은 병뚜껑에 유머 대신 상식을 넣어보기로 했다. '스내플을 사 먹는 대다수의 고객들이 전혀 몰랐고 앞으로 알게 될 일도 없을 듯한 특이한 것'이면 좋겠다는 의견이 나왔다.

우선 짧으면서도 기발한 상식을 잔뜩 수집했다. 그리고 음료를 구매한 고객들만 볼 수 있도록 병뚜껑 안에 이를 써넣었다.

예를 들어 '의외의 사실 #12'는 '캥거루는 뒷걸음질을 못한다'였고 #73은 '사람은 신호를 기다리는 데 평생 약 2주를 보낸다'였다.

굉장히 신기하고 흥미로운 사실이었기에 이를 알게 되면 다른 사람에게 말해주고 싶은 강한 충동을 느꼈다. "세상에, 신호를 기다리는 데 2주나 보낸단 말이야? 정말 신기하네. 그런데 이런 건 어떻게 계산했을까? 앞으로 신호를 기다리는 시간을 잘 활용해봐야겠어. 어떻게 하면 좋을까?" 스내플을 마실 때 옆에 친구가 있으면 서로 병뚜껑에서 읽은 내용을 말해주게 된다. 이는 가족들이 중식당에서 행운의 쿠키에 든 메시지를 확인하며 즐겁게 이야기를 나누는 것과 비슷한 효과를 연출했다.

스내플 병뚜껑에 쓰인 의외의 사실들은 많은 이들의 입에 오르내리며 큰 반향을 일으켰다. 이를 한데 모아 소개하는 웹사이트가 줄지어 등장했고 개그 프로그램에서도 자주 인용되었다. 일부 사실에 대해서는 진위논란이 거셌다(일례로 캥거루가 뒷걸음질을 못한다는 사실은 좀처럼 받아들이기 어렵다).

아마 당신은 웃을 때보다 얼굴을 찡그릴 때 칼로리 소모가 더 크다든가, 개미는 자기 몸무게의 50배에 달하는 중량을 운반할 수 있다든가 하는 사실을 이전에는 미처 몰랐을 것이다. 사람들은 이처럼 비범한 사실을 알게 되면 절대 가만히 있지 못한다. 비범한 것에 대한 이야기는 곧 소셜 화폐가 된다.

비범한 것은 독특하고 특별한 것, 사람들의 주목을 끄는 것이라고 할 수 있다. 놀라움을 안겨주거나 신선하고 자극적인 것, 즉각적인 웃음을 주는 것도 여기에 포함된다. 그러나 비범한 것은 무엇보다도 화제로 삼을 만한 가치가 있어야 한다. 예를 들어 유리공이 고무공보다 높이 튄다는 것은 누구나 주목할 만한 사실이며 이야깃거리로 손색이 없다.

비범한 화제를 꺼내는 사람도 비범해 보이기에 비범한 것이 소셜 화폐가 된다. 누구나 사교계의 여왕이나 황제를 꿈꾸지는 않지만 파티 분위기에 찬물을 끼얹는 사람이 되는 것은 모두가 기피한다. 모두들 사랑과 관심을 원한다. 사회적인 인정을 받으려는 욕구는 인간의 아주 기본적인 동기다. 스내플 병뚜껑에서 알게 된 의외의 사실에 대해 이야기하면 호감 가는 사람으로 여겨지게 된다. 핫도그 가게의 비밀 공간에 대해 말하면 사람들은 그 말을 한 사람도 그 비밀만큼 대단하게 평가한다. 바로 이런 이유로 특별하고 신선하며 흥미진진한 이야기나 광고를 사람들과 공유하려 한다. 그러한 화제를 주도하는 사람은 마찬가지로 특별하고 신선하며 흥미 넘치는 사람이라는 이미지를 얻게 된다. 그런 사람은 함께 대화하고 싶고 같이 식사하고 싶은 사람이 된다. 데이트에서 이런 사실을 많이 이야기하면 다음번 데이트 신청을 거절당할까봐 걱정할 필요가 없다.

그렇기 때문에 비범한 것은 대화에 자주 등장한다. 나는 와튼스쿨의 라구 아이엔거Raghu Iyengar 교수와 함께 여러 기업, 제품 및 브랜드에 대한 온라인상의 입소문을 모두 분석해보았다. 분석 대상으로 무려 6500개의 제품과 브랜드가 포함되었다. 웰스 파고Wells Fargo, 페이스북 같은 대형 브랜드는 물론이고 빌리지 스콰이어 레스토랑Village Squire Restaurants이나 잭 링크스Jack Link's 같은 소형 브랜드도 빠뜨리지 않았고 금융, 제과점, 세제, 백화점에 이르기까지 모든 분야를 고루 다뤘다. 그리고 응답자가 각 브랜드 또는 상품의 비범성에 몇 점을 부여했는지와 그들이 실생활 대화에서 해당 제품을 얼마나 자주 언급하는지 비교 분석해보았다.

결론은 분명했다. 페이스북이나 할리우드 영화같이 비범성 점수가 높은 제품은 웰스 파고나 타이레놀처럼 상대적으로 점수가 낮은 제품에 비해 거의 2배 가까이 자주 대화에 등장했다. 또다른 연구에서도 비슷한 결과가 나왔다. 흥미진진한 트위터 내용일수록 리트윗 횟수가 높았으며 사람들에게 즐거움과 놀라움을 주는 기사는 어김없이 뉴욕타임스 기사 중에서 이메일로 가장 많이 공유된 목록에 포함됐다.

여덟 살 꼬마가 랩 가사를 전혀 틀리지 않고 줄줄 외는 동영상이나 차에 치인 코요테가 범퍼에 끼인 채로 965킬로미터를 달리고도 살아남았다는 이야기는 누가 시키지 않아도 널리 퍼진다.

이 또한 비범성 때문이다. 의사들도 비범한 환자에 대해서는 유독 많이 이야기한다. 어떤 사람이 전혀 예상치 못한 기이한 이물질을 삼켜서 응급실에 실려 오면 병원 전체에 소문이 파다하게 퍼진다. '코드 핑크(유아 납치 경보)'는 오보로 밝혀지더라도 한동안 대단한 화제가 되지만 '코드 블루(심장마비)'는 아무도 이야깃거리로 생각하지 않는다.

비범성은 시간이 흐름에 따라 이야기가 전개되는 방향이나 형태를 변형시키기도 한다. 일리노이 대학의 몇몇 심리학 교수들이 이와 관련하여 한 가지 흥미로운 실험을 했다. 그들은 단체 계획 및 수행 연구라는 명목하에 학생들을 모집해 둘씩 짝을 지었다. 함께 간단하게 식사 준비를 하라고 지시한 후 모든 재료가 준비된 주방으로 데려갔다. 각종 채소, 신선한 닭고기, 분홍빛 새우 등 다양한 재료가 가득했다. 먹기 좋은 크기로 잘라 팬에 볶기만 하면 됐다.

하지만 여기에는 화들짝 놀랄 비밀이 숨겨져 있었다. 교수들이 닭고기와 채소 사이에 작은 바퀴벌레 몇 마리를 넣어둔 것이다. 이를 발견한 학생들은 괴성을 지르며 뒷걸음질쳤다.

학생들이 거세게 항의하자 교수들은 누군가 못된 장난을 친 것 같다며 일단 실험을 취소하겠다고 말했다. 하지만 학생들을 집으로 돌려보내지 않고 옆방에서 시행하는 또다른 실험에 참여해달라고 요청했다.

옆방으로 가는 길에 방금 취소된 실험에 대해 질문해봤다. 절반에게는 교수가 직접 질문했고 나머지 절반에게는 학생으로 보이는 제3자가 질문을 했다(물론 이 학생들은 피실험자에게 알리지 않은 실험 보조요원이었다).

두 그룹의 반응은 판이했다. 상황을 알지 못하는 제3자에게는 무슨 일이 일어났는지만 설명하지 않고 과장을 섞어 대답했다. 학생들은 바퀴벌레의 크기는 더 크게, 숫자도 더 많게 묘사하며 전반적으로 더 혐오스러운 상황인 것처럼 이야기했다. 즉, 자신의 이야기에 비범성을 부여하기 위해 세부사항을 마음대로 과장한 것이다.

생각해보면 누구나 이런 경험이 있을 것이다. 콜로라도에 낚시 여행을 갔을 때 잡은 송어가 기록적인 대어였다거나 아기가 밤새 울어서 자다 깨다를 수없이 반복했다는 이야기는 어김없이 과장된 것이다.

어떤 경우에는 세부사항이 다 기억나지 않아서 의도치 않게 과장하게 되기도 한다. 사람의 두뇌는 경험을 완벽하게 기억하지 못한다. 고고학자들이 발굴한 공룡 화석을 생각해보면 쉽게 이해할 수 있다. 주요 뼈대는 모두 있지만 작은 뼛조각은 일부 사라졌을 것이다. 고고학자들은 빈 곳을 채우려고 갖은 애를 쓴다. 이처럼 지나간 일을 회상할 때에도 일정 부분에 대해서는 이미 알고 있는 사실에 기반해 추측할 수밖에 없다.

그런데 이렇게 추측하는 과정에서 전체 이야기에 극적인 요소나 흥미를 더하는 요소가 배가된다. 특히 여러 사람 앞에서 이야기할 때 이러한 현상이 더 강화되곤 한다. 확실하지 않은 점에 대해서는 임의로 추측하지 않고 자신에게 유리한 방향으로 수치를 부풀리거나 정보를 보탠다. 그래서 낚시에서 잡은 송어의 크기는 두 배가 되고 아기는 두 번밖에 울지 않았는데 일곱 번이나 울어서 밤새 엄마를 괴롭혔다는 누명을 쓴다. 밤새 우는 아기를 달래고 재워야 유능하고 책임감이 투철한 엄마라는 인상을 주지 않겠는가?

이는 '전화 게임(귓속말로 특정 상황을 설명해 전달하는 게임—옮긴이)'과 비슷한 점이 많다. 이 사람 저 사람 전달되면서 생략되는 점도 있고 과장되는 점도 있다. 그러나 여러 사람을 거친 후에는 비범성이 매우 강화된 이야기로 둔갑한다는 점은 분명하다.

내적 비범성을 찾는 방법은 흥미, 놀라움, 신선함을 주는 요소가 무엇인지 파악하는 것이다. 골프공을 갈아버리는 블렌드텍처럼 모두가 불가능하다고 여기는 것을 해낼 수 있는가? 아이디어나 이야기의 결과가 사람들의 상상을 초월하는가?

사람들이 일반적으로 기대하는 틀을 깨뜨려 놀라움을 주는 것도 한 방법이다. 저가항공사를 생각해보자. 사람들은 저가항공을 어떻게 생각할까? 의자는 작아서 불편하고, 영화나 간식 서비스도 없으며 그저 목적지에 도착하는 것 하나로 만족해야 한다고 생각한다. 그러나 제트블루Jet Blue를 탄 승객들은 하나같이 기대 이상의 서비스였다며 주변 사람들에게 자랑하기 바쁘다. 저가항공이 크고 편안한 좌석, 직접 고를 수 있는 다양한 간식거리(테라 블루칩Terra Blues chip에서 동물 모양 크래커까지 없는 것이 없다고 할 정도다), 앞좌석에 달린 화면에서 무료로 제공되는 다양한 볼거리 등을 서비스해줄 것이라 기대했겠는가? 이와 마찬가지로 바클레이 프라임은 일반적인 기대를 과감히 무너뜨리고 고베 와규와 로브스터를 주재료로 사용한 100달러짜리 치즈스테이크로 많은 이들의 입에 오르내린다.

미스터리와 논란거리도 종종 비범성을 지닌다. 대표적인 사례로 〈블레어 위치 프로젝트Blair Witch Project〉를 꼽을 수 있다. 1999년에 개봉된 이 영화에는 블레어 위치라는 전설을 주제로 다큐멘터리를 제작하기 위해 메릴랜드 산악 지역을 여행하는 세 영화학도가 등장한다. 하지만 등장인물은 모두 사라지고 만다. 그리고 등반 중에 촬영한 내용 가운데 '회수'된 것만 편집하여 이 영화를 만들었다는 안내문이 나타난다. 어디까지가 진실인지 아무도 알 수 없다.

이처럼 논란의 여지가 큰 미스터리를 접하면 어떻게 반응할까? 우선 의문을 해결하기 위해 주변에 도움을 청할 것이다. 이 영화의 진위를 두고 의견이 분분했다. 마녀는 상상 속의 존재라는 확신이 무너지자 사람들은 진실이 무엇인지 알아내려 애썼다. 마녀의 존재를 두고 벌인 공방들은 그 자체로 큰 화제가 되었으며 덕분에 영화는 블록버스터 반열에 올랐다. 예산이 불과 3만 5천 달러였고 핸드헬드 카메라로 촬영한 영화였지만 전 세계적으로 흥행해 2억 4800만 달러의 수익을 올렸다.

비범성의 가장 큰 장점은 활용범위가 무제한이라는 것이다. 당신은 상품이나 서비스, 아이디어에 비범성이 내재되어 있어야 한다고 생각할지 모른다. 어떤 사람들은 외적으로 비범성을 부여할 수 없다고 생각한다. 물론 최신식 가전제품이나 할리우드 영화는 고객 서비스 지침이나 토스터 같은 것들보다 그 자체로 더 비범하다. 토스터가 어떻게 비범할 수 있단 말인가?

하지만 모든 제품 또는 아이디어에는 비범성이 있다. 다른 것과 비교해보면 분명히 남다른 차별성을 갖추고 있다. 도입부에 언급했던 믹서 블렌드텍을 기억하라. 이 회사는 제품의 내적 비범성을 찾아내 수백만이 넘는 사람들이 시시한 가전제품에 불과하다 생각해왔던 믹서에 대해 이야기하게끔 유도했다. 광고도 하지 않고 불과 50달러의 마케팅 예산으로 이러한 쾌거를 이뤘다.

화장실 휴지도 비범성이 있을까? 그렇다고 선뜻 말할 수 없다. 하지만 나는 몇 년 전 어느 파티에서 화장실 휴지를 가장 인기 있는 대화 주제로 만든 적이 있다. 비결은 간단했다. 화장실에 검은색 두루마리 휴지를 비치했던 것이다. 검은 휴지는 난생처음 본다며 사람들은 매우 신기해했다. 비범성은 항상 대화와 토론을 낳는다. 제품이나 아이디어의 비범성을 드러내라. 그러면 사람들 사이에서 크게 회자될 것이다.

게임 메커닉스 활용하기

■ ■ ■

나는 승급되기에 딱 222마일이 모자랐다.

몇 년 전 동부 연안에서 캘리포니아로 가는 왕복항공권을 예매한 적이 있다. 연말에 일이 바쁘지 않아서 오랜만에 친구들을 만날 계획이었다. 나는 인터넷에 접속해 여러 항공편을 비교한 다음 경유항공권보다 훨씬 저렴한 직항항공권을 찾아냈다. 기분이 좋아서 휘파람을 불며 신용카드를 꺼냈다.

항공사 회원번호를 입력하자 내 마일리지와 등급이 화면에 나타났다. 그동안 비행기를 자주 이용해서 작년에 유나이티드 항공사에서 프리미어 등급을 받았다. 내가 받았던 특전을 생각해 보면 '프리미어'는 허울 좋은 마케팅 전략일 뿐이었으나 이코노미 좌석을 이용할 때보다는 확실히 괜찮았다. 무료로 수화물을 하나 추가할 수 있고 좌석 간격이 조금 넓은 자리를 선택해 다리를 편하게 뻗을 수 있었다. 명시된 바로는 추가 요금 없이 비즈니스 클래스로 바꿀 수도 있었지만 실제로 그런 혜택을 받은 경우는 본 적이 없었다. 수화물 1개가 무료라는 것 외에는 특별히 만족스러운 점이 없었다.

올해는 지난해보다 훨씬 바쁘게 지냈다. 항공사를 이곳저곳으로 바꾸지 않고 한곳만 꾸준히 이용한 보람이 있었다. 내년부터는 '프리미어 이그제큐티브_{Premier Executive}'로 승급될 것 같았다.

문제는 승급이 확실한 것이 아니라 승급될 '가능성'만 보였다는 점이다. 자세히 알아보니 승급되기에는 222마일이 부족했다. 캘리포니아로 가는 직항 왕복 티켓을 구매해도 마일리지가 부족해서 승급이 불가능했다.

프리미어 이그제큐티브의 특전은 프리미어보다 크게 나을 것이 없었다. 수화물은 3개까지 무료였으며 국제선을 탈 때 특별 라운지를 이용할 수 있었다. 또한 다른 승객들보다 먼저 탑승할 수 있었다. 하지만 그중 어느 것도 구미가 확 당기지 않았다.

그렇지만 놓치기에 너무 아깝다는 생각이 들었다. 연말이라

승급 기준일까지 마일리지를 다 채우기에는 시간이 부족했다. 샌프란시스코로 가는 이번 여행이 마지막 기회였다.

어떤 목표에 너무 집착하면 자신도 모르게 상식을 벗어난 행동을 하게 된다. 나는 직항 노선을 포기하고 다른 도시를 경유하는 더 비싼 티켓을 예약했다.

오로지 고객 등급을 높이려고 직항 노선을 포기한 셈이었다. 나는 보스턴에서 2시간을 기다렸다가 비행기를 갈아타고 샌프란시스코로 갔다.

단골 고객을 위한 마일리지 프로그램은 1981년 아메리칸 항공사에서 최초로 도입했다. 원래 항공편을 자주 사용하는 고객에게 특가 서비스를 제공하고자 했으나 얼마 지나지 않아서 지금 같은 보상 프로그램으로 둔갑해버렸다. 현재 항공 마일리지 프로그램에 등록된 고객은 1억 8천만 명이 넘는다. 마일리지 때문에 많은 이들이 특정 항공사와 지속적으로 거래하며 마일리지를 쌓기 위해 여행 일자를 조정하거나 경유지를 추가하는 등 불편한 일정을 감수한다.

이렇게 쌓은 마일리지는 무료 항공권이나 호텔 숙박권 등으로 교환할 수 있다. 그러나 마일리지를 교환하는 사람은 거의 없다. 통계를 보면 매년 적립되는 마일리지의 10퍼센트도 제대로 활용되지 않는다. 전문가들은 적어도 10조 원 상당의 마일리지가 적립된 상태로 방치되어 있다고 추산한다. 달까지 왕복여행을 1940만 번 하고도 남을 정도다.

사람들은 왜 실제로 사용하지도 않을 마일리지에 집착하는 것일까?

대답은 의외로 단순하다. 마일리지를 적립하는 것이 마치 '재미있는 게임' 같기 때문이다.

자신이 제일 좋아하는 게임을 생각해보라. 보드게임을 좋아하는 사람도 있고 운동을 좋아하는 사람도 있고 컴퓨터 게임에 빠진 사람도 있다. 요즘은 스마트폰 게임도 매우 활성화되어 있다. 카드게임, 골프, 스도쿠에 열광하는 사람도 많다. 그런데 사람들이 이런 게임에 푹 빠지는 이유는 무엇일까? 왜 한번 시작하면 시간 가는 줄 모르고 몰두하는 걸까?

게임 메커닉스란 게임이나 애플리케이션, 프로그램 등을 구성하는 요소, 쉽게 말하자면 게임에 흥미를 더하고 나아가 중독성을 유발하는 규칙이나 피드백 등을 뜻한다. 카드게임은 점수가 쌓이고 스도쿠는 레벨이 높아지고 골프 토너먼트에는 리더보드(leaderboard, 골프에서 상위권 선수들의 이름을 성적순으로 적어놓은 것—옮긴이)가 있다. 이러한 요소는 게임 사용자의 현재 위치 및 성과를 한눈에 보여준다. 게임 메커닉스가 효율적으로 작동하면 사용자는 게임을 하고 싶어지고, 한번 시작하면 심취해서 그만 둘 수 없게 된다.

게임 메커닉스는 내적 동기를 부여한다. 사람은 누구나 성취하기를 좋아한다. 카드게임에서 난관을 해결하거나 스도쿠 게임에서 레벨이 상승하는 것은 실력이 향상되고 있다는 실질적인 증거로 만족감을 준다. 이를 잘 아는 게임 개발자는 레벨을 상승하려는 욕구를 한껏 자극한다. 특히 레벨 상승 직전에 게임에 더 몰두하게 만든다. 요즘 커피숍에서는 10잔을 마시면 1잔을 무료로 주는 적립 쿠폰을 나눠준다. 사람들은 쿠폰에 찍힌 스탬프 수가 늘어날수록 빨리 무료 음료를 얻고 싶어 자주 커피숍을 찾는다.

그런가 하면 게임 메커닉스는 타인과 비교 가능한 상대적 레벨을 통해 동기를 부여하기도 한다.

몇 년 전 하버드 재학생들에게 한 가지 흥미로운 질문을 했다. "연봉이 5만 달러인 직업(옵션 A)과 연봉 10만 달러인 직업(옵션 B) 중에서 어느 것을 선택하겠느냐?"였다.

여기까지만 보면 고민할 여지가 없다. 누구나 옵션 B를 선택할 것이다. 그러나 질문은 거기에서 끝나지 않았다. 옵션 A는 다른 사람들이 모두 2만 5천 달러를 받을 때 혼자서 2배나 되는 연봉을 받는 조건이었다. 그러나 옵션 B의 경우에는 모두가 20만 달러를 받을 때 혼자만 10만 달러를 받는다는 조건이었다.

놀랍게도 대다수의 학생들은 옵션 A를 선택했다. 그들은 남들보다 우위에 서는 것을 중시했다. 그래서 실질적으로는 손해임을 알면서도 상대적인 우월감을 느낄 수 있는 쪽을 선택했다.

사람들은 자신의 수준이나 점수에만 집중하지 못하고 늘 주변 사람들과 비교한다. 단지 비행기에 몇 분 일찍 탈 수 있다는 이유만으로도 프리미어 등급을 욕심낸다. 좀더 정확히 말하자면 비행기에 '다른 사람'보다 먼저 탑승할 수 있기에 프리미어 등급을 노리는 것이다. 등급은 두 가지 기능을 한다. 현재 자신의 절대적인 위치를 알려주는 구실도 하지만 다른 사람들과의 상대적인 위치 또한 보여준다.

사람은 동물과 마찬가지로 위계질서에 민감하다. 원숭이는 위계질서에 따라 행동이 달라지며 개도 무리를 이루면 서열부터 정한다. 사람도 크게 다르지 않다. 자신이 비교 우위를 차지하거나 주도권을 장악하거나 승자가 되기를 좋아한다. 그런데 인간 사회의 지위는 인간관계에서 비롯된다. 리더가 되려면 먼저 집단이 있어야 하고 리더는 집단에 속한 모든 사람보다 능력이 월등하다는 사실을 증명해야 한다.

우월한 능력은 좋은 이미지를 주기 때문에 게임 메커닉스는 소셜 화폐 생성에 기여할 수 있다. 사람들은 자신이 성취한 것을 자랑할 때 만족해한다. 골프 경기에서 이긴 것, 트위터의 팔로워 숫자, 자녀의 수능 점수 등이 모두 자랑거리가 될 수 있다. 내 친구 중 하나는 델타 항공사의 플래티넘 메달리언Platinum Medallion 회원인데 비행기를 탈 때마다 페이스북에 자랑하곤 한다. 예를 들면 델타 스카이 클럽 라운지에서 어떤 남자가 승무원에게 작업을 거는 것을 보았다거나 무료로 퍼스트 클래스 좌석으로 업그레이드 받았다는 식으로 말이다. 사실 혼자만 알고 있다면 좋은 등급이 무슨 의미가 있겠는가?

그러나 이렇게 자랑할 때마다 그는 자신도 모르게 델타 항공사를 홍보하게 된다.

이것이 바로 게임 메커닉스가 입소문 효과를 높인다는 것을 보여주는 증거다. 사람들은 자랑하고 싶어 먼저 입을 열지만 결국 그렇게 말하는 도중에 델타 항공사나 트위터 같은 특정 브랜드나 자신이 성취를 이룬 골프, 수능 같은 분야를 계속 언급하기 마련이다.

제대로 된 게임을 구축하려면

게임 메커닉스를 온전히 활용하려면 계량화된 결과치가 필요하다. 골프의 핸디캡이나 수능 점수 같은 것들은 원래 숫자로 표현되기 때문에 사람들이 자신의 등수나 경쟁자의 실력을 쉽게 알 수 있다. 하지만 이렇게 숫자로 표현되지 않는 제품이나 아이디어는 약간의 '게임화' 과정이 필요하다. 즉, 사람들이 자신의 위치를 파악할 수 있는 수치화된 지표를 만들어 표시해줘야 한다. 온라인 커뮤니티 게시판에 글을 남긴 횟수에 따라 아이디 아이콘을 바꿔주거나 등급에 따라 티켓 색상을 달리해서 정기권을 구매하는 고객에게 제공할 수 있다.

항공사는 이 점에서 나무랄 데가 없다. 단골 고객을 관리하는 프로그램이 예전부터 있지는 않았다. 사람들이 출장 등 업무상 이유로 항공기를 이용한 지는 50년도 넘었지만 이동거리에 따라 마일리지를 적립해주는 체제는 최근에서야 도입되었다. 마일리지 제도는 소셜 화폐이므로 많은 고객의 입에 오르내린다.

사람들이 자신의 성과를 널리 알리도록 돕는 것도 게임 메커닉스를 활용하는 방법 중 하나다. 그냥 '좋은 결과를 얻었다'고 말하는 것보다 사람들 앞에 자랑스럽게 내놓을 만한 가시적인 증거가 있는 편이 더 좋다. 위치기반 소셜 네트워크 웹사이트인 포스퀘어Foursquare는 술집, 음식점 등 사용자가 가는 곳마다 모바일 기기로 '체크인' 버튼을 누르면 친구를 빨리 찾을 수 있고 체크인 내역에 따라 특별한 배지도 받을 수 있다. 60일간 특정 장소에 가장 많이 체크인한 사람은 그곳의 '시장mayor'이 된다. 공항 5개에 체크인하면 '제트세터Jetsetter' 배지를 획득할 수 있다. 이러한 배지는 포스퀘어 계정에만 등록되는 것이 아니라 페이스북에서도 공유되어 자랑거리가 된다. 포스퀘어 배지는 소셜 화폐의 역할을 톡톡히 해낸다.

앞서 말했던 플래티넘 메달리언 회원인 내 친구처럼 사람들은 배지를 받으면 자랑하고 싶어 못 견뎌 한다. 그들이 배지를 자랑할 때면 포스퀘어 브랜드도 자연스럽게 홍보된다.

잘 구축된 게임 메커닉스는 전혀 새로운 성취거리를 만들어낸다. 항공사는 단골 고객의 충성도를 지위의 상징으로 바꿔놓았다. 포스퀘어에서 제공되는 배지는 사용자들에게 커다란 훈장이 된다. 온라인게임 제작자들은 게임 사용자에게 자신의 성과를 페이스북에 공개하도록 유도한다. 그래서 사람들이 매일 자신의 게임 시간을 자랑스럽게 이야기하는 것이다.

효과적인 지위 시스템은 처음 접하는 사람에게도 쉽게 이해된다. 일단 시장이 된다는 것은 매우 큰 특권처럼 들린다. 그러나 길 가는 사람에게 물어보면 스쿨 나이트 배지, 슈퍼 유저 배지 등 포스퀘어에서 제공하는 백여 가지 배지의 순위를 제대로 아는 경우가 드물다.

신용카드 회사도 이와 동일한 문제로 골머리를 썩는다. 골드카드는 신용카드 실적이 좋고 결제금액이 많은 이들에게만 발급

된다. 그러나 신용등급과 관계없이 아무에게나 골드 카드를 발급하면서 그 가치가 땅에 떨어지고 말았다. 그래서 부유층 고객을 차별화하기 위해 플래티넘 카드, 사파이어 카드, 다이아몬드 카드 등이 등장한 것이다. 그런데 다이아몬드와 사파이어 중에서 어느 것이 더 높은 레벨을 상징하는지 알 수 있겠는가? 플래티넘과 사파이어 중에 무엇이 더 좋은 카드인가? 이처럼 혼동하기 쉽고 고급스럽기만 한 보석 이름이나 색상 등을 사용한 탓에 고객들은 상대적인 등급을 비교하기는커녕 자신의 지위 파악도 상당히 고전한다.

올림픽이나 육상대회에서 수여되는 메달을 생각해보자. 은메달을 수상했다는 말을 듣고 그 선수가 잘했는지 아리송해하는 사람은 없을 것이다. 육상경기에 문외한인 사람도 그가 이번 대회에서 큰 성과를 거두었다는 것을 금방 알아차린다.

영국의 슈퍼마켓에서는 이와 비슷한 직관적인 라벨 시스템을 실행하고 있다. 여러 가지 제품의 당분, 염분, 지방 함량을 신호등 색깔로 표시한 것이다. 저염 샌드위치는 염분이 녹색 동그라미로 표시되지만 고염분 수프는 붉은 동그라미로 표시된다. 따라서 누구나 라벨 시스템을 즉시 이해하고 어떤 제품을 구매할지 결정할 수 있다.

콘테스트에서도 게임 메커닉스는 많이 활용된다. 버버리는 '아트 오브 더 트렌치'라는 웹사이트를 만들어서 버버리 제품과 이를 착용한 사람의 사진을 게시하도록 했다. 세계적인 사진작가가 찍은 것도 일부 있지만 누구나 버버리 트렌치코트를 입고 혼자 또는 친구들과 사진을 찍어 올릴 수 있다. 버버리는 이중 몇몇 사진을 골라 특별히 게시한다. 전 세계 사람들에게 자신의 패션을 뽐낼 기회란 평생에 한 번 올까 말까 한 일이다.

만약 당신의 사진이 선택된다면 어떻게 할 것인가? 분명 주변 사람들에게 알리고 싶을 것이다. 한두 사람이 아니라 가능한 많은 이들에게 알리려고 하지 않을까? 이것은 매우 자연스러운 반응이다.

당신뿐 아니라 모든 사람이 동일한 반응을 보일 것이다. 이 사이트에는 이미 100여 개국 이상의 사람들이 버버리코트를 입고 찍은 사진이 공개되어 있다. 덕분에 버버리코트의 매출액은 50퍼센트 이상 늘었다고 한다.

요리 정보 웹사이트에서는 사람들에게 완성된 요리 사진을 올리도록 권장한다. 다이어트나 운동 프로그램에서는 어김없이 전후 사진을 다른 사람이 볼 수 있도록 공개한다. 워싱턴에 새로 개업한 한 술집에서 나의 절친한 친구인 어비의 이름을 딴 켄터키 어비Kentucky Irby라는 술을 내놓았다. 그러자 어비는 자기가 아는 모든 사람에게 켄터키 어비에 대해 이야기했다. 그는 자기도 모르는 사이 이 술집을 홍보한 것이다.

상을 주는 것도 이와 비슷한 원리다. 상을 받은 사람은 누구나 주변 사람에게 자랑하고 싶어할 것이다. 자신이 얼마나 대단한 사람인지 알리기 위해서지만 가만히 생각해보면 이는 상을 수여한 기업을 홍보하는 효과도 있다.

입소문은 또한 콘테스트 투표 과정에서 생성되기도 한다. 인기가 많은 사람이 우승하는 구조이므로 응모자들은 저마다 지지를 호소한다. 그 과정에서 각 응모자는 이번 콘테스트를 후원해준 제품, 브랜드, 기업을 적극적으로 알린다. 기업이 직접 홍보하는 대신 콘테스트에서 이기고 싶어하는 사람들이 기업을 직접 홍보하게끔 하는 것이다.

이제 소셜 화폐를 생성하는 세번째 방법을 살펴보자. 세번째 방법은 바로 고객에게 인사이더라는 소속감을 심어주는 것이다.

고객에게 '인사이더'라는 소속감 심어주기

■ ■ ■

벤 피시먼Ben Fischman은 2005년 스마트바겐스닷컴SmartBargains.com

의 CEO가 되었다. 스마트바겐스닷컴은 의류부터 침구류, 실내 장식품 및 여행용 가방에 이르기까지 다양한 제품을 할인 판매하는 사이트다. 당시 비즈니스 모형은 명확했다. 재고 상품을 헐값에 사들여서 고객과 직거래하는 것이다. 상품의 종류가 다양한 데다 가격도 소매가보다 최대 75퍼센트 저렴했다.

그러나 2007년 위기가 닥쳤다. 워낙 이윤이 적었던데다 이제는 브랜드에 대한 관심도 크게 떨어졌다. 전성기는 이제 지난 것만 같았다. 유사 사이트도 우후죽순 생겨나서 차별성을 확보하기 어려웠다.

1년 후에 피시먼은 루랄라Rue La La라는 새로운 사이트를 열었다. 고급 브랜드 제품만 취급하고 24시간 또는 48시간만 '반짝세일'하는 방식의 사이트였다. 패션업계의 샘플 세일과 동일한 방식으로 초대받은 고객에게만 쇼핑 기회를 제공했다. 기존 고객이 새로운 고객을 초대하는 방식이었다.

다행히도 루랄라의 매출은 급격히 늘어났다. 한마디로 대성공이었다. 2009년에는 양쪽 웹사이트 매출액 합산이 3억 5천만 달러나 되었다.

루랄라의 성공에는 남다른 비결이 있었다. 알고 보면 아주 사소한 점이었다.

사실 루랄라와 스마트바겐스닷컴은 원피스, 치마, 정장, 신발,

셔츠, 바지 등 취급 품목이 동일했다.

그렇다면 무엇 때문에 지루하기 짝이 없던 웹사이트가 모두가 접속하려고 아우성치는 곳으로 변한 걸까? 대체 루랄라만 유독 고객들의 사랑을 받은 이유는 무엇일까?

바로 고객에게 인사이더로서 소속감을 주었기 때문이다.

스마트바겐스닷컴을 되살리려고 고심하던 피시먼은 온라인 쇼핑에서 유독 한 가지 분야가 호황을 누리는 것에 주목하게 되었다. '스마트 쇼퍼 클럽'에 가입하면 배송비를 할인받고 회원 전용 쇼핑몰을 이용할 수 있었다. 회원 전용 쇼핑몰은 매우 소규모였으나 그 인기는 하늘을 찔렀다.

그 무렵, 피시먼은 프랑스에서 철저하게 회원제로 운영되는 방트프리베Vente Privée라는 쇼핑몰의 콘셉트에 대해 알게 되었다. 딱 하루만 반짝세일을 하는 것이었다. 번뜩 '이것이야말로 사업을 다시 일으킬 방법이구나' 하는 생각이 스쳤다.

그의 판단은 옳았다. 루랄라는 '긴급성'이라는 요소를 지혜롭게 활용해 개업과 동시에 큰 인기를 끌었다. 물론 어느 정도 운도 따랐다. 매일 오전 11시에 새로운 상품을 소개했는데 처음 두 달간은 수요가 너무 많아서 3분 만에 매진되었다. 고객들은 판매가 시작되는 11시에 바로 사야만 한다는 것을 알게 됐다.

루랄라는 대형 사이트로 성장했지만 여전히 반짝세일을 고수한다. 지금도 개시 한 시간 만에 전체 물량의 40~50퍼센트가 팔려나간다. 매출액이 증가 추세를 보이는 것은 맞지만 하루 중 다른 시간대에도 이렇게 고객이 몰리는 것은 아니다. 하지만 오전 11시를 기준으로 웹사이트 방문자수는 최대 기록을 꾸준히 경신 중이다.

회원 전용 사이트라는 점도 고객에게 단단한 소속감을 준다. 밤마다 클럽을 찾는 사람이라도 회원 전용 클럽에는 마음대로 출입할 수 없다. 이처럼 회원 가입을 필수조건으로 내세우면 사람들은 그 웹사이트에 틀림없이 특별한 무언가가 있다고 여기게 된다.

루랄라의 기존 회원들이야말로 신규 회원 모집의 일등공신이다. 어떤 광고도 기존 회원들의 자부심과 홍보활동을 따라갈 수 없다. 이 점에 대해 피시먼은 다음과 같이 말했다.

호텔의 안내 직원을 생각해보세요. 호텔 투숙객들은 근처 음식점을 찾을 때 이 직원에게 먼저 묻습니다. 그러면 그는 1초도 망설이지 않고 식당을 소개해줍니다. 호텔 투숙객들은 이 직원이 미리 수수료를 받고 음식점을 추천하는 것 같아 보여 기대에 못 미칠지도 모른다고 생각하게 됩니다. 그러나 친구에게 어떤 음식점을 소개받으면 다들 더이상 고민하지 않고 그곳을 찾아갑니다.

친구가 추천한 음식점은 언제나 만족스러우니까요. 마찬가지로 친구나 지인이 루랄라를 추천하면 사람들은 루랄라를 신뢰하게 되고 한 번쯤 찾게 됩니다.

이처럼 기존 고객의 입소문은 루랄라의 가장 강력한 홍보수단이었다.

단번에 알아차리기 어렵지만 루랄라는 앞서 언급한 비밀 공간에 마련된 술집 플리즈 돈 텔과 비슷한 점이 많다. 둘 다 희소성과 배타성을 활용해 고객에게 소속감을 준다.

희소성이란 말 그대로 아무나 가질 수 없는 것이다. 수요가 많거나 공급량이 한정되어 있거나, 구매 시기 또는 장소에 많은 제약이 있으면 상품 접근성이 줄어들어서 희소성이 생긴다. 플리즈 돈 텔은 좌석이 45개밖에 없어서 아무때나 입장할 수 없다. 루랄라에서 물건을 구매하려면 판매가 시작되고 24시간 이내에 접속해야 한다. 30분 만에 매진되는 상품도 있으니 말이다.

배타성도 상품 접근성과 관련이 있으나 희소성과는 조금 다르다. 배타성이란 일정 기준을 충족하는 사람들에게만 제품이나 서비스를 제공하는 것이다. 어떤 사람들은 배타성이라고 하면 다이아몬드가 박힌 수천만 원짜리 롤렉스 시계나 영화배우들이 즐겨 찾는 세인트크루아$_{St. Croix}$ 매장을 떠올린다. 그러나 배타성은 유명 인사나 부호 들이 즐겨 찾는 고가 브랜드만 뜻하는 것이 아니다. 정보도 배타성의 기준이 될 수 있다. 특정 정보를 알거나 그런 정보를 아는 사람들과 인맥이 연결되어 있어야 접근이 가능한 것이다. 플리즈 돈 텔이나 루랄라는 이와 같은 방식으로 배타성을 부여한다. 플리즈 돈 텔은 유명 인사들이 찾는 술집은 아니다. 그러나 비밀스러운 공간에 자리잡고 있기 때문에 그 존재를 아는 사람은 일부에 불과하다. 부자라고 루랄라에서 마음껏 쇼핑할 수 있는 것도 아니다. 기존 회원에게 초대받을 때에만 루랄라의 회원이 될 수 있으므로 재력보다는 인맥이 더 필요하다.

희소성과 배타성이 부여된 상품은 더 좋아 보인다. 사람들은 쉽게 얻을 수 없는 것이라면 도전해볼 만한 가치가 있다고 생각한다. 어떤 제품이 매진되거나 손에 넣을 수 없게 되면 사람들은 그 제품이 다수의 고객이 선호하는 것이며 매우 좋은 물건임에 틀림없다고 믿어버린다(이 점은 4장에서 자세히 살펴보자). 요리책도 한정판으로 공급되면 사람들이 서로 사 보려고 한다. 아무데서나 사 먹을 수 없는 쿠키는 왠지 더 맛있을 것 같고 구하기 힘든 스타킹은 품질이 더 좋을 것이라고 생각한다.

디즈니에서는 바로 이런 심리를 이용해 수십 년 전에 출시된 영화에 대한 수요를 증대시켰다. 〈백설공주〉〈피노키오〉 같은 디즈니 대표작의 공급을 중단하고 '디즈니 볼트Disney Vault'로 묶어서 재발매한 것이다. 이렇게 공급 방침이 바뀌면 소비자는 즉시 대책을 마련해야만 한다는 긴박감을 느낀다. 그렇지 않으면 영영 그 작품들을 못 볼 것 같기 때문이다. 사실 디즈니에서 이 방침을 발표하지 않았다면 〈백설공주〉나 〈피노키오〉를 볼 생각조차 하지 않았을 것이다.*

　희소성과 배타성은 고객에게 인사이더로서 소속감을 주어 입소문이 널리 퍼지게 한다. 사람들은 남들이 갖지 못한 것을 손에 넣은 순간, 자신을 특별하고 대단한 사람처럼 느낀다. 그래서 그 제품이나 서비스에 더 큰 애착을 보이는 것은 물론, 누가 시키지 않아도 다른 사람에게 자랑하게 된다. 이렇게 다른 사람에게 자랑할 때 자신만이 특별한 기회를 잡았다는 만족감을 확인할 수 있기 때문이다. 이것이 바로 소셜 화폐다. 최신식 전자제품이 출

---

* 단, 상품 접근성을 어렵게 만드는 것과 아예 차단하는 것은 전혀 다른 개념이다. 플리즈 돈 텔도 예약이 어렵긴 하지만 고객이 전화를 몇 번 하면 가능하다. 그렇지 않으면 플리즈 돈 텔은 완전히 잊히거나 배척당할 우려가 있다. 루랄라도 엄격하게 회원제로 운영되지만 최근에는 비회원들도 이메일 주소를 제공하면 사이트를 둘러볼 수 있다. 초반에는 희소성과 배타성을 적용하고 서서히 제약을 풀면 수요를 높일 수 있다.
또한 접근성에 제약을 가하는 전략은 자칫하면 오만하거나 쌀쌀맞다는 인상을 주므로 각별히 조심해야 한다. 사람들은 원하는 것을 얻는 데 익숙하므로 여러 번 거절을 당하면 발걸음을 돌려버린다. 플리즈 돈 텔에 근무하는 짐 미한은 이 점과 관련해 직원들을 다음과 같이 교육한다. "안 됩니다"라고 딱 잘라 말하는 것이 아니라 "8시 30분은 예약이 끝났습니다. 그렇지만 11시는 예약이 가능한데 어떠세요?"라고 대답하는 것이다. 이는 다른 분야에도 마찬가지로 적용된다. "죄송합니다만 X브랜드는 없습니다. 하지만 Y브랜드 제품도 있는데 한번 보시겠어요?" 이렇게 고객의 실망을 최소화하려고 노력하면 고객 만족도와 브랜드 매력도라는 두 마리 토끼를 잡을 수 있다.

시되는 날 매장 밖에서 몇 시간이고 줄을 서서 기다리는 수고를 감수하면서 이를 손에 넣는 사람들이 있다. 그들이 매장에서 나와 가장 먼저 하는 행동은 무엇인가? 바로 가족이나 친구에게 제품에 대해 알리는 것이다. 흥분된 목소리로 "나 좀 봐. 정말 멋지지 않아? 내가 이걸 샀다니까!" 하며 자랑하느라 여념이 없다.

이 전략은 술집이나 의류와 같은 특정 분야에만 적용되는 것이 아니다. 일례로 맥도날드에서는 돼지고기의 위, 심장 같은 부위를 사용해 만든 제품으로 소셜 화폐를 창출한 바 있다. 어떤 이야기인지 함께 살펴보자.

1979년에 맥도날드는 치킨 맥너겟을 출시했다. 이 메뉴는 출시되기가 무섭게 큰 인기를 얻었고 미국 전역 모든 매장에서 주문이 빗발쳤다. 그러나 당시 운영체제로는 이 수요를 감당하기가 어려웠다. 수석 요리사인 르네 아렌드Rene Arend는 주문한 닭고기를 배달받지 못한 매장을 위한 신제품 개발에 착수했다. 공급물량 부족으로 인한 매장의 불만을 해소하려는 것이었다.

그는 돼지고기를 넣은 샌드위치인 맥립을 개발했다. 사우스캐롤라이나 주 찰스톤에서 우연히 먹어본 남부 지방 특유의 바비큐에서 아이디어를 얻은 요리였다. 부드러운 육질과 식욕을 자극하는 훈제 향에 마음을 뺏긴 그는 이것이 맥도날드 신규 메뉴로 손색없다고 확신했다.

맥립이라 했지만 이는 허울 좋은 이름일 뿐, 실제로는 갈빗살이 거의 쓰이지 않았다. 갈비 모양처럼 만든 돼지고기 패티를 사용했을 뿐이었다. 갈빗대의 뼈와 함께 질 좋은 고기 부분은 거의 다 제거하고 남은 부위에 바비큐 소스를 뿌린 다음, 양파와 피클을 얹어서 샌드위치 빵으로 덮은 것이 바로 맥립이었다.

이런 단점이 있었지만 테스트 과정에서 신제품의 반응이 좋았다. 맥도날드 본사에서는 이 제품이 많은 사랑을 받으리라 기대하면서 전국 매장에 정식 메뉴로 출시했다. 플로리다에서 시애틀에 이르기까지 어느 매장에서나 맥립을 접할 수 있었다.

그런데 안타깝게도 매출 보고서상으로 보니 맥립의 인기는 본사의 기대에 미치지 못했다. 홍보 행사도 벌여봤지만 소용이 없었다. 결국 몇 년 후에 미국인들이 돼지고기를 별로 안 좋아한다는 핑계를 대며 맥립을 없애버렸다.

그런데 10년쯤 후에 맥립의 매출을 끌어올릴 묘안이 생겼다. 광고비로 많은 돈을 쓸 필요도 없었다. 가격도 조정하지 않았다. 재료도 이전과 전혀 달라지지 않았다.

새로운 전략은 바로 맥립에 희소성을 부여하는 것이었다.

우선 전국 매장에서 맥립을 한정 판매했다. 그후에는 몇몇 도시의 특정 매장에서만 맥립을 판매했다. 우선 한 달간은 캔자스

시티, 애틀랜타, 로스앤젤레스 매장에서만 팔았다. 그리고 두 달 뒤에는 시카고, 댈러스, 탬파에서만 맛볼 수 있었다.

이 전략은 성공적이었다. 많은 소비자들이 맥립에 관심을 보이기 시작했다. 페이스북에 '맥립을 다시 부활시켜달라'는 항의 글이 쇄도했다. 트위터에도 맥립 예찬론("정말 기분이 좋아. 맥립을 다시 먹을 수 있어")과 맥립 판매 매장에 대한 이야기("맥립을 어디서 파는지 찾을 때가 아니면 트위터를 쓸 일이 없어")가 끊이지 않았다. 심지어 맥립을 좋아하는 사람들이 맥립을 취급하는 매장을 제보할 수 있는 웹사이트도 등장했다. 돼지고기의 위, 심장 부위 등을 섞어 만든 돼지고기 샌드위치가 큰 인기를 얻은 것이다.

이처럼 고객에게 한식구라는 느낌을 주는 전략은 모든 제품과 아이디어에 적용할 수 있다. 고성능을 자랑하는 최신 제품이든, 돼지고기에서 잘 팔리지 않는 부위의 고기만 사용해 만든 샌드위치든 전혀 상관없다. 누구나 손쉽게 얻을 수 없다는 사실만으로도 제품의 가치는 높아지며, 사람들은 그 제품에 대한 정보를 얻거나 그 제품을 손에 넣을 때 발생하는 소셜 화폐를 활용하고자 앞장서서 입소문을 퍼뜨릴 것이다.

보상을 제공하는 순간 내적 동기는 사라진다

■ ■ ■

나는 몇 년 전 남자라면 누구나 거치는 통과의례를 치렀다. 다름 아닌 판타지 미식축구 리그(자신이 원하는 대로 선수들을 선발해 팀을 만들고 그 선수들의 실제 경기 성적을 대입시켜 겨루는 가상 게임의 일종—옮긴이)에 합류한 것이다.

판타지 미식축구는 미국에서 가장 인기 높은 취미활동 중 하나다. 아직 판타지 미식축구를 잘 모르는 사람도 있을 것이다. 쉽게 설명하자면 가상 축구팀의 총괄 책임자가 되는 것이다. 수백만 명이 넘는 사람들이 선수를 영입하고 그들의 출전 여부를 결정하고 매주 경기를 관람하느라 많은 시간을 할애한다.

솔직히 나는 관람용 스포츠에 불과한 이 게임에 많은 이들이 지나치게 많은 시간을 투자하는 것이 우습게만 보였다. 하지만 친구들이 딱 한 명이 모자란다며 함께하자고 부탁해 참여할 수밖에 없었다.

아니나 다를까 나도 중독자가 돼버렸다. 한 주도 빠지지 않고 대진표를 파고들고 이름도 들어본 적 없는 선수들에 관해 연구하고 신예 선수 발굴로 얼마나 많은 시간을 보냈는지 모른다. 시즌이 시작되면 나도 모르게 미식축구 경기를 보게 된다. 예전에는 그런 데 시간을 써본 적이 없었는데 말이다. 단지 우리 팀이 승리하는지 확인하는 것은 아니다. 우리 팀 선수들의 기량을 확인하고 내가 모르는 팀의 전력을 탐색해 그에 따라 매주 출전 선수를 바꿔야 했다.

가장 흥미로운 부분은 따로 있다.

그것은 바로 판타지 미식축구의 모든 과정이 무보수라는 것이다.

매주 판타지 미식축구에 많은 시간을 쏟지만 대가는 따로 없다. 친구들과 경기 결과를 두고 내기한 적도 없다. 오로지 재미를 위해, 자기 팀을 자랑하기 위해 게임을 한다. 경쟁에서 이기는 것 자체가 소셜 화폐이므로 모두가 열심히 참여하는 셈이다. 단 한 푼의 금전적 보상도 없지만 이는 아무런 문제가 되지 않는다.

여기서 우리는 어떤 점을 배울 수 있는가? 그것은 금전적 대가를 지불하지 않아도 사람들에게 동기를 부여할 수 있다는 사실이다. 기업 관계자들은 직원들의 사기를 북돋우기 위해 종종 금전적인 보상을 제시한다. 선물이나 특혜를 제공하며 행동을 유도하는 경우도 있다. 그러나 이는 매우 잘못된 방법이다. 100달러를 준다고 하면 많은 이들이 지인에게 홍보활동을 하겠다고 나설 것이다. 포상금으로 금빛 람보르기니 한 대를 내걸면 무엇이든 가리지 않고 하려 들 것이다. 그러나 람보르기니를 비롯한 금전적 보상은 공급자에게 상당한 부담이 된다.

뿐만 아니라 사람들에게 물질적 보상을 제공하는 순간 그들의 내적 동기는 연기처럼 사라진다. 사람들은 자기가 좋아하는 제품이나 기업에 대해 말하는 것을 즐거워한다. 사실 이 순간에도 수백만 명이 넘는 사람들이 아무런 보상도 받지 않고 매일 그런 대화를 나눈다. 보상금을 주면서 지인들에게 홍보를 부탁하면 이전의 순수한 동기는 사라진다. 고객이 특정 제품이나 서비스에 대해 다른 사람에게 전하는가는 전적으로 얼마나 그것을 좋아하느냐에 달려 있다. 그러나 대가가 지불되면, 얼마를 받느냐에 따라 홍보 횟수와 그 질적 수준이 달라진다.

장기적으로 보면 소셜 화폐 같은 사회적 보상이 훨씬 효과적이다. 포스퀘어에서는 사용자가 특정 장소에서 '체크인' 버튼을 눌러도 아무런 보수를 주지 않는다. 항공사도 회원에게 할인 혜택을 주는 법이 없다. 그러나 타인에게 좋은 인상을 주고 싶어하는 인간의 욕구를 잘 활용하면 별다른 보상금 없이도 사용자나 고객이 홍보하게 만들 수 있다. 입소문은 한푼도 들일 필요가 없는 최대의 광고수단이다.

지켜서는 안 되는 비밀

■ ■ ■

　어떻게 하면 고객이 당신의 제품이나 아이디어를 주변에 적극적으로 이야기하도록 하고 인기를 끌게 만들 수 있을까? 한 가지 방법은 소셜 화폐의 생성이다. 사람들은 타인에게 좋은 인상을 주기 원한다. 그러므로 당신의 제품이 그 욕구를 충족시키는데 기여하면 된다. 블렌드텍의 '이것도 갈릴까요?'처럼 우선 내적 비범성을 찾아내야 한다. 포스퀘어나 항공사의 회원 등급처럼 게임 메커닉스를 활용할 수도 있다. 루랄라의 사례처럼 희소성과 배타성을 부여해 고객에게 소속감을 줄 수도 있다.

　자기 자신에 대해 말하려는 욕구를 논할 때 플리즈 돈 텔의 사례를 빼놓을 수 없다. 플리즈 돈 텔의 구상자는 영리하게도 비밀은 곧 소셜 화폐와 직결된다는 것을 파악했다. 여기에는 또 한 가지 흥미로운 영업전략이 숨어 있다. 플리즈 돈 텔을 찾은 손님들은 술값을 치른 후에 작은 명함을 받는다. 앞뒤가 모두 검은색이라서 점성술사나 마법사의 명함 같은 그 위에는 빨간 글씨로 '아무에게도 말하지 마세요'를 뜻하는 '플리즈 돈 텔'과 가게 전화번호가 찍혀 있다.

　플리즈 돈 텔에 입장하는 순간부터 계산이 끝날 때까지 비밀을 지켜달라는 요청은 계속된다. 그러면서 가게를 나서는 고객에게 굳이 전화번호를 알려주는 것은 왜일까? 사실은, 이 비밀을 다른 사람과 공유해달라는 무언의 부탁이 아닐까?

CHAPTER 2

계기의 법칙

사람들은 머릿속에
쉽게 떠오르는 것을 공유한다

채 여덟 살이 안 된 어린아이들은 디
즈니월드라는 말만 들어도 환호성을 지른다. 아이들만 디즈니월
드를 좋아하는 것이 아니다. 매년 세계 각국에서 1800만 명이 넘
는 사람들이 디즈니월드를 방문하고자 플로리다 주 올랜도를 찾
는다. 좀더 나이가 있는 아이들은 '스페이스 마운틴'이나 '타워
오브 테러'에서 빠르게 낙하하는 짜릿함을 즐긴다. 더 어린 아이
들은 '신데렐라 마법의 성'에 들어가거나 '정글 크루즈'에서 아프
리카의 강을 탐험하며 즐거워한다. 길에서 미키마우스나 구피
같은 디즈니 캐릭터를 만나면 어른들도 환호하며 앞다투어 악수
를 청한다.

1990년대 초반에 디즈니월드에 처음 갔을 때를 생각하면 나
도 모르게 입가에 미소가 번진다. 무대에서 〈길리건스 아일랜드

Gilligan's Island〉(미국의 유명 시트콤—옮긴이)를 재연하고 있었는데 청중석에 앉아 있던 사촌과 내가 길리건과 스키퍼 역할을 하도록 뽑혔던 것이다. 양동이로 수십 번이나 물을 뒤집어썼지만 배를 안전하게 정박시키면서 얼마나 뿌듯했는지 모른다. 가족은 지금도 의기양양해하던 내 표정에 대해 이야기하곤 한다.

디즈니월드에 대한 즐거운 이미지와 '허니 너트 치리오스Honey Nut Cheerios'를 비교해보자. 치리오스가 꿀벌을 마스코트로 앞세운 아침식사용 시리얼이라는 것은 미국 사람이라면 누구나 안다. "거부할 수 없는 달콤한 꿀맛을 치리오스에 고스란히 담았습니다"라는 광고 카피도 유명하다. 건강에 좋다지만 아이들이나 단것을 좋아하는 성인 고객을 사로잡기 위해 당분 함량이 높다. 그럼에도 치리오스는 지금도 수많은 미국인의 아침 식탁에 오른다.

디즈니월드와 허니 너트 치리오스 중에서 어느 쪽 입소문이 더 많을까? 마술의 왕국? 꿈이 이루어진다고 자부하는 그곳일까?

아니면 통귀리가 들어 있어서 콜레스테롤 수치를 낮춰준다는 아침식사용 시리얼 치리오스일까?

누가 봐도 정답은 디즈니월드 쪽이다. 아침에 먹은 음식보다 디즈니월드 모험담이 훨씬 재미난 이야깃거리다. 마케팅 전문가들은 흥미야말로 입소문 유발의 핵심 요소라고 말한다. 버즈 마케팅 관련 도서를 훑어봐도 마찬가지다. 소셜 미디어 전문가들도 이 점에 모두 동의한다. 한 유명 마케팅 전문가는 "누구도 지루한 기업, 재미없는 제품, 하품이 나오는 광고를 입에 올리지 않는다"고 단언했다.

유감스럽지만 그의 말은 틀렸다. 흥미가 가장 중요하다고 주장하는 사람들도 모두 잘못 생각했다. 1장에서 배운 내용과 앞뒤가 맞지 않는다고 생각하는 사람도 있을지 모른다. 그러나 계속해서 이 책을 읽어나가면 그 이유를 이해할 수 있다. 사람들은 디즈니월드보다 치리오스에 대해 더 자주 이야기한다. 그 이유는 바로 계기다.

우리는 매일 30억 번 이상 브랜드를 입에 올린다

■ ■ ■

버즈에이전트BzzAgent를 설립한 데이브 밸터Dave Balter는 이제 사십대에 접어들었지만 동안인데다 테가 얇은 안경을 쓰고 함박웃음을 지어 더 젊어 보인다. 그는 마케팅에 남다른 열의를 갖고 있다. 맞다, 바로 그 마케팅이다. 데이브는 마케팅을 원하지도 않고 필요하지도 않은 물건을 사도록 사람들을 구슬리는 것이라 생각하지 않는다. 그보다는 사람들이 유용하다고 생각하는 제품이나 서비스에 강한 열정을 쏟게 만드는 것이라고 생각한다. 유용하지는 못해도 즐거움을 주거나 디자인이 아름다운 제품도 마케팅 대상이 된다. 한마디로 마케팅은 (제품이나 서비스에 대한 고객의) 사랑을 널리 전하는 것이다.

그는 원래 특정 브랜드를 꾸준히 애용하는 고객들에게 어떻게 적절한 보상을 지급할지 연구하는 소위 '충성고객' 마케팅 전문가였다. 프로모션 에이전시를 두 차례 설립한 경험을 토대로 지금의 버즈에이전트를 세웠다.

버즈에이전트는 어떤 기업일까? 당신이 소니케어 전동칫솔을 제작하는 필립스 사의 대표라고 가정해보자. 매출은 양호한 편이다. 그러나 새롭게 고안된 제품이라 대다수 고객은 전동칫솔의 필요성을 느끼기는커녕 그것이 무엇인지도 잘 모른다. 소니케어의 기존 고객들이 조금씩 입소문을 내지만 이것만으로는 부족하다. 뭔가 획기적인 홍보방안이 필요하다.

이럴 때 바로 버즈에이전트에 도움을 구할 수 있다.

버즈에이전트는 수년간 80만 명 이상의 회원으로 이루어진 인적 네트워크를 구축했다. 연령, 직업 및 연봉 등이 다양한 이 회원들은 신제품에 대한 정보를 파악하거나 직접 사용해보는 것을 좋아한다. 연령은 18세~54세로 분포되고 대부분 교육수준이 높고 수입이 안정적이다. 교사, 전업주부, 각 분야의 전문가, 박사

학위 소지자, 기업 CEO도 회원으로 활동중이다.

'도대체 어떤 사람들이 회원이 될까?' 하고 궁금해하는 사람들이 있는데 사실 그들은 모두 특별할 것 없이 평범한 미국 시민들이다.

새로운 고객이 찾아오면 데이브가 이끄는 팀은 데이터베이스에서 고객이 원하는 연령대 또는 심리적 특성에 맞는 회원들을 찾아낸다. 필립스는 동부 지역에서 바쁘게 사는 25~35세의 전문직 종사자라면 전동칫솔에 관심을 가질 것이라고 생각한다. 데이브는 그 즉시 필립스가 원하는 조건대로 수천 명의 회원을 추려낸다. 치아 위생에 관심이 많은 직장 여성도 포함시키고 싶어한다면 그 또한 요청에 따라 회원을 추가해준다.

다음 단계로 이렇게 찾아낸 회원들에게 캠페인 참여를 권하는 메시지를 보낸다. 동의하는 회원에게는 제품 정보와 함께 견본품이나 무료 쿠폰을 우편으로 보내준다. 일례로 소니케어 캠페인에 참여한 회원들은 무료로 전동칫솔을 받고 주변 사람들에게 전동칫솔을 권하도록 10달러의 사례금을 받았다. 이와 비슷하게 '타코벨Taco Bell' 캠페인에 참여한 회원들도 무료 타코벨 쿠폰을 받았다. 타코는 우편으로 보내기 어려우니 대신 쿠폰을 발급한 것이다.

몇 달 지나지 않아서 제품에 대해 회원들이 보고한 대화 내용이 문서로 정리된다. 여기서 회원들이 아무런 보상을 받지 않는다는 점이 중요하다. 그저 신제품을 무료로 받고 다른 사람들보다 먼저 사용해보는 것이 그들이 누리는 대가의 전부다. 제품이 마음에 들든 그렇지 않든 솔직하게 반응할 수 있다. 버즈에이전트에서는 회원들에게 정해진 견해를 배포하도록 강제하지 않는다.

버즈에이전트가 등장하자 일각에서는 말도 안 되는 사업이라고 주장했다. 사람들이 대화할 때 아무런 이유 없이 제품에 대해 언급할 리 없다고 했다. 아무리 봐도 부자연스럽기 때문이다.

그러나 이들은 자신도 일상생활에서 각종 제품, 브랜드, 기업에 대해 자주 이야기한다는 사실을 깨닫지 못했다. 일반적인 미국인들은 매일 16가지 이상의 입소문을 서로 주고받으며 특정 기업, 브랜드, 제품, 서비스의 장단점에 대해 논한다. 직장 동료에게 좋은 음식점을 추천해주고 할인 판매하는 곳이 있으면 가족에게 알려주며 이웃에게 믿을 만한 베이비시터를 소개해준다. 하루 동안 미국 전체 소비자들은 30억 회 넘게 브랜드를 언급한다. 마치 숨쉬는 것처럼 자연스럽게 이야기한다는 뜻이다. 너무 당연하게 자주 언급하다보니 정작 스스로 느끼지 못한다.

아직도 납득하기 어렵다면 24시간 동안 자신이 하는 말을 모두 기록해보라. 종이와 연필을 가지고 다니면서 말할 때마다 적어보면 '내가 이러저러한 제품이나 아이디어에 대해 이렇게 말을 많이 했나?' 하며 깜짝 놀랄 것이다.

버즈에이전트의 캠페인이 어떻게 진행되는지 궁금해서 직접 참여해보기로 했다. 나는 본래 두유를 매우 좋아하기 때문에 실크_{Silk} 사의 아몬드 두유 캠페인에 참여했다(도대체 어떻게 아몬드에서 두유를 짜는 건지 궁금해서 견딜 수 없었다). 매장에서 쿠폰을 아몬드 두유로 교환해서 마셔보았다. 맛이 아주 좋았다.

아몬드 두유가 마음에 들었으니 이제 다른 사람에게 알리기만 하면 됐다. 이는 전혀 부담스럽지 않았다. 평소 두유를 먹지 않는 친구들에게 실크 사의 아몬드 두유를 알려주고 시음해보라고 쿠폰도 쥐여주었다. 누가 시켜서 한 일이 아니었다. 내가 아몬드 두유 홍보를 제대로 하는지 감시하는 사람이 있는 것도 아니었다. 그저 아몬드 두유가 내 입맛에 맞았고 친구들도 좋아하겠다 싶었을 뿐이다.

이것이 바로 버즈에이전트를 비롯한 입소문 마케팅 기업의 성공비결이다. 고객이 싫어하는 제품에 대해 억지로 좋은 평을 하도록 강요하지 않는다. 의도적으로 대화중에 특정 제품을 추천하도록 압력을 가하지도 않는다. 사람들이 일상 대화에서 제품이나 서비스에 대한 정보와 의견을 공유하고 있다는 상황을 활용했을 뿐이다. 좋아하는 제품을 안겨주면 사람들은 누가 시키지 않아도 자발적으로 그 제품에 대한 입소문을 내기 마련이다.

빠르게 입소문을 타는 이슈들

■ ■ ■

버즈에이전트에서는 랄프 로렌, 마치 오브 다임스March of Dimes, 홀리데이 인 익스프레스Holiday Inn Express를 비롯한 수백 가지 브랜드의 캠페인을 진행한다. 그런데 일부 캠페인은 유독 입소문이 빠르게 형성된다. 유독 운좋은 제품이 따로 있는 것일까? 아니면 입소문이 활성화되는 특별한 원리가 있는 것일까?

이 문제를 연구하기 위해 나도 가세했다. 데이브는 매우 의미 있는 연구라며 큰 관심을 보였다. 그는 나와 동료인 에릭 슈워츠Eric Schwartz에게 수년간 버즈에이전트에서 시행했던 수백 가지 캠페인에 대한 자료를 넘겨주었다.*

* 그가 넘겨준 자료에는 캠페인별 제품에 대한 정보와 버즈에이전트에 제출된 각 보고서의 개수도 포함되어 있었다. 우리는 회원별로 각 상품의 입소문을 따로 분석할 수 있다는 점에 주목했다. 물론 유독 입소문에 적극적으로 참여하는 사람이 있는가 하면 그렇지 않은 사람도 있었다. 그러나 다양한 캠페인에서 각 회원이 어느 정도로 많은 이야기를 했는지 살펴보니 패턴을 찾아낼 수 있었다. 예를 들어 한 회원이 새로 출시된 디지털카메라보다 커피 브랜드에 대해 더 많이 언급했다는 것 등을 알아낸 것이다. 덕분에 특정 제품이 유독 빠르게 입소문을 타는 이유를 파악할 수 있었다. 사람들이 이야기를 꺼낼 때는 해당 제품의 분야(예를 들어 영화보다 먹는 것에 대한 이야기를 더 많이 하는가?)보다 처음에 대화를 시작하게 되는 요소, 즉 화자의 심리가 더 입소문을 크게 좌우한다.

우리 둘은 우선 흥미를 끄는 제품이 지루해 보이는 제품보다 입소문이 더 빨리 퍼질 것이라는 가설부터 확인해보기로 했다. 색다르고 신기하거나 어리둥절해지는 제품이 있다. 이런 느낌이 대화를 유발하지 않을까? 이 가설이 옳다면 치리오스나 주방세제보다 디즈니월드가 대화에 더 자주 등장해야 한다.

직관적으로 판단해보자면 타당성 있는 가설이다. 앞서 1장에서 살펴본 것처럼 우리는 대화를 할 때 단순한 정보 교환만 하는 것이 아니라 우리 자신에 관해 드러내기도 한다. 새로 나온 외국 영화를 극찬하거나 최근에 방문한 실망스러운 타이 음식점에 대해 이야기할 때 그 사람의 문화적 배경, 식습관, 입맛 등이 자연스럽게 표현된다. 우리는 상대방에게 재미있는 사람이라는 이미지를 남기고 싶은 욕구 때문에 흥미로운 이야깃거리를 열심히 생각해낸다. 일단 칵테일파티를 계획할 때만 봐도 시리얼이나 주방세제 얘기만 늘어놓는 사람을 누가 초대하고 싶어하겠는가?

광고계는 이에 근거해 놀랍고 충격적인 광고를 기획하기도 한다. 춤추는 원숭이나 굶주린 늑대떼가 행군 악단의 뒤를 쫓는 모습을 본 적이 있을 것이다. 이런 게릴라 마케팅 캠페인이나 바이럴 마케팅 캠페인도 결국 같은 원리다. 닭으로 분장한 사람들이 지하철에서 50달러 지폐를 나눠주면 놀라지 않을 사람이 있을까? 정말 특이하지 않다면, 사람들의 입에 오르내릴 수 없다.

정말 그럴까? 입소문을 내려면 반드시 흥미를 유발해야 할까?

이 점을 확인하기 위해 버즈에이전트에서 캠페인을 시행했던 수백 가지 제품을 하나씩 분석해보았다. 사람들이 각 제품을 얼마나 흥미롭게 느꼈는지 조사한 것이다. 자동 샤워기 세정 장치? 신생아의 탯줄을 보관해주는 서비스? 둘 다 꽤 흥미로운 제품이었다. 그러나 구강청결제나 트레일 믹스(견과류나 과일 등을 건조한 휴대용 간식—옮긴이)는 별로 흥미롭지 않았다.

이렇게 흥미 유발 여부를 점수화한 후에 10주간의 캠페인에서 사람들의 대화에 언급되는 빈도와의 상관관계를 분석했다.

놀랍게도 아무런 상관관계가 없었다. 흥미를 유발하는 제품이라고 해서 반드시 입소문이 빠르게 퍼지는 것은 아니었다.

우리는 당황스럽기 그지없었다. 일단 한발 물러나서 생각해보기로 했다. 혹시 '흥미'를 기준으로 삼은 것이 잘못됐을지 모른다는 생각이 들었다. 흥미라는 단어는 너무 모호하거나 일반적인 표현이라서 이번 연구에 적합하지 않았을 수도 있었다. 그래서 더욱 구체적인 기준으로 기발함과 놀라움을 선택했다. 전동칫솔은 다용도 비닐가방보다 기발한 상품이었다. 스니커즈처럼 편안한 정장 구두는 목욕 수건에 비해 당연히 놀라운 상품이었다.

그러나 기발함과 놀라움도 입소문과는 연관이 없었다. 즉, 기발함과 놀라움을 자아내는 상품도 입소문을 빠르게 퍼뜨리지 못했다.

혹시 위의 두 가지 실험에 참여한 사람들이 문제였을지 모른다는 생각이 들었다. 이전까지는 대학생을 실험 대상으로 삼았으나 이제는 다양한 연령과 환경에 속한 사람들을 실험 대상자로 모집했다.

이 또한 소용없었다. 실험 대상자를 바꿔도 결과는 같았다. 흥미, 기발함, 놀라움과 사람들이 제품을 언급하는 빈도 사이에는 아무런 상관관계가 없었다.

우리 두 사람은 한마디로 공황 상태에 빠졌다. '도대체 뭐가 잘못된 거지?'

지나고 보니 문제는 다른 곳에 있었다. 처음부터 우리의 질문 자체가 어긋나 있었다.

즉각적인 입소문과 지속적인 입소문

■ ■ ■

지금까지 우리는 특정 요소가 입소문을 좌우하는지 아닌지 살펴보았다. 더 구체적으로 이야기하자면 더 흥미 있고 더 신선하고 더 큰 놀라움을 선사할수록 입소문이 많이 나는지 살펴보았다. 하지만 **시점**도 이런 요소 못지않게 중요하다는 것을 간과했다. 이제 입소문에서 시점이 얼마나 중요한지 살펴볼 것이다.

입소문이 즉각적으로 발생하는 제품도 있었고 느리지만 꾸준하게 이어지는 제품도 있었다. 새로운 재활용 방안에 대한 이메일을 받았다고 가정해보자. 당장 그날 오후에 직장 동료에게 그 내용을 이야기해줄 것인가? 또는 주말에 남편이나 아내에게 이야기할 생각인가? 그렇다면 이는 **즉각적인 입소문** 내기다. 새로운 정보를 알게 되었거나 특이한 경험을 하자마자 다른 사람에게 알리는 것이 즉각적인 입소문이다.

이에 반해 **지속적인 입소문**은 몇 주 또는 몇 달 후에 대화에 등장한다. 지난달에 본 영화, 작년에 다녀온 휴가지에 대한 이야기가 지속적인 입소문에 속한다.

두 가지 입소문 모두 중요하지만 제품이나 아이디어마다 유리한 것은 각기 다르다. 영화는 즉각적인 입소문이 유리하다. 영화계는 단시간에 흥행 여부를 판단하므로 영화가 개봉되자마자 인기를 얻지 못하면 얼마 지나지 않아서 다른 영화로 대체된다. 식품업계도 이와 비슷하다. 신제품이 출시되면 단기간 내에 좋은 평가를 얻어야 살아남을 수 있다. 식료품 매장은 진열 공간이 제한되어 있기 때문이다. 콜레스테롤을 낮춰주는 빵 스프레드가 새로 나왔다고 가정해보자. 제품이 출시됐을 때 소비자들이 즉시 구매하지 않으면 매장측에서는 재고를 더이상 감수하지 않는다. 이런 경우에는 즉각적인 입소문에 제품의 생사가 달려 있다.

그러나 대부분의 제품이나 아이디어는 지속적인 입소문의 영향도 무시할 수 없다. 왕따 방지 캠페인은 학생들 사이에 즉각적인 입소문을 유발하는 것도 중요하지만 왕따 문제가 근절될 때까지 지속적인 관심을 얻어야 한다. 새로운 정책 발안도 즉각적인 관심을 얻어야 하지만 여론은 흔들리기 마련이므로 투표일까지 지속적인 관심을 끌어내야 한다.

그렇다면 어떤 일이 발생한 직후에 사람들의 입에 오르내릴 수 있는 비결은 무엇일까? 동시에 그 비결이 여러 달이 지난 후에도 지속적인 입소문을 유지하는 방안이 될 수 있을까?

이러한 질문에 대한 답을 얻고자 버즈에이전트에서 시행한 캠페인 데이터를 즉각적인 입소문과 지속적인 입소문으로 분류했다. 제품의 종류와 입소문의 종류에 어떤 상관관계가 있는지 알아보고자 했다.

예상대로, 흥미로운 제품은 즉각적인 입소문을 유발했다. 이로써 1장에서 내린 결론이 또 한번 확인되었다. 흥미로운 화제는 사람들에게 호감을 주기 때문에 그 말을 한 사람의 이미지를 개선하는 효과가 있다.

그러나 흥미로운 제품에 대한 입소문은 시간이 흐르자 **지속력**

이 급속도로 약해졌다. 다시 말해서 지속적인 입소문의 경우 흥미를 끄는 제품이나 그렇지 않은 제품이나 별반 차이가 없었다.

어느 날 내가 해적 분장을 하고 출근하면 사람들은 어떻게 반응할까? 선홍색 두건을 두르고 검은 롱코트를 입고 금귀고리를 한 다음, 한쪽 눈을 가린 내 모습에 사람들은 깜짝 놀랄 것이다. 아마 사무실 직원들은 종일 내 옷차림에 대해 이야기할 것이다 ("도대체 왜 저래? 금요일은 마음 편히 보낼 줄 알았는데 사람을 왜 이렇게 놀라게 하는 거야?").

이처럼 내가 해적 분장을 했다는 것은 즉시 입소문으로 이어지겠지만, 사무실 직원들이 이 이야기를 두 달 뒤에도 계속 할 거라 기대할 수는 없다.

흥미는 입소문을 지속시키는 힘이 부족하다. 그렇다면 지속적인 입소문의 비결은 과연 무엇일까?

계기가 행동에 미치는 영향:
마스 초콜릿바에서 투표까지

■ ■ ■

매 순간 사람의 머릿속에는 몇 가지 뚜렷한 생각이 떠오르기 마련이다. 아마 당신도 지금 이 순간 읽고 있는 이 문장에 집중할 수도 있지만 점심으로 먹은 샌드위치가 자꾸 생각날지 모른다.

어떤 일은 시도 때도 없이 머릿속에 떠오른다. 스포츠팬이나 식도락가에게 흔한 현상이다. 그들은 좋아하는 팀의 최근 성적이나 특별한 음식맛의 비결을 머릿속에서 떨치지 못한다.

그런가 하면 주변 환경에서 자극을 받아 떠오른 생각이 머릿속에 크게 자리할 수도 있다. 공원에서 조깅을 하다가 지나가는 강아지를 보고 오래전부터 개를 키우고 싶어했던 마음이 되살아날지 모른다. 길을 가다가 중국 음식점에서 풍기는 음식 냄새를 맡고 점심에 무엇을 먹을지 고민하게 된다. 콜라 광고를 보면 불현듯 냉장고에 넣어둔 탄산음료를 어젯밤에 다 마셨다는 사실이 생각난다. 보고 듣고 냄새 맡는 것은 연관된 생각을 떠올리게 하는 계기가 된다. 유독 더운 날씨는 기후 변동에 관한 생각을 떠올리는 계기가 된다. 여행 잡지에서 푸른 바다와 아름다운 모래사장을 보면 코로나 맥주 광고가 떠오른다.

제품도 효과적인 계기로 사용할 수 있다. 많은 이들이 포도 주스보다 우유를 더 많이 마시기 때문에 우유에 대해 더 자주 생각할 가능성이 높다. 그러나 간접적인 것도 계기가 될 수 있다. 땅콩버터가 가득 든 병을 보면 땅콩버터뿐 아니라 땅콩버터와 함께 먹는 젤리도 떠올린다. 이처럼 관련된 아이디어나 개념을 떠오르게 하는 축소된 환경이 계기가 될 수 있다.

그렇다면 머릿속에 특정 아이디어를 떠오르게 만드는 것이 왜 중요할까? 그것은 바로 머릿속에 떠오른 아이디어나 생각이 행동을 유발하기 때문이다.

1997년 중반 마스Mars라는 초콜릿바의 매출이 급격히 증가했다. 다른 마케팅으로 바꾸지도 않았는데 매출이 늘자 제조업체인 마스 사는 어리둥절했다. 광고에 돈을 더 쓴 것도, 가격을 내리거나 특별 행사를 연 것도 아니었다. 도무지 왜 매출이 늘어났는지 알 수 없었다.

알고 보니 나사NASA의 패스파인더pathfinder 탐사 때문이었다.

패스파인더란 가까운 행성의 대기, 기후 및 토양의 샘플을 수집하는 탐사선으로, 수백만 달러를 들여 몇 년간 준비한 대형 프로젝트였다. 마침내 탐사선이 한 행성에 착륙하자 전 세계가 열광했다. 언론은 나사의 이 위대한 업적을 앞다투어 보도했다.

패스파인더가 첫발을 내디딘 곳은 다름 아닌 화성Mars이었다.

사실 초콜릿바 마스는 화성이 아니라 기업의 창립자인 프랭클린 마스Franklin Mars의 이름에서 따온 것이었다. 그러나 화성에 언론의 관심이 쏠리자 마스 바가 연상되는 계기가 되었고 그로 인해 매출이 급격히 늘어났다. 이쯤 되면 서니딜라이트Sunny Delight 사에서는 나사에 태양탐사대를 보내달라고 요청하고 싶어질 것이다.

에이드리언 노스Adrian North, 데이비드 하그리브스David Hargreaves, 제니퍼 맥켄드릭Jennifer McKendrick은 슈퍼마켓에서 고객의 구매 행동에 어떤 계기가 영향을 미치는지 좀더 폭넓게 연구했다. 이들은 여러 나라의 음악을 뮤잭Muzak 즉 마트에 흐르는 배경음악으로 틀어봤다. 날짜를 달리해 하루는 프랑스 음악을, 또 하루는 독일 음악을 들려줬다. 파리 센 강변의 카페나 옥토버페스트(Oktoberfest, 매년 가을 독일 뮌헨에서 열리는 세계 최대 규모의 맥주 축제—옮긴이)에서나 흘러나올 법한 음악이었다. 그리고 음악과 와인 매출의 상관관계를 분석했다.

프랑스 음악이 흘러나오자 대다수 고객이 프랑스 와인을 집어들었다. 독일 음악이 흘러나오는 날에는 독일 와인을 사는 고객이 많았다. 배경음악이 소비자들에게 특정 국가를 생각나게 하는 계기가 되어 매출에 직접적인 영향을 준 것이 분명했다. 음악이 해당 나라에 대한 생각을 유발해 행동이 달라진 것이다.

나는 심리학자 그레인 M. 피츠시몬스Gráinne M. Fitzsimons와 손잡고 비슷한 연구를 시도했다. 사람들이 과일과 채소를 더 많이 섭취하도록 유도하는 실험이었다. 건강에 좋은 식습관을 장려하는 것은 쉽지 않았다. 대다수 사람들은 채소와 과일이 건강에 좋다는 것을 알고 있으며 실제로 건강을 위해 더 섭취하려고 노력하는 중이라고 말한다. 그러나 마트에서 장을 보거나 접시에 음식을 골라 담을 때는 이 사실을 떠올리지 못하는 것 같았다. 적절한 계기를 만들어주면 이 문제를 극복할 수 있겠다는 생각이 들었다.

우리는 학생들에게 20달러를 주고 교내식당에서 자신이 먹은 하루 세끼 식단을 모두 기록하게 했다. 예를 들면 이런 식이었다.

월요일: 플레이크 시리얼 1그릇, 칠면조 라자냐와 샐러드 2그릇, 돼지고기로 만든 샌드위치와 시금치, 튀긴 감자.
화요일: 과일 및 견과류를 넣은 요구르트, 페퍼로니 피자와 탄산음료, 새우를 넣은 팟타이.

2주 정도 지난 후 학생들이 눈치채지 못하게 다른 연구원을 보내서 새로운 실험을 시작했다. 대학생 대상의 공중보건 증진을 위한 슬로건에 대해 의견을 받는 실험이었다. 슬로건을 잘 기억할 수 있도록 글자 모양과 색상을 달리해 20번 이상 보여주었다.

한 그룹에는 '하루에 5가지 채소와 과일을 섭취해 건강한 삶을 누리세요'를 보여주었고 다른 그룹에는 '교내식당에 갈 때마다 식판에 5가지 채소와 과일을 담으세요'를 보여주었다. 두 슬로건 모두 과일 및 채소를 많이 먹게 하는 데 목적이 있었지만 후자의 경우 슬로건에 식판이라는 단어를 슬쩍 넣어서 이것이 학생들에게 행동의 계기로 작용하는지 알아보려 했다. 교내식당을 이용할 때 식판을 보면 이 슬로건을 떠올려 식습관을 바꾸는 데 도움이 될지 확인해야 했다.

학생들은 후자의 슬로건이 '진부'하다고 답했으며, 이 슬로건을 매력적이라고 답한 비율은 '건강한 삶' 슬로건의 절반 이하였다. 슬로건이 실제로 그들의 식생활에 영향을 주었느냐는 질문에 대해 '식판'이 들어간 슬로건을 본 학생들은 대부분 그렇지 않다고 대답했다.

그러나 실제 행동을 분석한 결과는 전혀 딴판이었다. '건강을 누리세요'라는 슬로건을 본 학생들의 식생활에는 아무런 변화가 없었다. 그러나 '식판' 슬로건을 보여준 학생들은 교내식당에서 예전과 다른 행동을 보였다. 그들은 식판을 보는 순간 슬로건을 떠올렸고 과일 및 채소를 이전보다 25퍼센트나 더 먹기 시작했다. '식판' 슬로건이 계기로서 제대로 효과를 발휘한 것이 분명했다.

우리는 이 결과에 매우 흡족했다. 작은 식습관을 바꾼 것뿐이었지만 대학생의 행동을 원하는 방향으로 변화시켰다는 것은 자랑할 만한 일이었다.

그런데 한 동료가 이 연구결과를 듣고는 계기 개념이 더 중대한 사안에도 영향력을 발휘할지 모른다는 생각을 품었다. 그가 염두에 둔 것은 다름 아닌 투표였다.

당신이 가장 최근에 투표한 장소가 어딘지 떠올려보라.

아마 많은 이들이 에번스턴, 버밍햄, 플로리다 같은 주나 도시 이름을 댈 것이다. 좀더 구체적으로 말해달라고 하면 '사무실 근처'나 '슈퍼마켓 건너편 투표소'라고 답할지 모른다. 이보다 더 상세히 대답하는 사람은 드물다. 왜 그럴까? 남부 지역은 공화당 지지율이 높고 동부 지역은 민주당 지지율이 높다. 이처럼 투표 시 지역은 매우 중요하지만 정작 투표권을 행사한 '장소'를 중요하게 여기는 사람은 거의 없다.

그러나 투표소는 상당히 큰 의미를 가진다.

정치학자들은 투표가 이성적이며 안정적인 선호도에 기반을 둔다고 말한다. 사람들은 저마다 이런저런 신념이 있으며 투표할 후보를 결정할 때 비용과 혜택 면을 철저히 고려한다. 환경에 관심이 많은 사람은 천연기념물 보호라는 공약을 앞세운 후보에게 표를 던지며, 건강보험에 관심이 많은 사람은 보험 혜택 및 적용 대상을 확대하려는 후보를 지지한다. 따라서 투표 행동의 인지적 모형에서는 투표소 건물 유형이 투표 행동에 영향을 주지 않는 것으로 나타난다.

그러나 이번 장의 주제인 계기 개념의 측면에서 볼 때 건물 유형이 투표에 아무런 영향을 주지 않는다고 확신하기는 어렵다. 사람들은 특정 장소에서 투표권을 행사하게 된다. 소방서, 법원,

학교 등 공공기관 건물이 투표소로 주로 사용되며 때에 따라 교회, 회사 건물 같은 곳이 동원되기도 한다.

장소가 다르면 계기도 달라진다. 종교와 관련된 형상이 즐비한 교회에 들어서면 절로 기독교 교리가 떠오른다. 학교에서 사물함, 책상, 칠판을 보면 자녀를 떠올리거나 학창시절의 추억에 잠기기 쉽다. 이런 생각에 사람들의 행동을 변화시키는 힘이 있다.

교회에서 투표하면 동성 간 결혼이나 낙태를 반대할 가능성이 커지고 학교에서 투표하면 교육 자금 확충을 지지할 가능성이 커지는 걸까?

이 가설을 증명하기 위해 나는 마크 메러디스Marc Meredith, 크리스천 휠러Christian Wheeler와 손잡고 2000년에 애리조나에서 진행된 투표 결과를 투표소별로 분석해보았다. 교회, 학교 등 건물 유형을 구분하기 위해 각 투표소의 명칭과 주소에 관한 정보도 조사했다. 교회에서 투표한 사람은 40퍼센트, 학교는 20퍼센트, 복지회관은 10퍼센트였으며 나머지는 아파트, 골프 연습장, 자동차 캠핑장 등에서 투표한 것으로 나타났다.

투표 장소에 따라 투표 결과가 달라지는지도 알아보았다. 특히, 공립학교를 지원하기 위해 매출세를 5퍼센트에서 5.6퍼센트로 인상하는 방안에 대한 찬반 여론에 주목했다. 이 방안에 양측이 팽팽하게 맞서 뜨거운 논란을 일으켰으며, 양측 모두 타당한 이유가 있었다. 많은 이들이 교육 지원을 긍정적으로 생각했지만 막상 세금 인상을 반기는 사람은 드물었다. 둘 다 쉽지 않은 결정이었다.

투표 장소가 투표 결과에 영향을 주지 않는다면, 학교나 학교가 아닌 장소나 세금 인상에 동의하는 비율이 같아야 했다.

결과는 매우 놀라웠다. 투표소가 학교로 배정된 곳은 교육 기금 지원을 위한 세금 인상에 동의한 사람이 1만 명 이상 더 많았다. 투표소가 투표라는 행동에 큰 영향을 미친 것이 분명했다.

덕분에 세금 인상 정책은 통과되었다.

지역별 정치 성향이나 인구통계 등 다른 요소의 영향을 배제해도 투표 장소가 미친 영향은 뚜렷하게 드러났다. 확인을 위해 비슷한 조건의 투표자들을 두 집단으로 나눠 비교해보았다. 한 집단은 집이 학교와 가까우며 투표소를 학교로 배정받았고 다른 하나는 집이 학교와 가깝지만 소방서 등 학교와 전혀 관계없는 곳에서 투표하도록 배정받았다. 학교에서 투표한 집단은 공립학교 지원을 위한 세금 인상을 더 많이 지지했다. 학교에서 투표한 것이 계기가 되어 학교에 유리한 결정을 내린 것이었다.

주 단위 선거에서 1만 표는 그리 큰 표차가 아닌 것처럼 보인다. 그러나 찬반 의견이 팽팽할 때 1만 표는 매우 귀중하다. 2000년 대통령 선거에서 조지 부시와 앨 고어의 당락을 결정지었던 플로리다 주 득표수는 1천 표도 채 차이 나지 않았다. 1천 표가 당락의 운명을 결정했다면 1만 표의 위력은 말할 것도 없다. 어떤 계기를 부여하느냐는 매우 중대한 문제다. 그렇다면 제품이나 아이디어가 인기를 끄는 데 계기가 될 만한 것은 무엇일까?

인기곡이 된 사상 최악의 노래

■ ■ ■

2011년은 리베카 블랙Rebecca Black에게 잊지 못할 해였다. 많은 음악평론가들은 13살짜리 리베카가 발표한 노래를 사상 최악의 곡이라고 일축했다.

1997년생인 리베카는 어린 시절 이미 정식으로 노래를 발표한 적이 있었다. 그저 재미 삼아 음악계에 발을 들인 것이 아니었다. 그후로 수차례 오디션과 여름 음악캠프에 참가했으며 수년간 대중 앞에서 노래를 불렀다. 리베카의 친구로부터 음반을 내는 데 도움을 받을 만한 회사가 있다는 정보를 들은 그녀의 부모는 아크 뮤직 팩토리ARK Music Factory에 4천 달러를 내고 곡을 의뢰했다. 아크 뮤직 팩토리는 로스앤젤레스에 자리잡은 음반회사였다.

〈프라이데이Friday〉라는 제목의 이 곡은 처음부터 욕을 먹으려고 작정한 것 같았다. 리베카는 십대 청소년의 하루 일과와 주말을 맞은 즐거움에 대한 별 뜻 없는 내용의 가사를 짜증스러울 정도로 여러 번 반복하며 불렀다. 시작 부분은 아침에 일어나서 등교 준비를 하는 모습을 그리고 있다.

아침 7시에 일어나서
엄청 상쾌해
아래층으로 내려가서
밥그릇 꺼내서 시리얼 먹고

그다음에 주인공은 서둘러 버스정류장으로 나간다. 마침 차를 타고 지나가려던 친구들이 보인다. 주인공은 앞좌석에 탈지 뒷좌석에 탈지 한참 고민한다. 이런 어려운 결정을 겨우 내린 후에 마침내 자유를 만끽할 주말이 곧 시작될 것에 대한 기대감을 마음껏 표현한다.

드디어 프라이데이, 금요일이야!
금요일에는 정신없이 놀아야지
이제 주말이야

다들 주말만 목 빠지게 기다리잖아

한마디로 별생각 없는 십대 소녀의 느낌과 생각을 두서없이 나
열한 노래다.

그런데 이 곡은 2011년 최고 인기 동영상으로 떠올랐다. 유튜
브에서만 조회수가 3억 회를 넘었으며 수백만 명이 다른 경로를
통해 이 곡을 들었다.

왜 그랬을까? 이 곡은 전혀 작품성이 없었다. 그런 식으로 엉
망인 곡은 얼마든지 찾아볼 수 있었다. 그런데 유독 이 곡이 인기
를 끈 비결은 무엇일까?

곡이 발표된 직후인 2011년 3월에 유튜브에서 '리베카 블랙'의
일일조회수를 보면 해답이 나온다. 조회수 패턴은 아래 도표와
같다.

'리베카 블랙' 유튜브 조회수

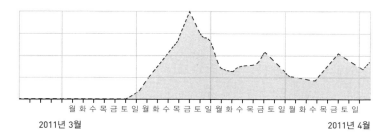

월 화 수 목 금 토 일 월 화 수 목 금 토 일 월 화 수 목 금 토 일 월 화 수 목 금 토 일

2011년 3월   2011년 4월

매주 한 번씩 어김없이 조회수가 급증했다. 자세히 보면 매주 같은 요일에 이런 현상이 나타난다. 조회수가 최고치를 기록한 날짜는 3월 18일, 3월 25일, 4월 1일이다.

무슨 요일인지 짐작될 것이다. 바로 금요일이다. 리베카 블랙이 부른 노래 제목과 일치하는 날이다.

다른 요일에는 여전히 최악의 곡이었지만 금요일은 〈프라이데이〉를 떠올리는 데 더할 나위 없이 완벽한 계기가 되었기에 큰 인기를 누린 것이다.

계기는 존재를 부각시킨다

■ ■ ■

1장에서 살펴본 것처럼 사람들은 타인에게 좋은 이미지를 심어주려고 입소문을 퍼뜨릴 때가 있다. 재밌거나 유용한 정보를 언급하는 것으로 유머러스하거나 똑똑한 사람으로 보일 수 있다. 그러나 이외에도 대화를 이끌어내는 요소는 또 있다.

일반적으로 대화는 가벼운 주제로 시작된다. 자녀의 축구경기를 함께 관람하는 학부모들이나 휴게실에 같이 있게 된 직장 동료들은 대화를 시작한다. 상대방에게 좋은 인상을 남기기 위해서가 아니라 어색한 침묵을 피해보려는 것이다. 서로 싸운 것처럼 말한마디 안 하는 것이 싫어서 입을 열 뿐이다. 자신이 유머 감각이 넘치며 똑똑한 사람이라고 알리는 것은 그리 중요하지 않다. 그저 대화가 끊기지 않게 하려고 이런저런 말을 계속한다. 그 순간에는 말주변이 없는 사람으로 낙인찍히면 안 된다는 일념뿐이다.

그럴 때는 어떤 말을 할까? 무엇이든 생각나는 대로 말하기 마련이다. 머릿속에 금방 떠오르는 주제라면 최근에 겪은 일일 가능성이 높다. 아마 어젯밤에 중계된 스포츠 경기나 새로 다리를 짓는다는 신문기사 같은 것에 대해 이야기할 것이다.

우리는 주위 환경에서 대화 주제를 찾아낸다. 운전중에 불도저를 보았다면 공사에 대한 생각이 떠오를 테고, 운동을 좋아하는 친구와 우연히 마주치면 스포츠 경기가 연상될 것이다.

버즈에이전트의 데이터를 다시 떠올려보면 특정 제품의 입소문이 빨리 퍼지는 이유를 이해할 수 있다. 입소문이 퍼질 만한 계기를 자주 제공한 제품은 입소문이 15퍼센트나 많이 나타났다. 수분크림이나 지퍼락 같은 일상적으로 사용하는 용품은 입에 오르내릴 이유, 즉 계기가 많기 때문에 입소문도 빠르게 퍼진다. 수분크림은 적어도 하루에 한 번 이상 바르며 식사 후에 남은 음식을 포장할 때는 지퍼락을 사용한다. 이처럼 자주 반복되는 행동이기에 두 가지 상품은 사람들 머릿속에 항상 남아 있으며 자주 대화에 등장한다.

이처럼 사람들 입에 오르내릴 계기가 잦은 상품은 빠르게 입소문이 퍼지는 것은 물론이고 입소문이 꾸준히 지속된다는 장점도 있다.

지퍼락은 내가 강의에 해적처럼 차려입고 들어가는 것과 정반대 경우라고 할 수 있다. 해적 차림 이야기는 흥미진진하지만 시간이 지나면 금방 잊힌다. 지퍼락은 재미가 없지만 떠올릴 계기가 많기 때문에 매주 빠짐없이 대화에 언급된다. 이런 연상을 돕는 계기 원리는 상품이 잊히지 않게 도와줄 뿐만 아니라 지속적으로 대화의 주제에 오르도록 만든다. 머릿속에 떠오르면 대화로 이어지기 마련이다.

그러므로 무조건 눈길을 잡아끄는 광고 문안에 골몰할 것이 아니라 전체 맥락을 잘 고려해야 한다. 목표 대상이 매일 접하는 환경에서 광고 문안을 떠올릴 계기가 충분한지 살펴보라. 사람이 흥미로운 것에 관심을 보이는 것은 당연한 일이다. 그래서 학급 반장 선거에 나서거나 탄산음료를 광고할 때 기발하고 눈에 띄는 슬로건을 고심한다.

그러나 과일과 채소를 많이 먹도록 유도하는 실험에서 살펴보았듯이 강력한 계기는 통통 튀는 슬로건보다 더 큰 힘을 발휘한다. 심지어 대학생들은 교내식당의 식판을 보고 촌스럽다고 말하면서도 해당 슬로건을 떠올렸고 그것을 계기로 채소와 과일을 많이 먹으려 노력했다. 단순히 기발한 슬로건에 노출된다고 해서 행동이 저절로 바뀌지는 않는다.

몇 년 전 가이코GEICO라는 자동차 보험사에서 가이코 전환 가입은 원시인도 할 수 있을 정도로 쉽다고 광고했다. 기발함으로만 보자면 칭찬할 만한 광고였다. 재미도 있고 가이코로 전환하는 것이 쉽다는 메시지도 정확히 전달했다.

그러나 계기 면에서 이 광고는 실패작이다. 현대 사회에서 원시인을 보기란 불가능하다. 계기가 없으면 광고를 떠올릴 수 없으므로 사람들의 입에 오르내릴 가능성이 낮다.

버드와이저 맥주의 '왓섭Wassup' 광고와 비교해보자. 두 남자가 야구 방송을 틀어놓고 버드와이저를 마시면서 전화 통화를 한다. 이때 한 친구가 방문하자 남자는 '왓섭(어쩐 일이야?)' 하며 그를 반긴다. 그러자 수화기 너머로 상대방 친구도 '왓섭' 하고 외친다. 이런 식으로 버드와이저를 마시는 남자들이 끊임없이 '왓섭'을 외친다.

물론 다른 광고와 비교하면 그리 기발한 발상은 아니다. 하지만 이 광고는 전 세계적인 열풍을 일으켰다. 계기 원리를 빼놓고는 이 광고의 성공을 논할 수 없다. 이는 맥락을 잘 고려한 광고다. '왓섭'은 당시 젊은이들 사이에서 유행하는 인사말이었다. 친구에게 건네는 인사말 자체가 버드와이저를 떠올리게 하는 계기가 된 것이다.

원하는 행동이 시간차를 두고 발생하면 계기 원리의 중요성도 그만큼 커진다. 시장조사는 광고나 캠페인에 대한 소비자의 즉각적인 반응에 초점을 맞춘다. 광고를 접함과 동시에 해당 제품을 구매할 기회가 주어질 때는 즉각적인 반응이 중요하다. 하지만 대부분의 경우 오늘 광고를 접하더라도 며칠이 지난 뒤에야 쇼핑을 하기 마련이다. 그때 해당 광고를 떠올릴 계기가 없으면 광고는 아무런 의미가 없다.

공중보건 광고도 주변 여건을 고려해야 한다. 대학생에게 책임감 있는 음주 습관을 장려하는 광고가 있다. 광고 자체는 매우 기발하고 설득력 있으나, 문제는 이 광고가 학생들이 실제로 술을 마시는 술집이 아니라 교내 복지 센터에 걸려 있다는 점이다. 광고를 보는 동안에는 음주 습관 개선의 필요성에 공감할지 모르지만 정작 술을 마실 때 이 광고를 떠올리지 못하면 실질적인 개선은 이루어지지 않는다.

계기 원리는 부정적인 입소문이 오히려 긍정적인 효과를 발휘하는 경우도 이해할 수 있게 해준다. 나는 긍정적인 서평과 부정적인 서평이 도서 판매에 미치는 영향을 알아보기 위해 경제학자

앨런 소렌슨Alan Sorensen, 스콧 라스무센Scott Rasmussen과 함께 뉴욕타임스의 서평 수백 건을 분석했다.

많은 이들이 좋든 나쁘든 일단 매스컴의 관심을 끄는 쪽을 긍정적으로 생각한다. 부정적인 서평은 일부 도서의 매출에 심각한 지장을 주었다. 그런데 비교적 지명도가 낮은 작가나 신인 작가가 출간한 도서의 경우에는 부정적인 서평이 오히려 매출을 45퍼센트나 높였다. 악평이 쇄도했던 『사나운 사람들Fierce People』이라는 책이 그 예다. 뉴욕타임스는 작가가 "특히 예리한 시선을 지니지 못했다"고 평하며 "너무 갑작스럽게 어투가 달라져서 읽기 불쾌할 정도였다"고 지적했다. 그런데 뉴욕타임스에 서평이 실리자 판매량은 4배나 증가했다.

이러한 현상은 계기 원리로 설명할 수 있다. 부정적인 입소문이나 신랄한 악평은 그 상품이나 아이디어의 존재를 부각시켜 매출 신장 효과가 있을 수 있다. 어느 유명한 와인 전문 웹사이트에서 60달러짜리 토스카나 적포도주를 '썩은 양말 같은 냄새가 난다'고 평가했으나 오히려 매출이 5퍼센트나 늘어났다. 흔들면서 사용해야 하는 아령인 셰이크 웨이트Shake Weight는 언론에서도 혹평을 받았고 많은 사용자들로부터 비웃음을 당했지만 5천만 달러의 매출을 기록했다. 부정적인 관심이라도 해당 제품이나 아이디어를 떠올리게 한다면 매출 신장에 도움이 된다.

해비탯을 확장하라:
킷캣과 커피

■ ■ ■

계기 원리를 효과적으로 활용한 대표적 사례로 킷캣을 들 수 있다.

"나도 한 조각만 줘. 한 조각만 달란 말이야. 킷캣 한 조각만 줘!" 1986년에 미국에서 처음 선보인 킷캣 송은 지금까지 나온 CM송 중에 가장 많이 회자되었다고 해도 과언이 아니다. 노래의 앞부분만 들려줘도 25세 이상 성인이라면 누구나 끝까지 따라 부를 것이다. 전문가들은 이 노래를 한 번 들으면 귀를 맴돌면서 머릿속에서 떠나지 않는 최고의 '이어웜earworm'이라고 한다. 빌리지 피플이 부른 그 유명한 〈YMCA〉도 킷캣 송에 비하면 아무것도 아니다.

2007년에 콜런 초락Collen Chorak은 킷캣 브랜드의 옛 명성을 되살려보라는 제안을 받았다. 킷캣 송이 세상에 공개된 지도 벌써 20년이 훌쩍 넘은데다 킷캣이라는 브랜드도 거의 관심을 받지 못하고 있었다. 허쉬에서는 리즈 피스, 허쉬 키세스, 아몬드 조이, 트위즐러, 졸리 랜처 등 다양한 제품이 쏟아져나왔다. 이처럼 하루가 멀다 하고 새로운 브랜드가 등장하는 마당에 20년도 더 된 브랜드인 킷캣이 잊히는 것은 그리 놀랍지 않았다. 킷캣은 '나도 한 조각만 줘'라는 광고를 오래전에 접고 다른 광고를 시도했으나 번번이 실패했다. 매년 매출이 5퍼센트씩 감소하고 있었고, 사람들 사이에서 조금씩 잊히는 듯했다. 아직도 킷캣을 좋아하는 고객이 많았지만 전반적인 관심도는 하락세였다.

콜런은 고객들에게 다시 킷캣을 생각나게 할 방법을 강구했다. 킷캣을 머릿속에 떠올리게 만드는 것이 급선무였다. 지금까지 후속 광고가 모두 실패해 경영진에게 TV 광고 지원을 기대하기란 어려웠다. 지원받을 수 있는 자금 규모는 그리 크지 않았다.

콜런은 일단 시장조사에 착수했다. 그녀는 사람들이 실제로 킷캣을 언제 먹는지 확인해보았다. 응답은 두 가지로 나뉘었다. 휴식을 취할 때 간식으로 먹는 경우가 있었고 뜨거운 음료를 마실 때 함께 곁들여 먹는 경우가 있었는데 후자의 응답이 더 많았다.

바로 그 순간 콜런의 머릿속에 기발한 아이디어가 떠올랐다.

킷캣과 커피를 하나로 연결하는 것이었다.

콜런은 몇 달 만에 새로운 광고를 기획했다. '휴식시간에 어울리는 최고의 친구'라는 라디오 광고에는 커피숍 계산대 위에 커피 잔과 킷캣이 나란히 놓여 있거나 고객이 커피와 킷캣을 함께 구입하는 내용이 나왔다. 킷캣을 먹을 때는 커피, 커피를 마실 때는 킷캣이라는 식으로 이 조합을 반복적으로 강조했다.

이 광고는 기대 이상의 반응을 얻었다.

연말 무렵까지 킷캣 매출은 8퍼센트나 증가했다. 정확히 12개월 후에는 매출이 삼분의 일 이상 늘어났다. 킷캣과 커피는 환상의 궁합이라는 광고 덕분에 킷캣의 인지도가 부쩍 높아졌다. 광고를 시작할 무렵에 킷캣은 3억 달러 규모의 브랜드였으나 그후로 5억 달러로 성장했다.

이처럼 킷캣 광고가 성공을 거둔 데는 많은 이유가 있다. '킷캣과 커피'는 두운 효과가 있으며 킷캣과 커피 한잔은 사람들이 부담없이 생각하는 휴식시간에 잘 어울리는 메뉴다. 하지만 이것이 다는 아니다.

나는 연상작용이 일어나는 계기의 빈도 또한 킷캣이 성공한 이유라고 생각한다. '킷캣과 칸탈루프cantaloupe'도 두운 효과가 있고 브레이크 댄스도 휴식시간을 뜻하는 브레이크라는 영어 단어와 잘 맞아떨어져 킷캣과 연관성이 있다. 그러나 커피는 주변에서 자주 접하는 것이므로 킷캣 브랜드를 떠올리게 하는 계기 효과가 매우 크다. 커피를 마시는 사람이 얼마나 많은지 생각해보라. 어떤 사람들은 하루에도 여러 잔의 커피를 마신다. 바로 이 커피를 킷캣과 하나로 묶었기 때문에 킷캣이 자주 사람들의 머릿속에 떠오르게 되었고 매출 신장으로 이어진 것이다.

생물학자들은 동물이나 식물의 해비탯habitat에 대해 종종 이야기한다. 해비탯이란 생물의 생명 유지에 필요한 모든 요소를 갖춘 환경을 뜻한다. 오리는 먹을 풀이 자라는 물가에 살아야 한다. 사슴은 드넓은 목초지에서 잘 자란다.

제품이나 아이디어도 이런 해비탯을 갖춰야 한다. 이 해비탯은 사람들 머릿속에 제품과 아이디어를 떠올리게 하는 계기들이 모여 구성된다.

핫도그를 예로 들어보자. 핫도그의 해비탯을 구성하는 계기에는 바비큐, 여름, 야구경기, 닥스훈트가 포함된다.

이를 에티오피아 음식의 해비탯과 비교해보자. 대다수의 사람들이 어떨 때 에티오피아 음식을 생각하게 될까? 에티오피아 음식이 분명 맛있긴 하지만 이를 생각나게 하는 계기는 보편적으로 널리 퍼져 있지 않다.

모든 제품과 아이디어는 저마다 연상작용의 계기가 몇 가지 있기 마련이다. 마스 바에는 화성을 뜻하는 마스와의 연결 고리가 내재되어 있다. 회사가 인위적으로 연결 고리를 만들 필요가 없다. 프랑스 음악은 프랑스 와인을 연상시키는 자연스러운 계기이며 주말을 코앞에 둔 금요일은 리베카 블랙의 〈프라이데이〉를 절로 떠올리는 계기가 된다.

그러나 주변 환경에 있는 자극 요소와 새로운 연결 고리를 만들어서 해비탯을 조성하는 방법도 있다. 원래 킷캣과 커피는 전혀 연관성이 없다. 그러나 콜런 초락은 킷캣과 커피를 끈질기게 연결시켜 고리를 만드는 데 성공했다. 식판과 연결한 실험도 이와 마찬가지로 반복적인 노력으로 교내식당의 식판과 채소 및 과일을 많이 먹자는 메시지 사이에 연결 고리를 마련한 것이다. 이렇게 메시지의 해비탯을 마련해두면 새로 형성된 연결 고리가 원하는 행동을 촉진해준다.

버즈에이전트와 보스턴마켓에서 시행한 실험에 대해 알아보자. 보스턴마켓은 집에서 자주 먹는 통닭구이나 으깬 감자 같은 요리를 파는 음식점으로 점심시간대를 주로 공략했다. 주인은 매장에 대한 입소문을 더 많이 내고 싶어했다. 보스턴마켓의 해비탯을 확장하면 입소문에 도움이 될 거라는 생각이 들었다.

6주에 걸쳐 사람들에게 보스턴마켓과 저녁식사 하기 좋은 식당이라는 메시지를 연계해서 알렸다. "저녁을 어디서 먹을까 고민하세요? 보스턴마켓은 어떨까요." 그런 다음 또다른 사람들에게 비슷하지만 다소 포괄적인 메시지를 보여주었다. "식사할 곳을 찾으세요? 보스턴마켓은 어떨까요." 그런 다음 두 집단이 보스턴마켓에 대해 언급하는 횟수를 비교해보았다.

결과는 매우 놀라웠다. 그전까지는 보스턴마켓을 점심식사 장소로만 생각하던 사람들에게 저녁식사와 그곳을 연결한 메시지

를 접하게 한 후에 입소문이 20퍼센트나 증가했다. 그러나 포괄
적인 메시지를 접한 집단에서는 이런 변화가 나타나지 않았다.
해비탯 확장이 입소문을 촉진한 것이 분명했다.

경쟁상대도 계기로 활용할 수 있다.

공중보건 기구가 담배 회사와 같이 뛰어난 자금력을 갖춘 경쟁
상대를 마케팅으로 이길 수 있을까? 시작부터 불공평한 게임이
지만 약점을 장점으로 바꾸면 승산이 있다. 경쟁상대의 광고 메
시지를 자신의 계기로 삼는 마케팅이다.

일례로 말보로의 유명 광고를 패러디한 금연 광고를 생각해보
자. 이 광고에는 브랜드의 상징인 두 명의 '말보로 카우보이'가
등장해 한 명이 상대방에게 이렇게 말한다. "이봐, 나 폐공기증

에 걸렸대." 이 광고를 본 사람들은 진짜 말보로 광고를 봐도 패러디 금연 광고를 떠올리게 된다.

전문가들은 이를 '독성 기생충 전략'이라고 한다. 경쟁자의 메시지에 '독(자신의 메시지)'을 교묘히 주입해서 경쟁상대의 메시지를 자신의 계기로 둔갑시키기 때문이다.

효과적인 계기란?

∎ ∎ ∎

계기 원리를 적절히 활용하면 제품이나 아이디어가 더 빨리 사람들의 관심을 얻는다. 그런데 유독 계기 효과가 높은 자극이 있다.

이미 살펴본 것처럼 핵심 요소 중 하나는 자극 발생의 빈도다. 핫초콜릿은 킷캣과 잘 어울린다. 킷캣은 커피보다 달콤한 음료와 더 잘 어울릴 것이다. 그러나 사람들은 커피를 더 자주 접하고 생각하기 때문에 계기로 삼기에는 커피가 제격이다. 또 핫초콜릿은 겨울에만 생각나는 음료지만 커피는 1년 내내 사람들 가까이에 있다.

실제로 1970년대에 미첼롭Michelob은 주말을 맥주 브랜드와 연결한 광고("주말은 미첼롭을 위한 시간입니다")로 대성공을 거두었다. 사실 처음부터 이 광고 문구였던 것은 아니었다. 원래 문구는 "휴일은 미첼롭을 위한 시간입니다"였다. 그런데 공휴일은 자주 발생하는 자극이 아니므로 광고 효과가 미미하다는 것을 뒤늦게 깨달았다. 이에 앤호이저부시Anheuser-Busch 사는 "주말은 미첼롭을 위한 시간입니다"로 문구를 바꿨고 폭넓은 호응을 얻었다.

하지만 계기의 발생 빈도는 연결 고리의 강도와 어느 정도 균형을 이루어야 한다. 주어진 자극에서 연상되는 요소가 많을수록 연상 효과는 약해진다. 종이컵에 물을 가득 담아서 바닥에 구멍을 내면 어떻게 될까? 구멍을 하나만 뚫으면 물줄기가 강하지만 여러 개를 뚫으면 각 물줄기는 가늘고 약해진다. 구멍을 너무 많이 내면 어느 구멍에서도 제대로 된 물줄기가 형성되지 않는다.

계기 원리도 마찬가지다. 붉은색은 여러 가지 요소를 연상시킨다. 장미, 사랑, 코카콜라, 스포츠카 등 한두 가지가 아니다. 이처럼 연상 범위가 넓으면 어느 아이디어에 적용하더라도 효과적인 계기가 될 수 없다. 몇 사람에게 붉은색을 보면 무슨 생각이 나는지 물어보라. 그러면 붉은색의 연상 범위가 얼마나 넓은지 알게 될 것이다.

'땅콩버터'라는 말을 듣고 '젤리'를 연상하는 사람이 몇 명인지 조사해보면 독특하고 강도 높은 연결 고리가 중요하다는 점을 새

삼 깨닫게 된다. 다양한 사물을 연상케 하는 자극보다 신선하고 독창성 있는 계기로 연상 효과를 시도하는 것이 훨씬 효과적이다.

또한 원하는 행동이 발생하는 장소와 가까운 곳에 있는 계기를 선택하는 것이 중요하다. 뉴질랜드의 공익광고 중 상당히 기발한 내용이지만 큰 효과는 없었던 광고가 있다. 광고는 잘생긴 남자가 샤워하는 장면으로 시작된다. 그가 샤워하는 동안 뜨거운 물을 안정적으로 공급해주는 히트플로우라는 최신 온도 제어 시스템이 작동하는 소리가 들린다. 이윽고 남자가 수도꼭지를 잠그며 샤워를 끝내자 매력적인 여성이 타월을 던져준다. 두 사람은 서로에게 미소 지어 보인다. 남자는 몸을 닦고 샤워 부스 밖으로 나온다. 그런데 갑자기 남자가 넘어지면서 타일 바닥에 머리를 부딪친다. 바닥에 쓰러진 남자는 미동도 하지 않는다. 그의 팔에 약한 경련이 일어나는 것 같다. 이때 차분히 가라앉은 목소리가 들린다. "욕실 매트 한 장이면 집안에서 일어날 수 있는 위험한 사고를 충분히 예방할 수 있습니다."

예기치 못한 반전으로 시청자를 충격에 빠뜨린 광고였다. 분명 한 번 보면 쉽게 잊을 수 없는 광고다. 바닥에 욕실 매트가 없는 곳에서 샤워할 때면 어김없이 이 광고가 생각났다.

하지만 여기에는 치명적인 문제가 있었다.

욕실에서는 욕실 매트를 구매할 수 없다. 이 광고의 배경은 원하는 행동이 발생하는 장소와 거리상 멀리 떨어져 있었다. 욕실을 나오자마자 컴퓨터를 켜고 온라인 구매를 하지 않는 한, 광고를 의식적으로 기억하려 한 사람만이 욕실 용품을 파는 매장으로 향할 것이다.

뉴욕 시 보건부가 제작한 탄산음료 섭취를 지양하자는 내용의 공익광고는 이와 대조적이다. 우리가 종일 먹는 음식의 총 칼로리에 비하면 탄산음료 한 잔의 칼로리는 얼마 되지 않는 것 같지만, 사실 탄산음료에는 설탕이 듬뿍 들어 있어 체중 증가에 많은 영향을 미친다. 보건부는 탄산음료에 설탕이 많이 들어 있다는 사실을 알리는 데 만족하지 않고, 사람들이 탄산음료 섭취를 절제하고 더 나아가 다른 사람들도 행동을 바꾸도록 입소문을 퍼뜨리는 데 초점을 맞췄다.

주인공은 탄산음료처럼 보이는 평범한 음료수 캔을 딴다. 그러나 유리잔에 내용물을 따르자 지방이 흘러나온다. 허옇게 덩어리진 백색지방이 울컥거리며 쏟아진다. 남자는 탄산음료를 마시듯 아무렇지 않은 표정으로 유리잔을 들고는 그것을 모조리 삼켜버린다.

이 '지방 덩어리를 마시는 남자' 광고의 끝 부분에서는 커다란 지방 덩어리가 접시 위로 보란 듯이 뚝뚝 떨어진다. 지방 덩어리가 저녁 식탁을 뒤덮으며 화면 위로 다음과 같은 메시지가 큰 글

씨로 나타난다. "하루에 탄산음료 한 잔을 마시면 1년에 체중이 4.5kg이나 증가합니다. 탄산음료를 마시는 것은 지방 덩어리를 마시는 겁니다."

기발한 광고였다. 탄산음료 캔에서 흘러나오는 지방 덩어리는 사람들에게 강한 인상을 주었다. 보건부는 영향력을 발휘할 수 있는 계기를 멋지게 심어놓았다. 욕실 매트 광고와 달리 이 광고는 적절한 순간에 메시지(설탕이 잔뜩 들어 있는 탄산음료를 마시지 말자)를 떠올리게 했다. 사람들이 탄산음료를 마시고 싶을 때 이 광고가 생각났기 때문이다.

맥락이 효과를 좌우한다

▪ ■ ▪

이러한 광고는 맥락을 고려하는 것이 얼마나 중요한지 깨닫게 한다. 여기서 말하는 맥락이란 메시지나 아이디어와 연결된 계기에 반응하는 사람들이 놓인 환경을 뜻한다. 환경이 다르면 그에 따른 자극도 다를 수밖에 없다. 애리조나는 사막으로 둘러싸였고 플로리다에는 야자수가 많다. 따라서 동일한 계기라도 사람들이 어떤 장소에서 사는지에 따라 그 효과는 크게 달라질 수 있다.

일례로 서두에서 언급한 100달러짜리 치즈스테이크도 어느 도시에 적용하느냐에 따라 효과가 달라진다.

어느 곳에서 팔든 100달러짜리 샌드위치는 비싸다고 여겨질 것이다. 하지만 도시마다 이 치즈스테이크를 떠올리게 하는 계기의 빈도는 다르다. 필라델피아처럼 치즈스테이크를 많이 먹는 지역에서는 연상의 계기가 자주 발생하지만 시카고를 비롯한 다른 도시에서는 자주 발생되기 어렵다.

같은 도시나 지역 내에서도 한 해나 하루 중 시간대에 따라 사람들이 맞닥뜨리게 되는 계기가 다르다. 핼러윈 연구에 의하면 핼러윈 전날은 핼러윈이 끝난 뒤 일주일째 되는 날과 비교할 때, 사람들이 (주황색 소다 또는 알록달록한 초콜릿인 리즈 피스와 같은) 주황색 제품을 떠올리는 빈도가 훨씬 높았다. 핼러윈이 다가오면 주변에 호박을 비롯한 여러 가지 핼러윈 장식이 있어 주황색 제품을 연상할 기회가 많아진다. 그러나 핼러윈이 지나면 이런 자극이 사라지기 때문에 주황색 제품을 떠올리는 횟수도 자연스레 줄어든다. 이제 사람들의 관심은 크리스마스 같은 다른 기념일로 옮겨간다.

마트에 가기 전에 장바구니를 잊지 않고 챙기기 위해서는 제때에 정확한 계기가 필요하다. 어떻게 하면 효과적인 계기를 마련할 수 있을까? 장바구니를 챙기는 것은 채소를 더 먹도록 자극하는 것과 동일하다. 변화의 필요성을 인정, 아니 절감하면서도(장바구니를 챙기지 않아서 매번 비닐봉지를 구매하지 않았던가?) 정작 마트로 나설 때는 이를 까맣게 잊는다.

마트 주차장에 도착한 후에야 장바구니를 떠올리는 일은 비일비재하다. '이런, 또 안 가져왔네.' 하지만 후회해도 소용없다. 장바구니는 집에 있고 당신은 이미 마트에 도착했기 때문이다.

그런데 왜 마트에 도착하자마자 장바구니가 생각나는 걸까? 이것은 우연이 아니다. 마트는 장바구니를 연상케 하는 강력한 계기다. 문제는 타이밍이 좋지 않다는 것이다. 욕실 매트에 대한 공익광고처럼 필요한 아이디어가 빗나간 타이밍에 떠오른 것이다. 이 문제는 집을 나설 때 장바구니가 번뜩 생각나야 해결된다.

이 경우 어떤 계기가 좋을까? 마트에 갈 때 챙기는 것이면 무엇이든 좋다. 쇼핑 목록을 적은 수첩이 한 가지 해결책이 될 수 있다. 그 수첩을 볼 때마다 장바구니를 떠올린다면 마트에 가기 전에도 장바구니가 금방 떠오를 것이다. 그러면 마트에 도착해 후회하지 않아도 된다.

시시한 화제가 대화를 유발하는 이유

■ ■ ■

이번 장 앞부분에 소개한 예시를 다시 생각해보자. 계기 원리를 이해하면 디즈니월드보다 치리오스에 대한 입소문이 훨씬 많았던 이유를 이해할 수 있다. 디즈니월드가 흥미진진한 곳이라는 점에는 의문의 여지가 없다. 이 책에서 설명했던 용어로 표현하자면 소셜 화폐로서의 가치가 높으며 (다음 장에서 배울) 감성 자극 효과도 높다. 그러나 사람들은 디즈니월드를 자주 떠올리지 않는다. 자녀가 없는 사람들은 디즈니월드에 가지 않는다. 자녀가 있는 사람들도 자주 가지는 않는다. 1년에 한 번 가는 것도 어려울지 모른다. 게다가 디즈니월드에 다녀온 기억이 희미해지면 디즈니월드를 떠올릴 계기는 더욱 줄어든다.

그러나 치리오스는 매일 수만 명이 아침식사로 먹는다. 마트에서 시리얼 코너를 지날 때마다 주황색 치리오스 상자가 어김없이 눈길을 사로잡는다. 이러한 계기 덕분에 치리오스가 쉽게 연상되므로 사람들의 입에 자주 오르내리게 된다.

트위터에서 치리오스와 디즈니월드의 언급 횟수를 비교해보면 이 점을 쉽게 확인할 수 있다. 치리오스는 디즈니월드와 비교가 안 될 정도로 자주 언급된다. 자료를 자세히 분석해보면 일정한 패턴이 발견된다.

치리오스가 트위터에 언급되는 횟수

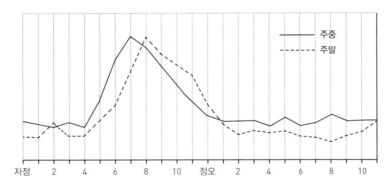

흥미롭게도 매일 동일한 시간대에 치리오스에 대한 언급 횟수가 최고치를 기록한다. 치리오스는 새벽 5시에 본격적으로 언급되기 시작해 오전 7시 30분에서 8시 사이에 최고치를 기록한 후

11시 즈음에 하락세를 보인다. 이와 같은 급격한 상승세와 하락세는 아침식사 시간과 정확히 일치한다. 이 패턴은 아침식사 시간이 늦어지는 주말에도 유사하게 반복된다. 이처럼 연상 계기는 사람들의 대화를 유발한다.

계기 원리는 입소문과 전염성의 기반을 이룬다. 록밴드에 비유하자면 소셜 화폐는 메인 보컬에 해당된다. 관객의 즐거움과 흥분을 자아내며 주된 관심의 대상이 된다. 이때 계기 원리는 드럼이나 베이스 연주자인 셈이다. 소셜 화폐처럼 강한 매력을 발산하지는 않지만 공연을 성공리에 마치는 데 꼭 필요한 존재다. 드럼이나 베이스 연주자에 눈길을 보내는 관객은 많지 않으나 그들이 없으면 멋진 공연을 할 수 없다. 연상의 계기가 있어야 사람들의 머릿속에 관련 아이디어와 메시지를 주입할 수 있다. 이렇게 머릿속에 떠오른 생각이 사람들의 입에 오르내리면 성공에 한걸음 가까워질 수 있다.

그러므로 우리는 주변 여건도 고려해야 한다. 버드와이저의 '왓섭'이나 리베카 블랙의 〈프라이데이〉와 마찬가지로 우리의 제품과 아이디어도 기존의 연상 계기들을 십분 활용해야 한다. 그에 더하여 해비탯도 확장해야 한다. 콜런 초락이 킷캣과 커피를 하나로 묶은 것처럼 흔히 접할 수 있는 계기에 인위적으로 연결 고리를 만들어야 할 때도 있다.

계기 원리와 자극은 사람들로 하여금 입소문을 퍼뜨리고, 관련 제품이나 아이디어를 선택, 사용하도록 유도할 수 있다. 소셜 화폐도 입소문을 유발하지만 그것을 지속시키는 힘은 계기 원리다. 머릿속에 떠오르는 것은 입 밖으로 나오기 마련이다.

CHAPTER 3

감성의 법칙

사람들은 마음을 움직이는
감성적 주제를 공유한다

2008년 10월 27일, 당시 데니즈 그레이디Denise Grady는 뉴욕타임스에 과학 기사를 쓰기 시작한 지 이미 10년이 넘은 기자였다. 그는 뛰어난 글솜씨로 독특하고 난해한 주제를 일반인이 이해하기 쉽게 풀어낸 공으로 여러 차례 상을 받기도 했다.

이날 그레이디의 글 한 편이 신문사의 이메일 공유 인기순위에서 가파른 상승세를 보였다. 신문에 공개된 지 몇 시간 만에 수천 명의 독자가 친구, 동료, 지인 들에게 그의 기사를 읽어볼 것을 권했다. 그레이디도 기대 이상의 반응에 놀란 눈치였다.

아마 당신도 그 기사가 무엇인지 궁금할 것이다. 바로 액체 및 기체 역학 이론을 의료 연구에 활용하는 방안에 대한 기사였다.

그레이디는 슐리렌 사진법schlieren photography을 알기 쉽게 설명했다. "작지만 밝은 광원光源, 정확하게 조절한 렌즈, 곡선 모양으로 굽은 거울, 라이트 빔light beam을 차단할 수 있는 면도칼 및 몇 가지 도구만 있으면 공기 중의 난류를 눈으로 보고 촬영할 수 있다"는 것이었다.

솔직히 흥미진진하지는 않을 것이다. 나도 그렇게 생각했다. 이 기사에 대한 사람들의 생각을 다각도로 조사해보니 전반적으로 반응이 매우 저조했다. '소셜 화폐로서 큰 가치가 있는가?'라는 질문에 많은 이들이 '아니다'라고 응답했다. '실질적으로 유용한 정보(이 점에 대해서는 5장에서 다시 살펴볼 것이다)가 많았는가?'라는 질문에도 '아니다'라는 응답이 압도적이었다.

지금까지 여겨진 인기 콘텐츠의 필수 요건에 「신비에 싸여 있던 기침을 사진에 담아내다」라는 그레이디의 기사는 전혀 해당 사항이 없었다. 그러나 분명히 무언가 우리가 모르는 특별한 요인이 있었다. 그렇지 않았다면 많은 이들이 이 기사를 이메일로 공유했을 리 없지 않은가? 그 비결을 지금부터 파헤쳐보자.

그레이디는 고교 시절부터 과학을 매우 좋아했다. 하루는 화학시간에 로버트 밀리컨Robert Millikan의 유명한 실험에 관한 글을 읽게 되었다. 단전자의 전하에 관한 실험으로 기본 개념도 어렵고 간단치 않은 내용이었다. 금속 전극 2개 사이에 기름 몇 방울을 아주 작은 크기로 떨어뜨렸을 때, 기름방울이 떠 있게 하려면 전기장이 얼마나 강해야 하는지 알아보는 실험이었다.

그레이디는 그 글을 몇 번이고 반복해서 읽은 후에야 내용을 완벽하게 이해할 수 있었다. 갑자기 눈앞이 환하게 밝아지는 것 같았으며 그 순간 이루 말로 다 표현할 수 없는 쾌감을 느꼈다. 알고 보니 실험의 발상이 매우 참신했다. 혼자만의 힘으로 이 글을 이해했다는 사실이 뿌듯하고 자랑스러웠다. 그레이디는 그때의 기분을 평생 잊을 수 없었다.

졸업 후에 그레이디는 『피직스 투데이Physics Today』의 기자로 일했다. 그후 『디스커버Discover』와 『타임』을 거쳐 마침내 뉴욕타임스 건강 섹션 담당 기자가 되었다. 그녀가 글을 쓰는 목적은 항상 변하지 않았다. 학창 시절 화학시간에 느꼈던 희열을 독자들에게 조금이나마 전하고 싶었다. 과학적 발견에 대한 매혹은 글을 쓰는 원동력이 되어주었다.

그레이디가 10월에 발표한 그 기사는 한 공대 교수가 사진 기술을 활용해 그동안 눈으로 볼 수 없다고 여겨지던 기침의 형상을 필름에 담아낸 과정을 설명하는 내용이었다. 그때까지 슐리렌 사진법은 항공 및 군사 전문가가 고속 항공기 주변에서 충격파가 어떻게 발생하는지 연구할 때 사용하는 기법이었다. 그런데 한 공대 교수가 결핵, 사스, 유행성 독감 등 공기로 전염되는 질병 연구를 위해 새로운 분야에 이 기술을 적용한 것이었다.

사람들은 그 기사의 실용성을 피부로 느끼지 못했다. 유체 역학을 연구하는 과학자도 아니고 복잡한 현상을 시각화하려는 기술자도 아닌 이상 그런 주제에 관심 갖는 사람은 드물었다.

과학 분야에서 인정받는 기자였던 그레이디도 일반 대중의 주된 관심사가 스포츠나 패션 기사라는 사실을 잘 알고 있었다. 분명 기침이라는 주제는 독감이나 감기가 유행하는 2월 즈음에는 사람들에게 이 기사를 생각나게 하는 효과적인 계기로 작용했겠지만 그때는 10월이었다.

그레이디는 어안이 벙벙했다. 물론 많은 사람이 자신의 기사에 큰 관심을 보이는 것은 기자로서 기분좋은 일이었다. 하지만 자신의 손을 거친 여러 기사 중에 유독 한두 기사만 주목받는 이유가 뭔지 궁금해졌다. 기자나 블로거라면 누구나 궁금해하는 점이었다.

그녀는 아무리 생각해도 이유를 알 수 없었다. 다른 사람들도 마찬가지였다. 이 기사가 큰 인기를 끌었던 이유는 그렇게 해결되지 않고 남아 있었다.

몇 년간의 자료 분석 끝에 다행히도 그 실마리를 찾아냈다. 우리 팀이 온라인 콘텐츠의 특정 기사가 인기를 끄는 이유를 알

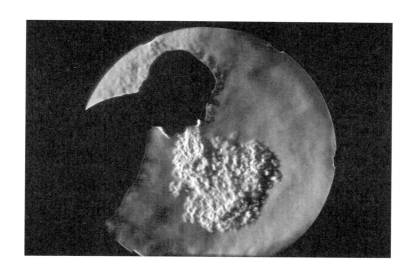

아보기 위해 뉴욕타임스 기사 수천 건을 분석할 때 그레이디가 2008년에 발표한 그 기사도 자료에 포함되어 있었다.

그레이디의 기사에 포함된 사진에 실마리가 숨어 있었다. 그 달 초 그레이디는 『뉴잉글랜드 의학 저널』을 뒤적이다가 '기침과 에어로졸(Aerosol, 고체나 액체의 미세한 입자가 공기 중에 부유하는 상태—옮긴이)'이라는 글을 읽게 되었다. 제목을 보자마자 뉴욕타임스에 발표할 기사 내용으로 완벽한 연구라는 생각이 들었다. 감염성 에어로졸과 속도맵에 대한 논의를 포함해서 상당히 어려운 부분도 있었다. 그러나 그 사진 한 장이면 어려운 과학 용어도 전혀 문제되지 않을 것이라는 확신이 들었다.

한마디로 놀라운 사진이었다. 사람들이 그레이디의 기사에 열광한 이유는 바로 기사의 사진이 사람들의 감성을 자극했기 때문이었다. 사람들은 마음을 끄는 것을 발견하면 자연스럽게 공유한다.

공유욕구를 실현하는 인터넷 공간

■ ■ ■

인간은 사회적 동물이다. 1장에서 살펴본 것처럼, 우리는 자신이 아는 정보나 개인적인 생각을 사람들과 공유하려는 욕구가 있다. 우리가 남에 대한 크고 작은 소문에 관심을 보이는 것도 직장 동료나 친구와의 인간관계를 형성하는 데 적지 않은 영향을 미친다.

인터넷은 이러한 공유욕구를 실현하는 공간으로 점차 발전해가고 있다. 자전거 공유 제도에 대한 블로그 글을 발견하거나 아이들이 어려운 대수학 문제를 푸는 데 도움을 주는 동영상이 나오면 주저 없이 공유하기 버튼을 누르거나 URL을 복사해서 이메일로 전송한다.

주요 뉴스 웹사이트나 오락성 사이트에서는 공유 횟수가 높은 자료를 따로 문서화한다. 하루 전, 일주일 전, 한 달 전에 가장 많이 조회했거나 공유된 기사, 동영상 및 기타 콘텐츠를 차곡차곡 정리해두는 것이다.

사람들은 이 목록을 일종의 지름길로 삼는다. 웹사이트, 블로그 기사는 수천 개가 넘고 동영상은 수십억 개나 되므로 일일이 확인하고 분석하기란 불가능하다. 뉴스만 보더라도 10개가 넘는 유명 웹사이트에서 끊임없이 새로운 기사를 폭포처럼 쏟아내고 있지 않은가.

정보의 홍수 속에서 쓸 만한 콘텐츠를 일일이 찾아볼 여유가 있는 사람은 드물다. 그래서 다들 다른 사람들이 무엇을 많이 공유하는지를 먼저 확인한다.

가장 많이 공유한 목록은 여론 형성에 지대한 영향을 미친다. 금융개혁에 대한 기사가 이 목록에 포함되고 환경정책에 관한 기사가 간발의 차로 제외되었다고 가정해보자. 이처럼 시작 단계에서는 두 기사에 대한 관심도의 차이가 미미하지만 목록이 결정된 후에는 상황이 급변한다. 설사 금융개혁은 간단한 문제이고 환경 문제가 더 시급한 상황이라 해도, 금융개혁에 관한 기사를 읽고 공유하는 사람만 기하급수적으로 늘어날 것이다. 결국 정부가 환경정책보다 금융개혁에 더 주력해야 한다는 여론이 형성된다.

그렇다면 가장 많이 이메일로 전달된 기사는 어떻게 선정될까?

일단 많은 이들이 해당 콘텐츠를 동일한 시기에 적극적으로 배포해야 한다. 어쩌면 당신도 기침에 대한 그레이디의 기사를 읽고 흥미롭다고 여겨 한두 명의 친구에게 이메일로 알려주었을지 모른다. 그러나 이것만으로는 충분치 않다. 수많은 사람이 당신과 동일한 판단을 내려야 비로소 가장 많이 이메일로 전달된 목록에 포함될 수 있다.

그렇다면 이러한 현상은 그저 운에 좌우되는 것일까? 아니면 큰 인기를 얻는 기사에는 어떤 공통적인 특징이나 패턴이 있는 걸까?

이메일 공유 기사를 체계적으로 분석하다

■ ■ ■

스탠퍼드 대학원생의 삶은 생각처럼 그리 근사하지 않다. 내가 있던 연구실은 칸막이로 가린 임시 공간이라서 연구실이라 부르기도 민망할 지경이었다. 이 연구실은 창문 없는 다락방 같은 곳이었는데, 1960년대 '브루털리즘(brutalism, 20세기 중반에 유행한 건축양식으로 콘크리트나 철근 등을 그대로 노출시켜 거칠고 투박한 인상을 준다―옮긴이)'을 반영한 건물의 꼭대기 층에 있었다. 천장이 낮은데다 벽도 매우 두꺼워서 소형 수류탄이 터져도 전혀 문제가 없을 것 같았다. 이 좁은 공간을 대학원생 60명이 함께 사용하느라 고생이 이만저만 아니었다. 나는 형광등 하나가 전부였던 연구실을 한 학생과 함께 사용해야 했다.

그나마 괜찮은 설비가 바로 엘리베이터였다. 대학원생들은 밤낮없이 연구에 매달려야 하므로 학교는 24시간 전용 엘리베이터를 사용할 수 있는 출입 카드를 발급했다. 그 엘리베이터를 타면 창문 없는 꼭대기 층 작업실에 갈 수 있었으며 개방시간이 지난후에도 도서관에 출입할 수 있었다. 그리 호화로운 특권은 아니었으나 꽤 유용했다.

그 시절에는 온라인 콘텐츠를 배포하는 시스템이 지금처럼 정교하지 않았다. 지금은 웹사이트들이 가장 많이 이메일로 보내진 콘텐츠 목록을 게시하지만, 예전에는 신문사들이 이 목록을 지면에 실었다. 월스트리트저널은 하루도 빠짐없이 사람들이 전날 뉴스를 중심으로 가장 많이 읽은 기사와 가장 많이 이메일로 보내진 기사를 각각 5편씩 선정했다. 이 목록을 두어 가지 살펴본 후 내 심장박동은 빨라졌다. 특정 주제가 왜 유독 사람들의 입에 많이 오르내리는지 연구하기에 적확한 자료를 드디어 찾았다는 확신 때문이었다.

나는 우표 수집가가 우표를 모으듯 가장 많이 이메일로 보내진 기사의 목록을 차곡차곡 모으기 시작했다.

그러다보니 이틀에 한 번씩 전용 엘리베이터를 타게 되었다. 가위 하나를 들고 한밤중에 도서관으로 가서 최근에 나온 월스트리트저널을 한데 모아둔 박스에서 가장 많이 이메일로 보내진 기사의 목록을 오려냈다.

이렇게 몇 주가 지나자 꽤 많은 자료가 모였다. 이 정도면 분석 단계로 넘어가도 될 것 같았다. 나는 목록을 스프레드시트에 입력한 다음 반복되는 패턴이 있는지 살펴보았다. 어떤 날은「데드존에 봉착한 부부, 귀찮고 피곤해서 대화하지 않는다?」「디즈니 캐릭터가 그려진 옷이 성인 여성들에게 인기를 얻는 이유」가 가장 많이 이메일로 보내졌다. 며칠이 지나자「경제학자가 자폐증의 신비를 풀 수 있을까?」「조류 관찰자들이 왜 아이팟과 레이저 포인터를 갖고 다니는가」로 바뀌었다.

솔직히 이런 결과에 적잖이 당혹했다. 얼핏 이런 기사들 사이에 아무런 공통점이 없어 보였기 때문이다. 피곤한 부부와 디즈니 캐릭터가 그려진 옷이 무슨 관련이 있단 말인가? 자폐증을 연구하는 경제학자들과 디즈니는 무슨 연관이 있겠는가? 아무리 생각해도 답이 나오지 않았다.

게다가 한 번에 한두 기사를 읽는 식으로는 끝이 보이지 않았다. 제대로 된 답을 얻으려면 연구방법의 효율성을 제고하고 속도를 높여야 했다.

　다행히도 동료 캐서린 밀크먼Katherine Milkman이 훨씬 좋은 방법을 알려주었다. 일일이 신문을 뒤져서 자료를 모으지 말고 자료수집과정을 자동화하라는 것이었다.

　우리는 컴퓨터 프로그래머의 도움을 받아서 '웹 크롤러web crawler'를 만들었다. 이 프로그램은 15분 간격으로 뉴욕타임스 홈페이지를 자동으로 검색하고 기록해주었다. 덕분에 사람이 24시간 내내 쉬지 않고 뉴욕타임스를 읽는 것과 동일한 결과를 얻을 수 있었다. 기사의 제목과 글만 확인하는 것이 아니라 기사의 출처와 위치(메인 화면에 있었는지 아니면 링크만 제시되고 본 기사는 화면에 나타나지 않았는지)까지도 모두 정확히 알 수 있었다. 오프라인 신문에서 해당 기사가 어느 분야, 몇 페이지에 게재되었는지도 확인할 수 있었다.

　6개월이 지나자 어마어마한 양의 자료가 모였다. 반년 동안 뉴욕타임스에 보도된 기사를 빠짐없이 모으니 거의 7000여 개 가까이 되었다. 국제 뉴스와 스포츠, 건강, 과학기술 등 다양한 분야의 기사는 물론이고 지난 6개월 동안 이메일로 가장 많이 전달된 기사도 확인할 수 있었다.

어느 한 사람이 아닌, 연령이나 경제적 지위 등이 서로 다른 모든 독자들이 어떤 기사를 주변 사람들과 공유했는지 알 수 있었다.

이제 남은 것은 분석을 통해 해답을 찾아내는 것뿐이었다.

우선 모든 기사를 건강, 스포츠, 교육, 정치 등 주제별로 분류했다.

그러자 스포츠보다 교육 관련 기사가 이메일로 가장 많이 공유된 목록에 더 자주 포함된다는 것을 알게 되었다. 또한 정치보다 건강 관련 기사가 전달 횟수가 더 많았다.

윤곽이 드러나는 것 같아서 기분이 좋았다. 그러나 사람들이 많이 공유한 기사의 특징만 알아낼 것이 아니라 어떤 요소가 공유하고 싶게 만드는지 찾아내야 했다. '스포츠 기사보다 먹을거리에 관한 기사의 공유 빈도가 월등히 높구나. 왜 그럴까? 사람들이 탁구보다 서바이벌 게임에 대해 이야기하거나 고양이 사진을 주고받는 것을 더 좋아한단 말이야?' 이런 식으로는 사람들이 특정 기사를 공유하는 이유를 파악하거나 탁구나 고양이 같은 좁은 범주를 넘어 어떤 주제가 많이 공유될지 예상하기가 힘들었다.[*]

---

[*] 외적인 요소. 이를테면 해당 기사가 어느 면에 배치되었는지 같은 요소도 이메일로 전달된 횟수에 적잖은 영향을 주었다. 오프라인 신문 1면에 등장한 기사는 뒷면 기사보다 공유될 가능성이 훨씬 높았다. 뉴욕타임스 홈페이지 상단에 등장한 기사는 메인 화면에서는 바로 보이지 않고 몇 번 클릭해야 겨

일단 사람들이 이러한 기사를 공유하는 이유를 흥미와 유용성 두 가지로 가정했다. 앞서 1장에서 살펴보았듯이, 흥미로운 것은 즐거움을 주며 그것을 공유한 사람에게 좋은 이미지를 선사한다. 이와 마찬가지로 유용한 정보를 공유하면 그 사람의 이미지가 개선된다. 이 점은 5장에서 집중적으로 살필 것이다.

이 가설을 테스트하기 위해 연구 요원 몇 명을 고용해 흥미도와 유용성을 기준으로 뉴욕타임스 기사에 점수를 매기도록 했다. 예를 들어 흥미도 면에서는 구글이 검색 데이터를 사용해서 독감이 퍼지는 경로를 추적한 기사의 점수가 높았고 브로드웨이 캐스팅에 관련된 변화의 흐름을 다룬 기사의 점수는 낮았다. 유용성 면에서는 신용등급 관리 요령에 대한 기사가 좋은 점수를 받았으며 사람들에게 잘 알려지지 않은 오페라 가수의 부고는 낮은 점수를 받았다. 우리는 이런 점수를 통계분석 프로그램에 입력한 다음 이메일로 가장 많이 전달된 목록과 비교해보았다.

예상대로 흥미도와 유용성은 공유 여부와 밀접한 관련성이 있었다. 흥미도에서 상위권에 오른 기사들은 이메일로 가장 많이

우 찾을 수 있는 기사보다 공유되는 횟수가 몇 배 이상 많았다. U2의 보노 또는 전 상원의원 밥 돌이 작성한 기사는 유명하지 않은 사람이 쓴 기사보다 널리 알려졌다. 하지만 이런 요소는 놀랍지도 않고 별로 도움이 되지도 않았다. 슈퍼볼에 광고를 내거나 보노 같은 유명한 사람에게 기사를 받으면 콘텐츠의 조회 및 공유 횟수는 분명히 높아진다. 그러나 마케팅 전략을 세워야 할 대다수의 사람들에게는 그럴 만한 금전적 여유나 인맥이 없다. 그래서 우리는 콘텐츠의 내적 특징 중에서 공유 여부에 영향을 주는 것에 초점을 맞추었다.

전달된 목록에 포함될 확률이 다른 기사보다 25퍼센트나 높았다. 유용성이 높은 기사도 이 목록에 포함되는 비율이 30퍼센트나 높았다.

이 결과를 보니 건강 및 교육 관련 기사를 많이 공유하는 이유를 이해할 수 있었다. 건강이나 교육 관련 기사는 유용성이 높았다. 장수 비결, 행복하게 사는 법에 관한 기사, 자녀가 최고의 교육을 받게 하는 방법은 모든 부모와 성인 들의 관심사이니 말이다.

하지만 눈에 거슬리는 분야가 하나 있었다. 바로 과학 분야에 대한 기사였다. 과학 기사는 주류 기사들과 소셜 화폐의 가치나 실용성 부분에서 비교할 만한 수준이 못 됐다. 그런데도 기침에 관한 데니즈 그레이디의 글은 정치, 패션, 비즈니스 기사를 모두 제치고 가장 많이 이메일로 전달된 목록에 진입했다. 어째서였을까?

과학 기사는 혁신적인 기술이나 새로운 발견을 자주 소개해 독자들의 특정한 감성을 자극하는 것으로 나타났다. 공유의 비결은 여기에 있었다. 그렇다면 이 특정한 감성이란 무엇일까? 그것은 다름 아닌 경외심이었다.

경외심의 놀라운 힘

■ ■ ■

지금 그랜드캐니언 꼭대기에 서 있다고 상상해보라. 붉은 협곡이 사방으로 끝없이 펼쳐져 있다. 발밑에는 아찔한 낭떠러지와 함께 협곡의 바닥이 내려다보인다. 잠깐 봤을 뿐인데도 벌써 현기증이 나서 자기도 모르게 한걸음 뒤로 물러선다. 머리 위에는 매가 날아다닌다. 풀 한 포기 자라지 않는 황무지에 서 있자니 달에 와 있는 것 아닌가 하는 착각마저 든다. 그랜드캐니언의 장엄한 모습은 깊은 감명을 준다. 또한 자신이 얼마나 보잘것없는 존재인지 느끼게 된다. 한편으로는 새로운 힘과 의욕이 솟는 것을 느낄 수 있다. 이런 감정이 바로 경외심이다.

심리학자 대처 켈트너Dacher Keltner와 조너선 하이트Jonathan Haidt에 의하면 경외심은 놀라운 지식이나 힘, 숭고함, 아름다움을 접할 때 느끼는 충격과 놀라움을 의미한다. 인간은 자신을 훨씬 능가하거나 압도하는 존재나 힘을 대면할 때 경외심을 느낀다. 경외심을 느끼면 사고범위가 넓어지며 자신을 극복할 힘이 생긴다. 감동과 영감을 주는 모든 것을 포함해 위대한 예술작품, 아름다운 음악, 종교의 힘에 의한 변화, 숨막히게 아름다운 자연경관, 인간의 손으로 이룬 놀라운 업적과 새로운 발견 등은 모두 경외심을 자아낸다.

경외심은 매우 복합적인 감정으로서 놀라움, 상상을 초월하는 느낌, 신비감과도 밀접하게 관련된다. 아인슈타인도 이런 말을 남겼다. "우리가 경험할 수 있는 가장 아름다운 감정은 바로 신비로움이다. 진정한 예술과 과학은 반드시 신비로움이라는 힘을 발산한다. 이런 감정이 낯설기만 한 사람, 경외심에 사로잡히거나 압도된 느낌을 맛보지 못하는 사람은 죽어 있는 것과 마찬가지다."

많은 독자들이 뉴욕타임스에서 과학 기사를 읽으며 경외심을 느낀다. 「신비에 싸여 있던 기침을 사진에 담아내다」라는 기사를 생각해보자. 기침을 사진에 담는다는 아이디어도 물론 놀랍지만 실제로 사진을 보고 나면 감탄을 금할 수가 없다. 기침은 누구나 하는 특별할 것 없는 행위이지만 사진에 담긴 장면은 매우 신비로웠다. 게다가 이 사진은 수백 년 동안 의학계가 풀지 못한 의문을 해결할 실마리가 되었다.

우리는 경외심이 사람들의 공유욕구를 자극하는지 알아보기로 했다. 이번에는 연구 보조원을 동원해서 각 기사가 경외심을 얼마나 자극하는지 점수를 매겼다. 새로운 에이즈 치료법이나 뇌종양이 생긴 아이스하키 골키퍼가 여전히 선수 활동을 한다는 기사는 경외심을 크게 자극했다. 하지만 휴일맞이 할인행사 소식은 경외심과 거리가 멀었다. 우리는 이 점수와 각 기사의 공유 순위를 비교해보았다.

우리의 예상은 빗나가지 않았다. 경외심을 많이 유발하는 기사일수록 공유될 확률도 높았다.

경외심을 일으키는 기사는 가장 많이 이메일로 전달된 목록에 포함될 확률이 30퍼센트나 높았다. 기침에 관한 기사나 고릴라도 인간처럼 사랑하는 대상이 죽으면 슬퍼한다는 기사는 소셜 화폐로서의 가치나 유용성은 없지만 경외심을 불러일으키기 때문에 많은 이들이 공유했다.

인터넷에서 큰 인기를 누리는 동영상 중에도 경외심을 일으키는 것이 많다. 다음 동영상도 그중 하나다.

볼품없는 생김새에 몸매도 별로인 중년 여성이 무대에 등장하자 객석은 술렁이기 시작했다. 급식소에서 일하는 아주머니처럼 보일 뿐 노래를 잘할 것처럼 보이지는 않았다. 게다가 47세는 〈브리튼스 갓 탤런트Britain's Got Talent〉에 도전하기에 너무 늦은 듯했다. 그녀는 다른 출연자들보다 두 배 이상 나이가 많았다.

설상가상으로 그녀의 외모는 보는 사람의 눈살을 찌푸리게 했다. 다른 도전자들은 이미 스타가 된 양 화려했다. 외모가 수려한데다 머리끝부터 발끝까지 화려하게 치장해 눈길을 끄는 도전자들과 달리, 그녀는 모두가 피해야 할 몸단장의 표본을 보여주려는 듯했다. 중고가게에서 파는 부활절 드레스인지 수십 년 전에 유행하던 외출복인지 분간하기 힘들 정도의 의상이었던 것이다.

게다가 얼굴에는 긴장한 기색이 역력했다. 심사위원의 질문에 우물쭈물했고 말을 더듬는 등 영 답답하게 보였다. "당신의 꿈은 무엇입니까?"라고 묻자 그녀는 정식 가수로 데뷔하고 싶다고 대답했다. 또 한번 객석은 술렁였다. '세상에. 꿈도 참 야무지네. 가수로 데뷔하겠다고?' 사람들은 어처구니없어하며 비웃었다. 심사위원들도 한심하다는 표정을 지었다. 다들 그녀가 한시라도 빨리 무대 뒤로 퇴장하기를 바라는 것 같았다. 들어보나마나 노래도 별로일 거라고 생각했다.

분위기가 이렇게 험악했지만 그녀는 아랑곳하지 않고 노래를 시작했다.

일순 시간이 멈춘 듯했다.

모두가 숨을 죽이고 그녀의 목소리에 귀를 기울였다.

뮤지컬 〈레미제라블〉의 〈나는 꿈을 꾸었네I Dreamed a Dream〉가 울려퍼졌다. 수전 보일Susan Boyle의 영롱한 목소리는 어둠을 밝히는 횃불 같았다. 힘이 넘치면서도 아름다운 그녀의 노래를 듣고 사람들은 온몸에 소름이 돋았다. 객석에서는 환호성이 터져나왔고 심사위원들도 넋을 잃은 표정이었다. 모두 자리를 박차고 일어나서 무대가 떠나갈 정도로 큰 박수를 보냈다. 감동한 일부 청중들은 눈물을 흘리기도 했다. 노래가 끝날 무렵에는 모든 사람이 경외심에 사로잡힌 표정이었다.

〈브리튼스 갓 탤런트〉에서 수전 보일이 처음으로 노래한 이 영상은 여전히 큰 인기다. 동영상이 유튜브에 업로드된 지 불과 9일 만에 조회수는 1억 회를 돌파했다.

그녀의 노래에 감동하지 않을 사람은 거의 없을 것이다. 단순히 감동적인 정도가 아니라 경외심을 불러일으키는 무대였기 때문이다. 바로 그 경외심이 많은 이들이 동영상을 공유하도록 한 것이다.

공유욕구를 억제하는 감정

앞서 소개한 뉴욕타임스 기사에 대한 연구는 또다른 질문을 남겼다. 경외심은 왜 사람들에게 공유욕구를 자극하는 것일까? 다른 감정도 동일한 반응을 일으킬 수 있을까?

어떤 종류의 감정이든 공유욕구를 자극할 수 있다고 결론 내릴 만한 근거는 충분하다. 다른 사람에게 이야기를 하는 것은 당사자에게 도움이 된다. 승진했을 때 다른 사람에게 알리면 축하를 받을 수 있고 반대로 해고됐을 때 다른 사람들에게 말하면 분노와 억울함을 해소할 기회를 얻게 된다.

감정을 공유하면 인간관계도 돈독해진다. 수전 보일의 무대 같은 정말 놀라운 동영상을 보았다고 가정해보자. 친구에게 그 동영상을 보여주면 마찬가지로 비슷한 감정을 느낄 것이다. 동일한 감정을 공유했다는 사실은 둘을 더욱 가깝게 만들어준다. 서로 비슷한 점이 있고 공통 경험이 있다는 것은 인간관계에서 중요하다. 감정을 공유하는 것은 인간관계에서 일종의 접착제 역할을 한다. 같은 장소에 있지 않아도 같은 감정을 느낀다는 사실만으로도 두 사람은 서로 연결되어 있는 듯한 기분을 느낄 수 있다.

감정을 공유하는 것은 이처럼 여러 가지 장점이 있다. 이는 경외심에만 국한되는 것이 아니다. 어떤 감정이든 공유를 통해 같은 효과를 얻을 수 있다.

직장 동료에게 당신이 아는 유머를 말해준 적이 있는가? 아마 그와 당신은 함께 한바탕 신나게 웃었을 것이다. 그렇게 웃고 나면 서로 한층 친해진 듯하다. 어떤 사설을 읽고 몹시 분개해 사촌에게 알려줬을 때 그도 당신처럼 화를 낸다면 어떨까? 비록 화를 내긴 했지만 서로 견해가 같다는 사실 때문에 둘은 더욱 가까워졌을 것이다.

그렇다면 인간의 모든 감정은 공유욕구를 자극하는 것일까?

이 점을 알아보기 위해 다른 감정들에 대해서도 연구해보았다. 이번에는 연구 보조원에게 슬픔을 기준으로 각 기사에 점수를 부여하도록 지시했다. 돌아가신 할머니에게 드리는 글과 같은 기사가 높은 점수를 받았고 승승가도를 달리는 골프 선수에 대한 기사 등이 낮은 점수를 기록했다. 모든 감정이 공유욕구를 자극한다면 슬픔도 경외심 못지않게 공유 횟수가 높을 것 같았다.

그러나 내 예상은 보기 좋게 빗나갔다. 슬픔은 경외심과 전혀 다른 반응을 낳았다. 슬픈 기사는 이메일로 가장 자주 전달된 목록에 포함되는 비율이 16퍼센트나 낮았다. 슬픈 기사는 공유욕구를 감소시킨다니 도대체 왜 그럴까?

여러 가지 감정을 구분할 때 가장 확실한 차이를 보이는 것은 감정의 유쾌함 또는 긍정성이다. 경외심은 비교적 유쾌함에 가까운 감정이지만 슬픔은 유쾌함과 거리가 멀다. 그렇다면 긍정적인 감정은 공유욕구를 자극하고 부정적인 감정은 공유욕구를 꺾는 것일까?

긍정적인 감정과 부정적인 감정이 사람들이 공유하거나 대화하는 주제에 어떤 영향을 미치는지는 이미 오래전부터 연구 대상이었다. 지금까지 많은 이들은 부정적인 콘텐츠가 더 빨리 퍼진다고 생각해왔다. 방송가에는 '자극적일수록 인기가 높아진다'는 말도 있다. 이 또한 긍정적인 이야기보다 부정적인 이야기가 사람들의 관심과 흥분을 자극한다는 인식에서 비롯한 것이다. 그래서인지 저녁 뉴스는 항상 부정적인 소식으로 시작한다. "여러분의 지하실에 가족의 건강을 심각하게 위협하는 요소가 도사리고 있습니다. 자세한 사항은 6시 뉴스에서 전해드리겠습니다." 편집자들과 프로듀서들은 부정적인 이야기가 시청자를 자극하고 관심을 지속시킨다고 굳게 믿는다.

하지만 반대로 생각해보자. 사람들은 긍정적인 소식을 공유하는 것도 좋아한다. 사실 다른 사람이 우리의 말을 듣고 스트레스를 받거나 우울해지는 것보다 행복이나 긍정적인 감정을 느끼는 것이 더 좋지 않은가? 앞서 1장에서 살펴보았듯이 사람들은 자신의 이미지에 미치는 영향을 고려해 공유 여부를 결정한다. 긍정적인 것은 이미지를 개선해주기에 공유욕구가 높아진다. 항상 우울하고 슬픈 이야기만 하는 이미지로 낙인찍히고 싶은 사람이 어디 있겠는가?

자, 그렇다면 어느 쪽이 진실일까? 긍정적인 정보와 부정적인 정보 중 어느 것이 공유욕구를 더 높여줄까?

우리는 다시 데이터베이스를 정리해 모든 기사의 긍정도를 수치화했다. 이번에는 심리학자 제이미 페네베이커Jamie Pennebaker가

개발한 단어 분석 프로그램을 사용했다. 감정을 표현하는 단어의 개수를 세어 해당 기사의 긍정도 또는 부정도를 수치로 알려주는 프로그램이다. 예를 들어 '카드가 정말 마음에 들어. 그녀가 이런 카드를 보내줘서 정말 고맙네'라는 문장은 '마음에 들다' '고맙다'라는 표현이 있으므로 비교적 긍정도가 높다. 그러나 '그녀는 정말 못됐어. 그런 말을 하다니. 기분이 확 상했잖아'라는 문장은 '못됐다' '기분이 상했다' 같은 표현 때문에 부정도가 높아진다. 우리는 모든 기사의 긍정도와 부정도를 파악한 다음 이메일로 가장 많이 전달된 목록에 어떤 식으로 반영됐는지 알아보았다.

결과는 명확했다. 부정적인 기사보다 긍정적인 기사가 공유되는 비율이 단연 높았다. 유명한 사육사의 죽음보다 뉴욕 시에 이사 온 사람이 꽃의 매력에 푹 빠진 이유에 관한 기사가 이메일로 가장 많이 전달된 목록에 포함된 비율이 13퍼센트나 더 높게 나타났다.

우리는 이제 감정이 공유욕구에 미치는 영향을 온전히 파악했다고 생각했다. 긍정적인 소식은 분명히 공유욕구를 자극한다.

하지만 부정적인 정보가 공유욕구를 꺾는다는 가정도 확인해보기로 했다. 그래서 연구 보조원의 도움을 받아 분노와 불안이라는 두 가지 부정적인 감정을 기준으로 뉴스 기사를 수치화했다.

불황에도 월스트리트의 자산가는 보너스를 두둑이 받는다는 기사는 사람들의 분노를 크게 유발했으나 여름 티셔츠에 관한 기사는 분노를 전혀 유발하지 않았다. 주식시장 폭락을 알리는 소식은 사람들을 불안하게 했지만 에미상 후보에 관한 소식은 전혀 그렇지 않았다. 부정적인 정보가 공유욕구를 꺾는 것이 사실이라면 분노와 불안도 슬픔과 마찬가지로 공유되는 빈도가 낮아야 할 것이다.

그러나 결과는 예상 밖이었다. 정확히 말하자면 우리가 예상한 것과 정반대의 결과가 나왔다. 분노와 불안을 유발하는 정보는 이메일로 가장 많이 전달된 목록에 포함되는 빈도가 매우 **높았다**.

이런 결과에 우리는 매우 당황하지 않을 수 없었다. 신문기사의 긍정도와 부정도에 따라 공유욕구의 자극 여부가 달라진다고 생각했는데 실제로는 이보다 훨씬 복잡한 상황이었다.

불씨를 당겨라: 생리적 각성의 과학

■ ■ ■

지금까지 수백 년 동안 사람들은 감정을 긍정적이거나 유쾌한 감정과 부정적이거나 불쾌한 감정으로만 분류했다. 행복과 흥분은 긍정적인 감정이고 불안과 슬픔은 부정적인 감정이라는 사실은 어린아이도 안다.

그러나 최근 심리학자들은 생리적 각성을 기준으로 감정을 이차원적으로 분류할 수 있다고 주장한다.

생리적 각성의 개념부터 설명해보자. 최근에 대중 앞에서 발표나 연설을 한 적이 있는지? 혹은 중요한 경기에서 당신이 응원하는 팀이 승리를 코앞에 둔 순간이 있었는지? 아마도 그 순간 당신의 손은 땀으로 흥건해지고 심장은 쿵쾅거렸을 것이다. 무서운 영화를 보거나 한밤중에 어디선가 이상한 소리가 들릴 때도 비슷한 느낌을 받는다. 머릿속으로는 위험천만한 상황이 아니라는 것을 알지만 이성적으로 신체 반응을 제어하기 어려웠을 것이다. 모든 감각 세포가 긴장하고 근육에 힘이 들어가며 주변의 소리, 냄새, 움직임에 민감해진다. 이것이 바로 각성 상태다.

각성 상태는 한마디로 활성화 상태, 당장에라도 행동을 취할 준비가 된 상태다. 심장박동이 빨라지고 혈압도 올라간다. 진화론에 의하면 이는 인류 조상의 '파충류 뇌(Reptilian Brain, 두뇌에서 본능과 욕망을 관장하는 부분―옮긴이)'에서 유래된 반응이라고 한다. 생리적 각성은 싸움 또는 도주 반응을 활성화해 먹이를 쫓거나 포식자로부터 달아날 수 있도록 도와준다.

이제는 먹이를 쫓아다니거나 잡아먹힐까봐 달아날 필요가 없어졌지만 각성은 여전히 일상생활의 많은 활동을 촉진한다. 각성 상태가 되면 자기도 모르게 몸을 많이 움직이게 된다. 손목을 비틀거나 왔다갔다 움직이고 주먹을 위로 뻗거나 방안을 돌아다닌다. 이처럼 각성 상태는 불씨를 당기는 효과가 있다.

분노와 불안 같은 감정은 각성 효과가 높다. 화가 나면 고객 서비스 담당직원에게 자기도 모르게 언성을 높이게 된다. 불안이 커지면 제대로 준비됐는지 몇 번이고 점검하게 된다. 긍정적인 감정도 각성 상태로 이어질 수 있다. 흥분 상태를 예로 들어보자. 사람은 흥분하면 가만히 있지 못하고 무슨 행동이라도 하기 마련이다. 경외심도 동일한 반응을 낳는다. 경외심에 사로잡히면 자신에게 어떤 일이 있었는지 말하고 싶은 욕구를 참지 못한다.

하지만 어떤 감정들은 이와 반대로 행동을 억제해버린다.

슬픔을 한번 생각해보자. 사랑하던 반려동물이 죽거나 연인과 가슴 아픈 이별을 한 뒤에는 슬픔에 사로잡혀 모든 의욕을 잃게 된다. 고작해야 편안한 옷을 입고 소파에 몸을 웅크리고 누워서 아이스크림이나 먹을 뿐이다. 만족감도 이와 비슷한 반응을 낳는다. 만족감은 긴장을 늦추게 만든다. 그래서 심장박동이 느려지고 혈압이 내려간다. 기분은 좋지만 뭔가 해야겠다는 의욕은 생기지 않는다. 여유롭게 뜨거운 물로 샤워를 하거나 몸을 이완

시켜주는 마사지를 받은 뒤에 어떤 기분이 드는가? 무언가 행동을 하기보다는 대개 느긋하게 시간을 보내지 않는가?

	각성 상태가 높은 감정	각성 상태가 낮은 감정
긍정적인 감정	경외심 흥분 즐거움(유머)	만족감
부정적인 감정	분노 불안	슬픔

감정적 각성 상태가 얼마나 중요한 역할을 하는지 파악한 후에 자료를 다시 살펴보았다. 일단 지금까지 알아낸 사실은 경외심이 공유욕구를 자극하고 슬픔은 공유욕구를 억누른다는 정도다. 하지만 긍정적인 감정은 공유욕구를 증가시키고 부정적 감정은 공유욕구를 억누른다고 무조건 단정지을 수 없다. 분노와 불안처럼 부정적인 감정도 공유욕구를 증가시킬 수 있기 때문이다. 과연 이 복잡한 문제를 생리적 각성으로 풀어낼 수 있을까?

다행히도 생리적 각성이 모든 고민을 말끔히 해결해주었다.

생리적 각성을 이해하고 나니 지금까지 찾아낸 퍼즐 조각이 하나로 맞춰지는 것 같았다. 분노와 불안은 경외심처럼 각성 상태가 높은 감정이므로 공유욕구를 자극하는 것이 당연했다. 이러한 감정은 공유욕구를 촉발해 적극적인 행동을 유도했다.

재미있는 것을 공유하는 이유도 각성으로 설명할 수 있다. 유튜브의 인기 동영상 중에 치과에서 맞은 마취주사 때문에 우스꽝스러운 행동을 하는 꼬마('치과에 다녀온 데이비드')나 형의 손가락을 깨무는 아기('찰리가 또 내 손가락을 깨물었어요!'), 캔디마운틴이라는 곳에 갔다가 콩팥을 빼앗긴 유니콘('유니콘 찰리') 등이 있다. 이들의 조회수를 모두 합치면 6억 회가 넘는다.

하지만 단지 재미있기 때문에 입소문이 빠르게 퍼지는 것은 아니다. 여기에는 더 근본적인 이유가 있다. 최근에 정말 재미있는 유머를 들었거나 흥미로운 동영상을 보고 주변 사람들에게 알려준 적이 있는가? 경외심을 불러일으키는 것이나 분노를 유발하는 것과 마찬가지로 재미있는 콘텐츠는 각성 효과가 높기 때문에 주변 사람들과 공유하게 된다.

하지만 슬픔처럼 각성 효과가 낮은 감정은 공유욕구를 꺾어버린다. 만족감도 마찬가지다. 굳이 설명할 필요도 없지만 만족감은 부정적인 감정이 아니다. 하지만 만족감은 사람들의 마음을 편하게 만들어서 각성 효과를 낮추기 때문에 굳이 누군가에게 이 주제로 대화를 청하거나 주변에 알려야겠다는 생각이 들지 않는다.

유나이티드 항공사는 뼈아픈 실수를 통해 각성이 사람들의 공유욕구를 자극한다는 사실을 알게 되었다. 데이브 캐럴Dave Carroll은 실력이 뛰어난 음악가다. 그가 이끄는 선스 오브 맥스웰Sons of Maxwell은 엄청난 인기를 누리는 밴드는 아니었으나 앨범 판매, 공연 등을 통해 적잖은 수입을 올리고 있다. 데이브의 이름을 문신으로 새기는 열혈 팬은 없었지만 그는 가수로서의 자부심이 대단했다.

한번은 이들 밴드가 네브래스카 공연 때문에 시카고를 경유하는 유나이티드 항공편을 이용하게 되었다. 머리 위 짐칸은 작은 여행가방을 넣기에도 버거웠다. 아무리 해봐도 기타가 들어가지 않아서 다른 짐과 함께 화물칸으로 보내야 했다.

그런데 오헤어 공항에 착륙해 비행기에서 내릴 무렵, 창밖을 보던 여자 승객이 다급하게 소리쳤다. "세상에, 저기 좀 봐요. 기타를 막 던지네요!" 데이브도 창밖을 내다보았다. 수화물을 운반하는 인부들이 그의 목숨보다 소중한 기타를 함부로 던지며 옮기고 있었다.

그는 즉시 승무원에게 도움을 청했지만 아무 소용이 없었다. 승무원 한 사람이 담당직원에게 가보라고 했지만 담당직원은 자기 책임이 아니라며 발뺌했다. 또다른 직원은 최종목적지에 도착해 탑승구 직원에게 문제를 제기하라고 했다.

최종목적지 오마하에 도착하니 밤 12시 30분이었다. 공항은 쥐죽은듯 조용했다. 도움을 청할 만한 직원은 한 명도 보이지 않았다.

수화물을 찾은 그는 떨리는 손으로 기타 케이스를 열었다. 그의 우려는 현실로 나타났다. 3500달러를 주고 샀던 기타는 산산조각이 나 있었다.

본격적인 이야기는 이제부터다. 데이브는 그뒤로 9개월 동안 항공사에 배상을 요구했다. 부서진 기타의 수리를 끈질기게 요청했지만 항공사는 번번이 무시했다. 항공사측에 책임이 없다는 주장만 장황하게 늘어놓고는 티켓에 24시간 이내에 손해배상을 청구하라고 쓰인 안내 문구를 보지 못한 데이브의 책임이라고 했다.

데이브는 항공사의 냉담한 태도에 몹시 분개했다. 그는 음악가답게 자신의 분노를 노래로 표현해 '유나이티드 항공사가 기타를 산산조각 냈어요'라는 제목으로 유튜브에 동영상을 올렸다.

동영상을 올린 지 24시간 만에 500개의 댓글이 달렸다. 자신도 유나이티드 항공사에서 비슷한 경험을 했다며 그의 분노에 공감하는 내용이 대부분이었다. 나흘 만에 동영상 조회수는 130만 회를 기록했고 열흘이 지나자 조회수는 300만, 댓글은 1만 4천 개가 되었다. 2009년 12월에는 『타임』이 뽑은 2009년 최고의 인기를 누린 10대 동영상에 선정되었다.

동영상은 유나이티드 항공사에도 악영향을 미쳤다. 동영상이 공개된 지 4일 만에 주가가 10퍼센트나 폭락하여 1억 8천만 달러의 손해를 입었다. 유나이티드 항공사는 일단 '화해를 청하는 의미'로 델로니어스 멍크 인스티튜트 오브 재즈Thelonious Monk Institute of Jazz에 3천 달러를 기부했지만 업계 관계자들은 이번 사건으로 유나이티드 항공사가 돌이킬 수 없는 타격을 입었다고 결론지었다.

감성에 초점을 맞춰라

■ ■ ■

마케팅에 쓰이는 표현은 정보를 중시하는 경향이 있다. 보건 당국은 청소년들이 담배를 피우지 않고 채소를 많이 먹으면 훨씬 더 건강해질 수 있다고 광고한다. 구체적인 사실을 간결하고 명확하게 제시하면 사람들의 마음을 움직일 수 있다고 믿기 때문이다. 과연 사람들은 제시된 정보에 관심을 갖고 내용을 파악한 뒤 행동으로도 옮길까?

실제로 정보 제시만으로 행동 변화가 일어나는 경우는 극히 드물다. 수많은 청소년들은 담배가 몸에 해롭다는 것을 알면서도 계속 피운다. 패스트푸드가 건강을 해친다는 것을 알지만 여전히 많은 이들이 빅맥과 감자튀김, 콜라를 먹고 있다. 따라서 새로운 정보를 제공하는 것만으로 행동의 변화를 기대해서는 안 된다. 거기서 한발 더 나아가야 한다.

감성에 호소해야 변화를 일으킬 수 있다. 자꾸 정보만 주려 하지 말고 사람들의 감성을 자극해보라. 내면의 깊은 감성을 건드려야 그들이 행동하게 만들 수 있다.

어떤 제품이나 아이디어는 감성을 자극하는 효과가 매우 뛰어나다. 물류 관리보다는 새로 개업한 클럽에 대한 소식이 사람들을 더 흥분시킨다. 금융이나 비영리 재무 전략에 대한 논의보다는 반려동물이나 아기의 모습이 감정적인 호소 효과가 훨씬 크다.

그러나 감성에 초점을 맞출 수 있는 제품이나 아이디어가 따로 정해져 있지는 않다. 얼핏 감성에 호소하기 어려운 것처럼 보이는 분야도 있지만, 감성적 접근법은 모든 제품과 아이디어에 적용할 수 있다.

일례로 온라인 검색 엔진을 생각해보자. 검색 엔진은 감성적 접근법과 좀처럼 어울리지 않아 보인다. 사람들은 빠른 시간 내에 정확한 검색 결과를 얻기 원한다. 그리고 이런 검색은 링크, 인덱스, 페이지랭크PageRank 알고리즘 등 복잡한 기술을 통해 가능하다. 이런 요소로 사람들을 흥분시키거나 눈물 글썽이게 만들기란 불가능하다고 생각할지 모른다.

그러나 구글은 달랐다. '파리지앵 러브'라는 광고로 감성 마케팅을 성공시켰다.

앤서니 커파로Anthony Cafaro는 2009년에 뉴욕의 미술대학교 스쿨 오브 비주얼 아트를 졸업했다. 당시만 해도 그는 구글에 입사할 생각이 전혀 없었다. 구글에 입사한 선배가 한 명도 없었을뿐더러 구글은 디자이너가 아니라 기술 전문가를 필요로 하는 기업이라고만 생각해왔기 때문이다. 그러나 구글이 그래픽디자인 전공자를 뽑는다는 소식에 경험 삼아 지원서를 제출했다.

이때의 인터뷰는 잊지 못할 경험이 되었다. 면접관들은 심사위원이 아니라 마치 오래된 친구 같았다. 결국 그는 여러 광고기획사의 입사 제안을 모두 거절하고 크리에이티브 랩Creative Lab이라는 구글의 신설 디자인팀에 합류했다.

입사 후 몇 달 만에 앤서니는 고민거리가 생겼다. 크리에이티브 랩의 접근방식과 구글의 전반적인 업무 방식이 서로 부딪힌 것이다. 훌륭한 그래픽디자인은 직관적으로 만들어진다. 예술과 마찬가지로 사람들에게 감동을 주며 그들의 가장 내밀한 감정을 울리는 힘을 발휘한다. 그러나 구글은 감성이 아니라 분석 위주로 일을 처리하는 기업이었다.

한 가지 실례를 들자면, 디자이너가 시각적 효과를 높이는 차원에서 툴바에 특정한 명도의 파란색을 사용하자고 제안한 적이 있었다. 그러자 프로덕트 매니저는 그 색상을 사용하는 것에 반대하며, 디자이너에게 구체적인 조사 자료를 근거로 요구했다. 구글에서는 색상도 수치에 근거한 자료가 있어야만 선택할 수 있었다.

앤서니도 초반에 프로젝트를 진행하다가 비슷한 상황을 겪었다. 크리에이티브 랩은 항공편 예약, 자동 수정 기능, 다중 언어 번역 등 새로운 검색 인터페이스의 편리한 기능을 부각시킬 콘텐츠를 개발하게 되었다. 두 가지 의견이 있었는데 하나는 보다 편리하게 검색하는 요령을 간단한 매뉴얼로 정리하는 것이었고 다른 하나는 검색 기능을 사용해서 복잡한 퍼즐을 맞추는 '어 구글 어 데이A Google a Day'라는 온라인게임을 만드는 것이었다.

앤서니는 둘 다 기발한 아이디어지만 감성적인 면이 부족하다고 느꼈다.

구글의 인터페이스는 매우 안정적이며 검색 결과도 질적으로 우수했으나 사용자에게 웃음이나 감동을 주지 못했다. 시연 영상을 만들면 인터페이스 사용법을 안내할 수 있지만 그 이상의 효과는 기대할 수 없었다. 앤서니는 인터페이스에 사람 냄새를 불어넣고 싶었다. 편리한 기능도 알려주고 감동도 주려면 감성적인 접근법이 필요했다.

크리에이티브 랩 팀원들과 머리를 맞대고 고심한 끝에 앤서니는 '파리지앵 러브'라는 동영상을 만들었다. 이제 막 연애를 시작하는 남자가 구글 검색 기능을 사용하며 사랑을 키워가는 이야기였다. 주인공의 모습도 드러내지 않고 목소리도 들려주지 않은 채, 검색창에 검색어를 입력하고 검색 결과를 보는 장면만 이어졌다.

첫 장면에서 주인공은 '프랑스 파리 유학'을 입력한 다음, 상위 검색 결과를 클릭해 유학 관련 정보를 얻었다. 잠시 후 그는 '루브르 박물관 근처 카페'를 검색해 자신이 좋아하는 분위기의 카페가 있는지 알아보았다. 갑자기 여자의 웃음소리가 들리고 주인공은 검색창에 'tu es très mignon 번역하기'라고 입력한다. '당신 참 귀엽군요'라는 뜻이다. 남자는 곧바로 '프랑스 여자에게 호감 얻는 법'을 검색한다. 검색 결과를 살펴본 후에 파리에서 유명한 초콜릿 가게를 검색한다.

이렇게 이야기가 전개되면서 배경음악도 계속 달라진다. 장거리 연애에 대한 조언부터 파리에서 취업하는 방법까지, 검색어는 계속 바뀌어간다. 이제 그는 비행기의 착륙 시간과 파리 내 교회를 검색한다(이때 배경음악으로 교회 종소리가 들린다). 마지막으로 음악이 커지면서 주인공 남자는 아기용 침대 조립법을 검색한다. 마지막에 '계속 검색해보세요'라는 메시지와 함께 동영상은 끝난다.

이 동영상을 보면 누구나 마음에 닿는 영상이라고 말할 것이다. 로맨틱하면서도 재미가 있고 감동적이기까지 하다. 나는 이 동영상을 열 번도 넘게 봤지만 볼 때마다 코끝이 찡해진다.

크리에이티브 랩이 마케팅팀에게 이 동영상을 보여주자 모두가 엄지손가락을 치켜세웠다. 구글 CEO의 아내도 이 동영상에 완전히 반해버렸다. 동영상을 본 사람이라면 누구나 주변에 알리고 싶어했다. 기업 내에서 호평을 얻자 구글은 대중에게 이를 공개했다. 감성에 초점을 맞춘 덕에 구글은 평범한 광고로 끝날 뻔한 홍보 영상을 히트시킬 수 있었다.

유명한 광고 에이전시나 포커스 그룹(시장의 반응을 파악하기 위한 표본집단—옮긴이)에 수백만 달러를 들여 의뢰하지 않아도 이런 성공을 거둘 수 있다. 앤서니는 각기 다른 디자인 교육을 받은 4명의 학생들과 연구한 끝에 이 아이디어를 완성시켰다. 최신 기능의 편리성만 강조한 것이 아니라 구글 검색에서 사람들이 좋아할 만한 점을 부각한 것이 성공비결이었다. 크리에이티브 랩의 또다른 직원은 이렇게 설명했다. "가장 좋은 결과는 검색 엔진에서 얻을 수 있는 것이 아닙니다. 사람들의 삶에서 나오는 거죠."

칩 히스와 댄 히스는 『스틱』이라는 유명한 저서에서 아이디어의 감성적 핵심을 찾을 수 있는 방법인 '세 번 질문하기'를 소개한다. 가장 먼저 할 일은 사람들이 어떤 행동을 왜 하는지 모두 적어보는 것이다. 그리고 나서 '왜 이런 이유들이 중요한가?'라는 질문을 세 차례 생각해본다. 생각나는 것은 모두 적어야 한다. 그러면 아이디어의 핵심과 그 아이디어에 관련된 감성이 무엇인지 차츰 윤곽을 드러낼 것이다.

온라인 검색을 예로 들어보자. 검색이 중요한 이유는 무엇인가? 사람들이 정보를 빨리 찾으려 하기 때문이다.

그렇다면 사람들은 왜 검색 엔진을 사용하는가? 궁금증을 해소해야 하기 때문이다.

질문에 대한 해답을 통해 얻으려는 궁극적인 목표는 무엇인가? 그들의 대인관계, 목표 달성, 꿈의 실현 등으로 요약할 수 있다. 이제 온라인 검색과 관련해 어떤 감정을 자극해야 할지 조금씩 눈에 보이지 않는가?

지구 온난화 현상에 사람들의 주의를 환기시키고 모두가 이 문제를 해결하는 데 참여하게 하려면 어떻게 해야 할까? 온난화 현상에 대한 각종 통계 자료의 제시로 상황의 심각성만 강조해서는 사람들을 움직일 수 없다. 우선 사람들이 무엇을 소중하게 여기는지 생각해보라. 예를 들어 북극곰이 죽어간다거나 자녀의 건강이 위협받을 것이라는 점을 부각시키면 그들의 마음이 움직일 것이다.

감성의 강력한 각성 효과를 노려라

■ ■ ■

공유욕구를 높여주는 감정을 활용할 때는 사람들의 행동을 유발하는 각성 상태가 높은 감정을 공략해 불씨를 당겨야 한다는 것을 염두에 두자.

긍정적인 감정을 활용할 때는 작은 행동이 얼마나 의미 있는 변화를 가져오는지 보여줌으로써 흥분을 자아내거나 감동을 줄 수 있다. 부정적인 감정을 활용할 때 주의할 점은 사람들의 분노를 자극해야지, 슬프게 만들어서는 안 된다는 것이다. 요컨대 북극곰의 멸종을 이야기할 때 눈물샘을 자극할 것이 아니라 분노하게 만들어야 한다.

스토리나 광고에 약간의 각성 요소를 집어넣으면 사람들의 공유욕구를 크게 자극할 수 있다. 실제로 우리는 어떤 이야기를 두 가지 버전으로 각색해보았다. 세부사항을 조작해 사람들의 화를 돋우는 것과 큰 웃음을 주는 것으로 바꿔보았다.

두 버전 모두 결과는 동일했다. 화를 낸 사람들도 폭소를 터뜨린 사람들도 이 이야기를 적극적으로 공유하기 시작했다. 이처럼 생리적 각성 효과를 높이면 입소문은 금방 퍼진다.

부정적인 감정도 입소문을 퍼뜨리는 효과가 뛰어나다. 마케팅

192

메시지는 흔히 제품이나 아이디어의 가장 긍정적인 측면만을 강조하는 경향이 있다. 면도기나 냉장고 광고에는 웃는 얼굴로 제품을 한껏 칭찬하는 소비자가 등장한다. 마케팅 담당자들은 브랜드 이미지가 무너질까 두려운 나머지 부정적인 감정을 활용하는 것은 가급적 피하려는 경향이 있다.

그러나 부정적인 감정도 잘만 활용하면 입소문 효과를 증폭시킬 수 있다.

BMW는 2001년 광고에서 부정적인 감정을 활용해 큰 성공을 거두었다. 그들은 '더 하이어The Hire'라는 제목의 짧은 동영상 시리즈를 인터넷에 공개했다. 경치 좋은 곳에서 차가 멋지게 주행하는 모습만 보여주던 기존의 자동차 광고와는 전혀 달랐다. 납치, FBI 습격, 죽음이 코앞에 닥친 아슬아슬한 장면이 계속 이어졌다. 공포와 불안뿐, 긍정적인 감정이라곤 전혀 없었지만 삽시간에 입소문이 퍼져서 4개월 만에 조회수가 1100만 건을 기록했다. 이 기간 동안 BMW 매출도 12퍼센트나 증가했다.

공중보건 광고는 어떤가? 흡연은 폐암을 유발하며 비만은 수명을 3년이나 단축시킨다. 그러나 사람들에게 긍정적인 감정을 자극하면서 이 같은 심각성을 깨닫게 할 방도를 찾기란 쉽지 않다. 이럴 때는 부정적인 감정을 자극하는 것이 오히려 입소문을 내는 데 효과적일 수 있다.

2장에서 살펴본 '지방 덩어리를 마시는 남자'라는 공익광고를 다시 생각해보자. 커다란 백색지방 덩어리가 접시에 뚝뚝 떨어지는 모습은 정말 징그럽지 않은가. 혐오감은 각성 효과가 매우 높아서 사람들은 금방 입소문을 퍼뜨리고 광고 영상을 공유했다. 불안이나 혐오감처럼 각성 효과가 큰 감정을 유발하면 공유 욕구를 크게 자극할 수 있다. 부정적인 감정도 현명하게 활용하면 강력한 영향력을 발휘할 수 있다.

이제 유아용품으로 주제를 바꿔보자.

트위터 여론을 우습게 보다

■ ■ ■

2008년에는 많은 일들이 처음으로 시작됐다. 중국이 처음으로 올림픽을 개최했고 미국에서는 최초의 흑인 대통령이 당선되었다. 이것이 전부가 아니다. 2008년은 미국에서 국제 유아용품 주간이 처음 개최된 해이기도 하다.

슬링이나 아기 띠로 아기를 안고 다니는 것은 수천 년이 넘게 이어진 문화다. 일부 전문가들은 이것이 아기와 엄마의 결속력을 강하게 해주고 두 사람의 건강에도 도움을 준다고 말한다. 그러나 유모차를 비롯한 새로운 육아 장비가 속속 등장하면서 아기 띠를 사용하는 엄마들이 서서히 줄어들었다. 그래서 2008년에 아기 띠와 슬링의 사용을 권장하는 행사가 기획되기에 이른다.

진통제 모트린Motrin을 만든 맥닐 컨슈머 헬스케어McNeil Consumer Healthcare는 많은 사람이 이 행사에 관심을 보이자 이를 기회로 활용해보기로 했다. 당시 맥닐 컨슈머 헬스케어는 '당신의 고통을 알고 있습니다'라는 광고 시리즈를 진행하고 있었다. 그래서 엄마의 마음을 얻기 위해 슬링으로 아기를 안고 다닐 때 느끼는 고통과 불편함을 주제로 광고를 만들었다. 이 광고는 아기 띠를 사용하면 아기에게는 감정적 안정감을 주지만 엄마의 허리, 목, 어깨에는 부담이 간다는 점을 보여주었다.

회사는 엄마들의 고충을 이해하고 힘을 북돋아주겠다는 메시지를 전달하려 했다. 그러나 블로그 활동을 하는 수많은 엄마들은 이를 다르게 받아들였다. 광고에 삽입된 엄마의 목소리는 "아기 띠를 사용하면 누가 봐도 내가 엄마란 것을 알 수 있지요. 내가 피곤하고 화가 나 보여도 사람들은 다 이해해줍니다"라고 말했다.

아기를 패션의 일부처럼 말한 점과 엄마를 피곤하고 화가 난 존재로 묘사했다는 점은 많은 여성들의 심기를 불편하게 했다. 블로그와 트위터에 이 광고를 비난하는 글이 우후죽순 늘어났다. 분노라는 감정은 무서운 속도로 입소문을 퍼뜨렸다.

눈 깜짝할 사이에 수천 명의 엄마가 뭉쳤다. "아이를 어떻게 액세서리처럼 표현할 수 있어? 도대체 생각이 있는 거야, 없는 거야?" 반발성 댓글이 끊이지 않았다. 불매운동을 하자는 의견도 있었다. 트위터에서 화제가 되자 뉴욕타임스, 『애드에이지Ad Age』에도 보도되기 시작했다. 이 광고는 구글 검색어 10위 안에 '모트린'과 '두통'이 들면서 실패한 마케팅의 대표적 사례로 남게 됐다.

결국 맥닐 컨슈머 헬스케어는 해당 광고를 웹사이트에서 삭제하고 장문의 사과문을 게재했다. 그러나 이미 상황은 되돌리기에 너무 늦어버렸다.

기술이 발전함에 따라 관심사나 목적이 같은 사람들이 쉽게 모임을 조직하게 되었다. 소셜 미디어가 아니었다면 이처럼 마음이 맞는 사람끼리 연락을 주고받고 정보를 공유하며 행사를 계획할 엄두는 못 냈을 것이다.

멀리 떨어져 살거나 사회적, 정치적으로 민감한 문제를 논할 때 이러한 기술의 중요성은 더욱 부각된다. 많은 이들은 소셜 미디어가 튀니지와 이집트 등의 정권교체를 이룬 반정부 시위인 '아랍의 봄'의 촉매제였다고 생각한다.

이처럼 몇몇 사회운동은 긍정적인 방향으로 나아가고 있다. 시민들이 독재정권을 타도하기 위해 분기탱천해 행동에 나서거나 학대와 차별을 당하는 청소년을 돕는 모임도 나타나고 있다. 이러한 변화는 삶의 질을 크게 개선한다.

그러나 부정적인 견해나 움직임이 촉진되는 경우도 있다. 거짓 소문은 삽시간에 퍼지며 많은 이들의 입에 오르내린다. 악의적인 험담도 시간이 지남에 따라 더욱 부풀어오르는 경향이 있다. 과연 연기처럼 사라질 소문과 눈덩이처럼 걷잡을 수 없이 불어날 소문을 미리 구분할 수 있을까?

이 또한 생리적 각성을 통해 설명할 수 있다. 특정한 종류의 부정적 감정은 생리적 각성도가 높아서 입소문을 촉진할 가능성이 크다. 불친절한 고객 서비스에 대한 억울함과 불만이나 새로운 공중보건 정책이 여러 가지 혜택을 줄일 것이라는 불안 등은 슬픔이나 실망감을 드러내는 소문보다 훨씬 빨리 퍼져나간다.

따라서 교사들과 교육 관계자들의 경우 악의적인 소문이 훨씬 빨리 퍼져나간다는 점을 인식하고 이를 즉시 차단할 방법을 강구해야 한다. 모트린을 판매한 제약업체도 인터넷 댓글이나 트위터에 관심을 가졌다면 불매운동 같은 심각한 사태를 방지할 수 있었을 것이다. 댓글이나 트위터에 '불쾌함' '화남' '분노' 등을 나타내는 아이콘이 나타나기 시작했을 때 손을 썼다면 일이 그 정도로 커지지 않았을 것이다. 각성도가 높은 부정적인 감정은 소문이 눈덩이처럼 불어나기 전에 미리 개입해 사태를 완화시켜야 한다.

운동이 수다쟁이를 만든다

■ ■ ■

이번 장에서 마지막으로 살펴볼 주제는 운동이다.

와튼스쿨에서 운영하는 행동연구소에서는 피실험자를 고용해 다양한 심리 실험과 마케팅 실험을 시행한다. 이를테면 온라인 설문조사에 참여하거나 질문지를 읽고 해당사항에 표시하는 것이다.

몇 년 전 11월에 나도 행동연구소에서 한 가지 실험을 했다. 당시 실험은 약간 독특한 지시사항을 포함하고 있었다.

참가자의 절반을 60초 동안 아무것도 하지 않고 의자에 가만히 앉아 있게 했다. 전혀 부담 없는 지시였다.

그러나 나머지 참가자들은 60초 동안 가볍게 몸을 풀고 뜀뛰기를 하게 했다. 신발이나 옷차림에 상관없이 모든 사람에게 실험실 한복판에서 몸을 움직이게 한 것이다.

몇몇 참가자는 '도대체 왜 이런 것을 요구하느냐'는 표정을 지었지만 모두 별다른 이의를 제기하지 않고 요구에 따랐다.

60초가 지나자마자 또다른 지시를 내렸다. 자리에 가만히 앉아 있거나 뜀뛰기를 하는 것과 무관해 보이는 요구사항이었다. 사람들이 어떤 소식을 공유하는지 알아보는 실험을 하겠다고 설명한 다음, 최근 어느 학교 신문에 보도된 기사를 제시했다. 참가자들은 기사를 읽고, 원하는 사람 아무에게나 이메일로 그 기사를 전송할 수 있었다.

처음의 지시와 '서로 무관한 것처럼 보이는 실험'이었으나 사실 한 가지 흥미로운 가설을 검증하는 데 목적이 있었다. 감정을 각성시키는 콘텐츠나 경험이 공유욕구를 자극한다는 사실은 이미 알고 있었다. 나는 각성의 효과가 그보다 더 커질 수 있는지 확인하고 싶었다. 각성이 공유욕구를 자극한다면, 생리적 각성 효과가 있는 모든 경험은 사람들이 입소문을 퍼뜨리게 유도할지도 모른다.

제자리 뜀뛰기는 현명한 선택이었다. 뜀뛰기가 어떤 감정을 유발하지는 않지만, 심박수와 혈압을 높이므로 생리적 각성 효과가 있는 것은 분명했다. 모든 종류의 각성이 공유욕구를 자극한다면 뜀뛰기를 한 후에도 공유욕구가 상승할 것 같았다. 생리적 각성의 발생 원인과 공유하려는 정보나 대화의 주제가 반드시 연관될 필요는 없었다.

내 예상은 들어맞았다. 뜀뛰기를 한 참가자의 75퍼센트가 기사를 읽고 나서 이메일을 보냈다. '제자리에 앉아 있던' 참가자보다 공유 참여도가 두 배나 높았다. 즉, 감정이나 신체적 자극 또는 콘텐츠 때문이 아닌 상황 자체로 인한 각성도 공유욕구를 증가시켰다.

각성을 유발하는 상황에 처하면 공유욕구가 높아진다는 점은 필요 이상으로 자신을 드러내는 '과잉 공유overshare'를 이해하는 데 도움이 된다. 누구나 한 번쯤 민망할 정도로 사적인 이야기를 많이 쏟아내는 비행기 옆 좌석 사람 때문에 곤욕을 치렀거나, 자기도 모르게 불필요한 말을 많이 해서 나중에 후회한 경험이 있을 것이다. 그렇다면 사람들은 왜 이런 실수를 하는 것일까?

우리는 종종 어떤 사람과 만나 생각지 못한 편안함을 느끼게 되거나 주량을 넘어서 술을 많이 마실 때가 있다. 이처럼 생리적으로 각성한 상태가 되면 사람은 자기 의도와 달리 말을 많이 하게 된다.

따라서 헬스장에서 운동을 마친 직후, 가까스로 차 사고를 모면한 직후, 기류 이상으로 비행시간 내내 초조함에 떨었던 직후에는 말을 아껴야 한다. 이런 상황에 처하면 각성 상태가 극에 달해 자기도 모르게 말을 많이 하므로 실수할 우려가 크다.

입소문을 낼 수 있는 또다른 방법은 이미 감정이 격해진 사람들을 찾아내는 것이다. 〈딜 오어 노 딜Deal or No Deal〉 같은 흥미진진한 TV게임쇼나 〈CSI〉처럼 손에 땀을 쥐게 하는 범죄 드라마는 역사적 인물에 대한 다큐멘터리보다 각성 효과가 훨씬 높다. 이를 본 시청자들은 자기도 모르게 수다쟁이가 되는데 심박수가 워낙 높아진 상태라서 프로그램 중간에 나온 광고까지도 이야깃거리로 만들어버린다. 헬스장에서 본 광고도 사람들의 입에 오르내릴 확률이 높다. 헬스장에 있는 사람들은 이미 흥분한 상태이기 때문이다. 직장에서 팀 단위로 작업할 때도 함께 걷는 시간을 마련하면 팀원들이 보다 적극적으로 아이디어를 쏟아낼 것이다.

온라인 콘텐츠에서도 비슷한 현상을 관찰할 수 있다. 일부 웹사이트와 뉴스 기사 및 유튜브 동영상은 각성 효과가 크다. 금융시장에 대한 블로그, 정치를 비판하는 기사, 배꼽을 잡게 만드는 재미있는 동영상은 사람들을 자극해 입소문을 퍼뜨리며, 더 나아가 해당 페이지에 있는 광고나 다른 콘텐츠마저 화젯거리로 만든다.

광고 타이밍도 중요하다. 어떤 프로그램이 전반적으로 각성 효과가 크다고 가정해보자. 그러나 그중에도 유독 각성 상태를 더욱 활성화시키는 장면이 있다. 예를 들어 범죄 장면에서는 불안감이 극도에 달한다. 마지막에 범죄가 해결되면 모든 긴장감이 해소된다. 시청자를 흥분시키는 게임 프로그램은 특히 최종 우승자가 발표되기 직전에 흥분 상태가 최고조에 달한다. 바로 이런 장면 전후에 광고를 내보내면 사람들의 입에 오르내릴 확률이 커진다.

감정은 행동을 유발한다. 감정에 따라 웃기도 하고 언성을 높이기도 하고 눈물을 흘리기도 한다. 감정이 움직여야 이야기를 하거나 정보를 공유하고 구매 욕구를 느낀다. 따라서 통계 결과를 인용하거나 정보를 제시하는 것보다 감정을 공략하는 데 초점을 맞춰야 한다. 구글 광고 '파리지앵 러브'를 기획한 앤서니는 이렇게 말한다.

구글처럼 디지털 상품을 만드는 회사도 있고 스니커즈처럼 실제로 만지고 사용하는 제품을 만드는 기업도 있습니다. 그러나 모든 기업은 사람들에게 감동을 주어야 성공할 수 있습니다. 사람들은 기업이 이래라저래라 하는 것을 원하지 않습니다. 그들이 원하는 것은 즐거움, 기쁨, 감동입니다.

어떤 감정은 유독 사람들의 마음을 움직이는 효과가 뛰어나다. 이미 살펴보았듯이, 감정을 자극하는 것이야말로 입소문을 퍼뜨리는 첫걸음이다. 사람들은 생리적으로 각성하면 말을 많이 하게 되고 자기가 아는 것을 공유하게 된다. 따라서 그들을 흥분시키고 웃게 만들어야 한다. 슬프게 만들어서는 안 된다. 슬픔은 의욕을 약화시키고 행동을 억제하기 때문이다. 차라리 분노하게 만드는 편이 낫다. 신체활동이 왕성한 상황을 연출하는 것도 공유욕구를 자극하는 방법이다.

유체 역학과 온라인 검색은 좀처럼 화젯거리가 되기 어려운 분야다. 그러나 이처럼 추상적인 주제를 사람들의 삶과 밀접하게 연결하고 기저에 깔린 감정을 자극한 덕분에 데니즈 그레이디와 앤서니 커파로는 이 딱딱한 소재에 사람들이 관심을 갖게 하고 더 나아가 그것을 공유하게 만들었다.

CHAPTER 4

대중성의 법칙

사람들은 눈에 잘 띄는 것을
모방하고 공유한다

켄 시걸Ken Segall은 스티브 잡스의 오른 팔이었다. 12년간 잡스의 광고 에이전시에서 크리에이티브 디렉터를 맡았으며 1980년대 초반에는 애플에서 근무했다. 잡스가 애플에서 해고당한 후에 넥스트 컴퓨터NeXT Computer라는 회사를 창립할 때도, 1997년에 애플로 복귀할 때도 켄 시걸은 그의 뒤를 따랐다. 켄 시걸은 '다르게 생각하라Think Different' '크레이지 원스Crazy Ones' 광고에도 참여했으며 둥글납작한 달걀 모양의 데스크톱인 아이맥iMac에 이름을 붙여 아이크레이즈iCraze(소문자 i로 시작되는 애플 제품이 일으킨 열풍—옮긴이)를 시작했다.

켄이 이끄는 팀은 잡스와 2주에 한 번꼴로 회의를 했었다. 진행 상황을 확인하는 회의였다. 켄은 쓸 만한 아이디어, 새로운 광고 카피, 구상중인 디자인 배치 등 광고와 관련된 모든 진행 상황을 잡스와 공유했다. 잡스도 마찬가지였다. 그는 애플의 업무 현황과 판매 현황, 출시가 임박해 광고를 만들어야 하는 제품 등에 대해 모두 알려주었다.

한번은 잡스가 아주 어려운 문제를 제기했다. 그는 절대적으로 최상의 사용자 경험을 제공하는 데 집착했다. 언제나 고객이 최우선이었다. 고객이 거금을 들여 제품을 구매하므로 그만한 대접을 해주어야 한다는 취지였다. 애플은 제품의 포장을 처음 뜯는 순간부터 기술 지원팀 요청에 이르기까지 제품 설계의 모든 사항에 이 방침을 반영했다. 아이폰을 구입해서 포장 박스를 열 때 일부러 시간이 걸리게 만든 것도 다 이유가 있었다. 고객이 뭔가 대단하고 비싼 물건을 손에 넣었다는 만족감을 최대한 만끽하게 하려는 고도의 전략이었다.

이번에 잡스가 가져온 문제는 새로운 노트북인 '파워북 G4'의 디자인이었다. 기술이나 디자인 면에서 경쟁상대가 될 제품이 없다고 확신하는 야심작이었다. 강철보다는 단단하면서 알루미늄보다는 가벼운 소재인 티타늄을 사용한 것은 가히 혁신적이었다. 두께가 1인치가 채 되지 않아 세상에서 가장 얇은 노트북인 셈이었다.

그러나 잡스가 걱정한 것은 노트북의 강도나 무게가 아니라 로고의 방향이었다.

기존 파워북 시리즈의 겉면에는 항상 한입 깨문 작은 사과 모양이 들어가 있었다. 사용자를 가장 중시하는 회사 방침에 따라 이 로고도 컴퓨터 사용자가 바라보는 방향에 맞춰왔다. 노트북은 자주 여닫는 물건이므로 로고의 위치는 특히 중요한 문제였다. 사람들은 배낭이나 서류 가방에 노트북을 넣어두었다가 필요할 때만 꺼내서 사용하는데, 이때 위아래를 빨리 구분하기가 어려웠다. 어느 쪽으로 노트북이 열리는지 알아야 사용자가 쓰기 편한 방향으로 한번에 내려놓을 수 있었다.

　잡스는 로고가 일종의 표지판 역할을 해주면 사용자가 시간을 허비하지 않아도 된다고 생각했다. 노트북이 접혀 있을 때 로고가 사용자를 향해 있으면 노트북을 꺼낼 때마다 우왕좌왕할 필요가 없었다.

　그러나 노트북을 열고 나서가 문제였다. 커피숍에서 마키아토를 한 잔 시켜놓고 노트북을 열어서 작업을 시작하면 겉면의 로고는 거꾸로 위치한다. 주변 사람들에게는 거꾸로 뒤집힌 사과만 보이는 것이었다.

　잡스는 브랜드 홍보 효과를 누구보다 중시했기에 로고가 뒤집혀 사람들에게 노출되는 상황을 용납하지 못했다. 그는 심지어 뒤집힌 로고가 브랜드 이미지를 깎아내릴 수도 있다고 판단했다.

　그래서 잡스는 켄에게 이런 질문을 던졌다. 노트북을 열기 전 상태에서 사용자가 보기에 로고가 바르게 서 있어야 하는가, 노트북을 사용할 때 주변 사람들이 보기에 로고가 똑바로 서 있도록 바꿔야 하는가.

주변에 애플의 노트북이 있다면 이 질문이 어떻게 해결되었는지 쉽게 알 수 있다. 잡스와 켄은 오랫동안 고수해온 사용자 중심의 디자인을 과감히 버리고 로고를 거꾸로 그려넣었다. 바로 관찰 가능성observability 때문이었다. 사람은 남들이 하는 것을 보고 그대로 따라 하려는 경향이 있다는 사실을 깨달았던 것이다.

여기서 키워드는 '보는' 것이다. 타인이 무엇을 하는지 보지 못하면 따라 할 수 없다. 모방을 유도하려면 일단 관찰 가능성을 높여야 한다. 제품에 대한 관심을 높이는 비결 중 하나는 바로 대중적 가시성public visibility이다. 남들이 볼 수 있도록 만들면 그것은 반드시 크게 성장한다.

사회적 증거가 생사를 좌우하다

■ ■ ■

당신은 지금 낯선 도시에 와 있다. 출장을 온 것일 수도 있고 친구와 휴가를 떠난 것일 수도 있다. 일단 호텔에 도착해 짐을 풀고 샤워를 하고 나니 허기가 밀려든다. 저녁식사를 하러 다시 밖으로 나간다.

근사한 식당에 가고 싶지만 이 지역에 대한 정보가 전혀 없다. 호텔 안내원은 바빠서 당신에게 눈길도 주지 않고 인터넷 검색을 하자니 귀찮아서 일단 나가서 찾아보기로 한다.

퇴근시간이라 거리가 꽤 북적거린다. 주변을 둘러보니 식당이 여러 개 보인다. 보라색 차양이 예쁜 타이 음식점도 있고 신장 개업한 인도 음식점도 있다. 이탈리아 식당도 괜찮아 보인다. 어디가 좋을지 결정하기가 쉽지 않다.

이럴 때 사람들은 대개 손님이 많은 식당을 찾는다. 이것은 오랜 기간에 걸쳐 입증된 방법이다. 손님이 많은 식당은 일단 맛이 보장된 셈이다. 아무리 괜찮게 보여도 손님이 없는 식당은 들어가지 않게 된다.

모방심리는 생활의 여러 분야에 적용된다. 인간에게는 타인을 모방하려는 습성이 있다. 친구끼리 서로 비슷한 옷을 입고, 식당에서 다른 사람들이 많이 주문하는 요리를 선택하고, 다른 사람이 호텔 내에서 수건을 재사용하면 자기도 그렇게 하려고 노력한다. 기혼자의 경우 배우자를 따라서 투표에 참여할 확률이 높다. 가까운 친구가 금연을 하면 덩달아 금연을 결심하게 되고 뚱뚱한 사람과 어울리면 살이 찔 가능성이 커진다. 커피 브랜드를 선택하는 사소한 결정에서 세금 납부 같은 중요한 문제에 이르기까지 사람들은 다른 사람을 따라 하는 경향이 있다. 텔레비전 오락 프로그램에 웃음소리가 자주 삽입되는 이유도 여기에 있다. 웃음소리가 들리면 자신도 모르게 큰 소리로 따라 웃게 되기 때문이다.

모방심리가 나타나는 이유 중 하나는 우리가 타인의 선택을 참고자료로 사용해 결정을 내리기 때문이다. 우리는 매일 크고 작은 결정을 하며 살아간다. 처음 방문한 도시에서 식당을 찾아가는 것도 결정의 일종이다. '어느 것이 샐러드용 포크일까?' '휴가 때 읽을 만한 책이 뭐가 있을까?' 우리는 심각하거나 중대한 일이 아닌데도 쉽사리 결정을 내리지 못하고, 때로는 결정을 내린 뒤에도 자신의 판단을 확신하지 못해 망설인다.

사람들은 불확실성에 직면할 때면 타인을 관찰해 모방한다. '저 사람이 저렇게 하는 데는 그만한 이유가 있을 거야. 내가 모르는 것을 저 사람은 알지 몰라' 하고 생각하는 것이다. 옆자리에서 누군가 제일 작은 포크로 샐러드를 먹는 모습을 보면 아무런 의심 없이 작은 포크를 집는다. 존 그리샴의 신작 소설을 읽는 사람이 많으면 서점에서 망설이지 않고 그 책을 집어들고 계산대로 간다.

심리학자들은 이를 '사회적 증거social proof'라고 부른다. 바리스타나 바텐더는 하루의 일과를 시작할 때 팁을 받는 항아리에 일부러 동전을 몇 개 넣어둔다. 5달러짜리 지폐를 넣어놓는 사람도 있다. 빈 항아리를 보면 고객들은 '아무도 팁을 주지 않았으니 나도 팁을 낼 필요가 없겠다'고 생각한다. 하지만 항아리에 돈이 들어 있으면 '다들 팁을 내는구나. 나도 일어나기 전에 팁을 넣어야겠군' 하고 생각하게 된다.

생사의 갈림길에서도 사회적 증거가 영향력을 발휘한다.

당신의 신장 하나에 문제가 생겼다고 가정해보자. 신장은 혈액 내의 찌꺼기와 독소를 걸러내는 중요한 기관이다. 이것이 제 역할을 못하면 몸 전체의 기능이 마비될 수도 있다. 염분이 몸안에 쌓이고 뼈가 약해져서 결국 빈혈이나 심장병까지 발생할 수 있다. 빨리 손을 쓰지 않으면 생명이 위험해진다.

미국에서만 매년 4만 명 이상이 이런 심각한 신장 질환을 앓는다. 이런저런 이유로 신장이 망가지면 그들은 두 가지 갈림길에서 중대한 선택을 해야 한다. 일주일에 세 번씩 내원해서 5시간이나 걸리는 혈액투석을 받거나 신장이식 수술을 받는 것이다.

그러나 신장을 기증해줄 사람을 찾기도 쉽지 않다. 지금도 10만 명이 넘는 환자들이 기증자가 나타나기를 기다리고 있다. 게다가 신장이식을 필요로 하는 환자는 매달 4천 명씩 추가로 발생한다. 환자들이 얼마나 애태우며 기증자를 기다리는지 굳이 설명할 필요도 없다.

당신도 기증자가 나타나기만을 간절히 기다리고 있다면 어떨까? 기증자가 나타나도 순서에 따라 신장이식을 받을 수 있으므로 가장 오래 대기한 환자에게 우선권이 주어진다. 몇 달을 가슴 졸이며 기다린 끝에 당신과 조건이 맞는 기증자가 나타났다면 어떻게 할 것인가? 당장에라도 이식 수술을 받지 않겠는가?

누구나 생사의 갈림길에 선 신장병 환자들이 이식 수술을 두 팔 벌려 환영할 것이라고 생각한다. 그러나 놀랍게도 신장 기증자의 97.1퍼센트는 기증이 거부된다.

대부분의 경우는 조건이 맞지 않아서 수술로 이어지지 않는다. 신장이식은 한마디로 자동차 수리와 같다. BMW에 혼다의 카뷰레터를 설치할 수는 없지 않은가? 신장도 마찬가지다. 혈액형이나 세포 조직이 서로 맞지 않으면 신장을 이식해도 제 역할을 하지 못한다.

그런데 수백 명의 신장 기증자들을 조사한 MIT 교수 장쥐안쥐안은 사회적 증거 때문에 이식이 가능한 신장을 거부하는 사람도 많다는 점을 발견했다. 당신이 대기자 목록에서 백번째에 있다고 가정해보자. 신장 기증자가 나타나면 목록의 첫번째 환자에게 가장 먼저 통보된다. 그런데 백번째 대기자인 당신에게 통보가 왔다는 것은 이미 99명이 퇴짜를 놓았다는 뜻이다. 바로 이 시점에서 사회적 증거가 작용하기 시작한다. '99명이나 퇴짜를 놓았다면 그만한 이유가 있을 거야. 건강이 좋지 않은 사람의 신장이 분명해.' 이렇게 추측한 백번째 환자는 신장이식 수술을 포기한다. 실제로 10명 중 1명은 이렇게 제멋대로 추측해서 신장을 받을 기회를 거부한다. 목록에 있는 대기자끼리 실제로 얼굴을 맞대고 말 한마디 나눈 적도 없지만 서로의 행동을 그대로 따라 한 것이다.

이와 비슷한 현상은 우리 주변에서 얼마든지 찾아볼 수 있다.

뉴욕에 '할랄 치킨 앤드 자이로Halal Chicken and Gyro'라는 식당이 하나 있다. 이곳에서는 각종 치킨 및 양고기 요리, 살짝 양념한 쌀 요리, 피타pita 빵 등을 맛볼 수 있다. 주간지『뉴욕』에서 선정한 최고의 식당 20위 내에 오른 적도 있다. 맛이 좋고 가격이 저렴해서 사람들은 한 시간 이상 줄을 서서 기다리는 것도 마다하지 않는다. 점심이나 저녁 시간이면 한 블록 이상 줄이 길게 이어지기도 한다.

어떤 생각이 들었는가? '사람들이 그렇게 몰린다면 분명 음식이 굉장히 맛있을 거야'라고 생각했는가? 틀린 것은 아니다. 음식맛은 상당히 괜찮은 편이다.

그러던 차에 이 가게의 운영자가 길 건너편에 '할랄 가이스Halal

Guys'라는 식당을 냈다. 음식이나 포장 등 모든 조건이 할랄 치킨 앤드 자이로와 동일했다. 하지만 할랄 가이스에서는 아무도 줄을 서서 사 먹지 않았다. 세월이 지나도 할랄 가이스는 할랄 치킨 앤드 자이로만큼의 인기를 얻지 못했다. 왜일까?

이 또한 사회적 증거 때문이다. 사람들은 줄을 서서 기다리는 사람이 많을수록 음식맛도 좋을 거라고 생각한다.

이와 같은 군중 심리는 사람들의 직업 선택에도 영향을 준다. 나는 매년 MBA 2년차 학생들에게 간단한 질문을 한다. 학생 절반에게는 MBA 과정을 시작할 때 앞으로 무슨 일을 하고 싶어했는지 물어보았고 나머지 학생들에게는 지금 무엇을 하고 싶은지 물어보았다. 질문이 유출되지 않도록 두 집단을 서로 격리했으며 익명으로 대답하게 했다.

결과는 매우 흥미로웠다. MBA 과정을 시작하기 전에는 학생들이 의료보험제도 개선, 새로운 여행 웹사이트 개설, 엔터테인먼트 분야 진출 등 매우 다양한 분야에 관심을 갖고 있었다. 정치에 입문하려는 학생도 있었고 CEO를 꿈꾸는 예비 기업가도 있었다. 투자은행이나 컨설팅 회사에 입사하겠다는 학생은 손에 꼽을 정도였다. 학생들은 관심사, 목표, 진로의 가능성을 다양하게 열어두고 있었다.

그러나 1년이 지나자 학생들은 서로 생각이 비슷해진 것 같았다. 3분의 2가 넘는 학생들이 투자은행이나 컨설팅 회사에 입사하고 싶다고 응답했다. 다른 분야를 고려하는 학생은 극소수에 불과했다.

왜 이런 수렴 현상이 나타나는 것일까? 학생들은 MBA 과정을 이수하면서 다양한 기회를 접한다. 그러나 그들은 군중 심리에 적잖은 영향을 받는다. 어떤 직업을 택해야 할지 확신이 서지 않으면 주변 사람들이 하는 대로 따라 하게 된다. 이와 같은 군중 심리는 삽시간에 눈덩이처럼 커진다. 처음에 투자은행이나 컨설팅 회사에 입사하려는 학생은 20퍼센트도 안 됐지만 다른 직업군에 비하면 단연 높은 선호도다. 약 20퍼센트가 투자은행이나 컨설팅 회사로 진출하려 한다는 사실을 듣고 이쪽으로 자신의 진로를 바꾸는 사람도 있을 것이다. 그러면 이 수치는 금방 30퍼센트가 되어 투자은행이나 컨설팅 회사로 진로를 바꾸는 사람이 더 많아진다. 이처럼 20퍼센트라는 숫자는 사회적 영향으로 인해 금세 눈덩이처럼 불어날 수 있다. 원래 다른 진로를 꿈꾸던 학생들도 사회적 상호작용의 결과로 이 길을 선택하는 것이다.

사회적 영향은 사람들의 행동에 변화를 일으킨다. 이를 활용해 제품이나 아이디어의 파급효과를 높이려면 사회적 영향이 가장 강한 힘을 발휘하는 시점이 언제인지 이해해야 한다. 이 점과 관련하여 코린 조하네슨Koreen Johannessen에게 도움을 청해보자.

관찰 가능성의 놀라운 영향력

∎ ∎ ∎

    코린 조하네슨은 애리조나 대학에 임상 사회복지사로 취직했다. 처음에는 우울증이나 약물남용 문제를 안고 있는 학생을 돕는 정신건강과 소속이었다. 그러나 여러 해 동안 학생들을 치료하면서 문제의 근본 원인은 정작 다른 곳에 있다는 결론을 내리게 됐다. 지금처럼 고통받는 학생들을 치료하는 것도 필요하겠지만 문제를 예방하는 것이 더 효과적이라고 생각했다. 그래서 교내 보건과로 자리를 옮겨 보건 교육을 이수한 다음, 건강 증진 및 예방 서비스의 책임자가 되었다.

    애리조나 대학은 학생들의 알코올 남용 문제가 골칫거리였다. 미국 내 다른 대학들도 마찬가지였다. 법적으로 술을 마실 수 있는 나이가 된 대학생 75퍼센트 이상이 음주를 즐기는데, 문제는 그들이 마시는 양이었다. 44퍼센트가 과음이나 폭음을 했고 그 결과 1800명 이상의 학생들이 음주로 사망했다. 술기운에 사고를 쳐서 다치는 사람도 60만 명에 달했다. 대학생의 음주 문화는 결코 간과할 수 없는 심각한 문제였다.

    조하네슨은 이 문제를 정면 돌파하기로 했다. 일단 과음이나 폭음의 위험을 알리는 전단지를 교내에 배포하고, 알코올이 인지 능력 및 행동에 미치는 부정적 영향을 알리는 광고를 학교 신문에 게재했다. 심지어 학생회관 앞에 관을 놓고 알코올로 인한 사망자 통계수치를 적어두기도 했다. 그러나 이러한 노력은 알코올 남용을 줄이는 데 전혀 도움이 되지 않았다. 단순히 알코올의 위험을 알리는 것만으로는 부족했다.

그래서 이번에는 학생들에게 음주에 대해 어떻게 생각하는지 직접 물어보기로 했다.

놀랍게도 거의 모든 학생들이 술을 좋아하는 친구와 함께 있으면 불편하다고 응답했다.* 평범한 어른들처럼 가끔 술을 마시는 것은 좋지만 일부 학생들처럼 폭음이나 과음을 하는 것은 꺼려했다. 술을 많이 마시고 온 룸메이트가 주사를 부리거나 변기에 토할 때 머리를 잡아주는 경험도 정말 불쾌했다고 말했다. 술을 좋아하는 몇몇 학생들 외에는 음주 문화를 좋아하는 사람이 없었다.

조하네슨은 설문조사 결과를 보고 가슴을 쓸어내렸다. 많은 학생들이 과음이나 폭음에 반대한다는 사실만으로도 일단 이 문제의 근본적인 해결책에 한걸음 가까워진 기분이었다. 그러나 조하네슨이 아직 알 수 없는 사실이 한 가지 남아 있었다.

---

* 심리학자들은 이런 상황을 가리켜 '다원적 무지'라고 한다. 다원적 무지란 집단 내 대다수가 일반적인 기준(예를 들어 과음)을 거부하면서 마음속으로는 다른 사람들이 그 기준을 받아들이고 있다고 착각하는 것이다. 이런 착각은 사람들이 타인의 속마음을 알지 못한 채 그들의 행동만을 관찰할 수 있기 때문에 발생한다.

학생 대다수가 음주 문화를 꺼리는데 어째서 음주로 인한 문제가 끊이지 않는 것일까? 좋아하지도 않는 술을 왜 그렇게 많이 마시는 걸까?

　행동은 겉으로 드러나지만 생각은 드러나지 않기 때문이다.

　당신이 대학생이라고 생각해보라. 어디를 가든 술판이 벌어져 있는 것을 보게 된다. 미식축구 시합이 끝나면 뒤풀이를 하고 시험이 끝나면 술자리가 벌어지며 여학생 클럽에서도 무료로 술을 제공하는 오픈 바가 마련된다. 친구들이 서로 거리낌없이 술을 권하며 즐거워하는 것을 보면 나만 빼고 다들 술을 좋아하는 것 같고 술을 마시지 않으면 왕따가 될 것 같다. 어느새 나도 모르게 술을 계속 마시게 된다.

　그러나 다른 학생들도 모두 속으로 같은 생각을 하고 있다는 사실은 깨닫지 못한다. 친구들도 사실 나처럼 눈치를 보며 술을 마신다. 주변 사람들이 술을 마시니 어쩔 수 없이 마셔야 한다고 생각한다. 서로의 진심을 모른 채 의미 없이 술잔만 계속 오간다. 정작 술을 마시도록 강제하는 것은 사회적 증거일 뿐임을 끝내 눈치채지 못한다.

　또다른 예시를 들어보자. 최근에 유통망 재정비, 주식투자 분산 등을 주제로 화려한 파워포인트를 내세워 발표하는 모습을 본 적이 있는가? 발표가 끝나면 발표자는 청중에게 질문이 있는지 확인한다.

그러면 다들 약속이나 한 것처럼 침묵으로 일관한다.

하지만 질문이 없다고 해서 그 자리에 있는 사람이 모두 발표 내용을 완벽하게 이해한 것은 아니다. 어쩌면 다른 사람들도 당신처럼 무슨 내용인지 이해되지 않아서 답답했을지 모른다. 하지만 아무도 손을 들고 질문할 용기를 내지 못한다. 나만 이해하지 못했으면 어쩌지 하는 두려움 때문이다. 왜 이런 생각을 하는 걸까? 손을 들고 질문하는 사람이 없기 때문이다. 다른 사람도 발표 내용을 이해하지 못했다는 사회적 증거를 발견하지 못했기 때문에, 그들은 자신만 이해하지 못했다는 착각을 하게 된다. 행동은 겉으로 드러나지만 생각은 드러나지 않기 때문에 이러한 오해에 빠진다.

'원숭이는 보는 대로 따라 한다'는 말이 있다. 단지 인간의 모방심리를 꼬집은 말처럼 보이지만 더 깊게 생각해보면 다른 뜻도 담겨 있다. 인간은 자신이 관찰할 수 있는 행동만 모방할 수 있다. 대학생들은 폭음과 과음을 싫어하면서도 주변 학생들의 모습을 보고 그대로 따라 한다. 유명한 식당이 있어도 (출입구 쪽 창문이 모두 가려져 있어서) 내부가 들여다보이지 않으면 쉽게 들어가지 못한다.*

* 음식점 지배인이 첫 손님 몇 명을 굳이 입구 근처의 창가 자리로 안내하는 이유도 여기에 있다. 한

이처럼 관찰 가능성은 어떤 제품이나 아이디어가 인기를 얻느냐 마느냐를 좌우할 수 있다. 어떤 의류회사에서 새로운 셔츠를 디자인했다고 가정해보자. 누군가 그 셔츠를 입은 모습이 멋져 보이면 사람들은 그 옷이나 비슷한 스타일의 다른 옷을 사러 매장에 올 것이다. 그러나 양말은 이런 효과를 기대하기 어렵다. 왜 그럴까?

셔츠는 겉으로 쉽게 드러나 다른 사람의 눈에 띄지만 양말은 그렇지 않기 때문이다. 다른 사람이 어떤 양말을 신었는지 관찰할 기회는 많지 않다.

자동차와 치약의 경우도 이와 비슷하게 대조되는 면이 있다. 지인이나 친구가 어떤 치약을 쓰는지 알고 있는가? 치약은 욕실에 가야 볼 수 있으며 어떤 경우에는 욕실 수납장 안에 들어가 있기 때문에 아예 볼 수가 없다. 그러나 주변 사람들이 어떤 자동차를 타는지는 그리 어렵지 않게 알 수 있다. 그래서 자동차를 구입하려는 사람은 친구나 동료의 행동에 영향을 받을 확률이 높다.

나는 블레이크 맥셰인Blake McShane, 에릭 브래들로Eric Bradlow와 손잡고 자동차 구매시 사회적 증거가 미치는 영향을 시험해보았

가지 쉬운 예를 들어보겠다. 뉴욕 시에 한 식당이 있는데 식당 바깥의 테이블이 항상 만석이라서 나는 그곳이 정말 유명한 곳인 줄 알았다. 바깥 테이블에 앉아 있는 사람들은 차례를 기다리는 것 같아 보였다. 그러나 나중에 알고 보니 거기에 앉아 있는 사람들은 대기하는 것이 아니라 잠시 쉬었다 가는 행인들이었다.

다. 우리는 먼저 자동차 매출 자료 150만 건을 확보했다.

테스트 결과는 우리의 예상을 빗나가지 않았다. 일례로 덴버에서는, 누군가 자동차를 구매하면 주변 사람들도 자동차를 구매하는 현상이 두드러졌다. 이러한 파급효과는 생각보다 훨씬 더 강했다. 거의 8대 중 1대는 사회적 영향 때문에 구매한 것이었다.

여기서 더욱 흥미로운 점은 관찰 가능성의 역할이었다. 도시에 따라 다른 사람이 어떤 자동차를 타는지 쉽게 볼 수 있는 경우도 있고 그렇지 않은 경우도 있었다. 로스앤젤레스는 자가용 통근자가 많지만 뉴욕은 지하철 통근자가 많아서 주변 사람들이 어떤 자가용을 소유했는지 알기 어려웠다. 마이애미처럼 날씨가 맑고 화창한 지역에서는 이웃이 어떤 자가용을 소유했는지 볼 기회가 많지만 비가 자주 오는 시애틀은 그럴 기회가 적었다. 이처럼 여러 가지 조건에 따라 관찰 가능성이 차이가 있기 때문에 도시별 자동차 구매 현황도 다르게 나타났다. 로스앤젤레스나 마이애미처럼 관찰 가능성이 높은 지역에서는 주변 사람들의 구매 행동에 영향을 받는 사람이 많았다. 관찰 가능성이 높아지면 사회적 영향 또한 강해졌다.

관찰 가능성이 높은 항목은 대화의 주제가 될 확률도 높았다. 지인의 사무실이나 집에 갔는데 벽에 독특한 그림이 걸려 있거나 책상에 서류더미가 쌓여 있으면 자연스레 질문을 하게 된다. 그런 것이 지하실이나 금고 등에 숨겨져 있었다면 아마 대화 주제에 오르지 못했을 것이다. 대중적 가시성은 입소문을 촉진한다. 눈에 쉽게 띌수록 많은 이들의 입에 오르내리는 것이다.

관찰 가능성은 행동이나 구매 결정을 촉진하는 효과가 있다. 2장에서 살펴보았듯이 주변에서 쉽게 발견되는 이야기 소재는 입소문을 유발할 뿐만 아니라 사람들이 갖고 싶어했거나 해보고 싶었던 일을 다시 갈망하게 만든다. 누군가 소개해준 건강식품을 사려고 했거나 친구가 알려준 인기 사이트를 한번 방문해보려 했을지 모른다. 그러나 눈에 보이는 계기가 없으면 금세 잊어버리고 만다. 제품이나 서비스는 대중에 적극적으로 노출되어야 이것이 계기가 되어 행동으로 이어질 수 있다.

그렇다면 어떻게 해야 특정 제품이나 아이디어의 관찰 가능성을 높일 수 있을까?

콧수염으로 대중의 눈길을 끌다

■ ■ ■

매년 가을 나는 와튼스쿨에서 MBA 강의를 시작한다. 10월 말이면 60명의 학생 대다수가 눈에 익는다. 매일 5분씩 지각하는 학생, 질문을 던지면 가장 먼저 손을 번쩍 드는 학생, 프리마돈나처럼 화려하게 꾸미고 다니는 학생 등 누가 누구인지 다 알 수 있다.

몇 년 전에 강의실에 들어갔다가 화들짝 놀란 적이 있다. 11월 초였는데 평소 점잖다 못해 보수적이라고 생각했던 남학생이 콧수염을 길게 늘어뜨리고 나타난 것이었다. 바빠서 면도를 못한 것이 아니었다. 콧수염 양쪽 끝을 돌돌 말아서 손잡이 모양으로 만들어놓았었다. 야구 선수 롤리 핑거스Rollie Fingers와 오래된 흑백 영화에 나오는 악당을 섞어놓은 듯했다.

처음에는 그 학생이 수염으로 어떤 실험을 하는 것일지도 모른다고 생각했다. 그런데 강의실을 둘러보니 그렇게 콧수염을 길게 기른 남학생이 둘이나 더 있었다. 그제야 콧수염을 기르는 것이 유행일지 모른다는 생각이 들었다. 어째서 학생들 사이에 갑자기 콧수염이 유행했던 걸까?

매년 전 세계 곳곳에서 420만 명이 넘는 암 환자가 사망하고 600만 명이 넘는 사람들이 암 진단을 받는다. 많은 이들이 적극적으로 기금을 기부한 덕분에 암 치료 및 연구가 활발하게 진행되고 있다. 이런 연구기관들은 기부활동 촉진을 위해 어떤 사회적 영향을 어떻게 활용할 수 있을까?

안타깝지만 특정 암 기금을 후원하느냐 마느냐는 지극히 사적인 문제다. 사실 우리는 이웃이나 직장 동료, 친구 중에 암 치료를 후원하는 사람이 있는지 없는지도 잘 모르는 채 살아간다. 따라서 그들의 행동이 당신에게 영향을 주기를 기대하기란 어렵다. 반대로 당신이 이런 기부활동을 해도 주변 사람들에게 영향을 주기 힘들다.

바로 이 때문에 콧수염이 유행하기 시작했다.

이 모든 일은 2003년의 어느 일요일 오후에 시작되었다. 호주 멜버른 출신 학생들이 둘러앉아 맥주를 마시며 담소를 나누고 있었다. 그러다 우연히 1970,80년대의 유행에 대해 이야기하게 되었다. 한 학생이 "도대체 콧수염은 왜 자취를 감춘 거야?" 하고 물었다. 술을 마시며 이야기를 더 나눈 끝에 결국 이들은 누가 가장 멋진 콧수염을 기르는지 대결해보기로 했다. 이 소문이 퍼지자 무려 30명의 남학생이 대결에 참여하게 되었다. 11월 한 달간 모두 콧수염을 기르기로 한 것이다.

콧수염 대결에 재미를 느낀 그들은 내년 11월에 다시 대결을 벌이기로 약속했다. 이듬해에는 대의명분을 하나 만들기로 했다. 유방암 연구 후원활동에 깊은 인상을 받은 학생들은 남성 건강 촉진을 위한 의미 있는 활동을 찾아보았다. 그래서 무벰버 재단(Movember Foundation, Movember는 11월을 뜻하는 'November' 와 사회운동을 뜻하는 'movement'를 합친 합성어—옮긴이)을 설립하고 '남성의 건강상을 바꿔보자'는 슬로건도 만들었다. 그해에 450명의 남학생이 5만 4천 달러를 모아 호주 전립선암 재단에 기부했다.

해를 거듭할수록 모금 활동은 규모가 커졌다. 다음해에는 참가자가 9천 명으로 늘어났고 그 이듬해에는 5만 명을 넘어섰다. 이제는 11월의 연례행사로 전 세계에 퍼지기 시작했다. 2007년에는 아일랜드, 덴마크, 남아프리카, 대만에서도 이 운동이 시행되었으며 전립선암 재단은 1억 7400만 달러의 기부금을 받았다. 콧수염 대결치고는 꽤 의미 있는 결과였다.

이제 매년 11월이면 많은 남학생들이 콧수염을 기르면서 암 예방 활동을 홍보하고 모금운동을 펼친다. 참여방법은 매우 간단하다. 11월 1일에 얼굴 전체를 말끔히 면도하고 한 달간 콧수염을 멋지게 길러서 관리한다. 물론 11월 내내 콧수염에 걸맞은 신사다운 몸가짐을 유지해야 한다.

무벰버 재단은 겉으로 드러나지 않는 생각을 외부로 표현했기 때문에 성공했다. 학생들은 눈으로 볼 수 없는 추상적인 대의명분을 가시화해서 적극적인 후원을 이끌어냈다. 11월이면 콧수염을 기른 남자들이 30일간 직접 걸어다니고 말하는 광고판 역할을 한다. 실제로 무벰버 사이트에는 이런 설명이 나온다.

남성 건강에 관심을 갖는 사람은 많지 않다. 무벰버 참가자들은 적극적인 행동과 말을 통해 남성 건강에 대한 의식을 고취한다. 그들은 공적, 사적 대화를 통해 사람들이 이 문제에 관심을 갖도록 적극적으로 권한다.

콧수염은 남성의 건강이라는 대화 주제를 자연스럽게 이끌어낸다. 누군가 갑자기 콧수염을 기르고 나타나면 사람들은 모두 호기심을 보인다. 갑자기 콧수염을 기른 이유가 무엇인지 궁금한 누군가가 먼저 이야기를 꺼낸다. 일단 콧수염에 대한 질문이 나오면 소셜 화폐에 해당하는 무벰버 운동을 설명해주고 동참할 것을 권할 수 있다. 해를 거듭할수록 콧수염을 기른 채 수업에 나타나는 학생들이 늘어나고 있다. 대의명분을 효과적으로 가시화한 덕분에 이 운동은 비교적 짧은 기간에 큰 성공을 거두었다. 만약 눈에 보이지 않았다면 이처럼 많은 사람들이 전립선암 재단을 후원하는 데 관심을 갖지 않았을 것이다.

제품을 사용하거나 아이디어를 적용하는 행동은 대부분 주변 사람들의 눈에 보이지 않는 곳에서 이루어진다. 직장 동료가 어떤 웹사이트를 자주 방문하는지 아는가? 옆집 사람이 투표할 때 어떤 정당을 지지하는지 아는가? 직접 물어보지 않는 한 이런 사실을 알아낼 방법이 없다. 이런 사항들은 우리 개개인에겐 중요하지 않지만 기업, 비즈니스, 아이디어 개발자에게는 매우 중요한 단서가 된다. 주변 사람이 무엇을 선택하는지, 어떤 행동을 하는지 보지 못하면 모방심리가 작용하지 않는다. 과음과 폭음에 빠져 사는 대학생들처럼 사람들은 자기 생각이 대중에게 배척당할 것을 두려워한 나머지, 주변 사람들이 하는 질 나쁜 행동을 그대로 따라 할지 모른다.*

이를 해결하려면 먼저 문제를 겉으로 표출해야 한다. 사적인 영역에서 이루어지는 선택, 행동, 의견을 대중이 알아볼 수 있는 신호로 바꿔야 한다. 눈으로 확인할 수 없었던 생각이나 행동을 관찰 가능한 형태로 바꾸는 작업이 필요하다.

코린 조하네슨은 음주 문화에 대한 학생들의 속마음을 가시화해서 음주량을 줄일 수 있었다. 대다수 학생들이 파티에서 한두

---

* 사람들이 선뜻 입에 올리지 못하는 문제일수록 빨리 밖으로 끌어내야 한다. 온라인 데이트를 한번 생각해보자. 많은 이들이 온라인 데이트를 하고 있지만 여전히 이를 부정적으로 보는 시선이 강하다. 온라인 데이트를 시도하는 사람이 굉장히 많다는 사실이 알려지지 않은 탓도 있다. 온라인 데이트는 비공개적으로 이루어지기 때문에 온라인 데이트 업체가 부정적인 시선을 극복하려면 온라인 데이트가 이미 보편화되었다는 점을 대중에게 알려야 한다. 다른 분야에서도 이와 비슷한 현상을 볼 수 있다. 일례로 사람들이 비아그라 사용을 언급하는 것을 꺼리는 것을 보고 비아그라 제조업체는 발기 부전(Erectile Dysfunction)의 준말인 ED라는 표현을 사용하기 시작했다. 또한 다수의 대학에서 성적 소수자에 대한 인식을 높이고 LGBT 공동체에 대한 논의를 장려하기 위해 '게이를 위한 청바지의 날'을 시행하고 있다.

잔 마시는 것으로 만족하며 주량이 네 잔 이하인 학생이 69퍼센트나 된다는 사실을 교내 신문에 공개한 것이다. 과음이나 폭음이 건강에 미치는 악영향에는 초점을 맞추지 않고 사회적 증거만 제시했다. 그녀는 학생 대다수가 폭음과 과음을 즐기지 않는다는 사실을 학생들이 인지하게 했다. 덕분에 많은 학생들이 술자리에서 다른 사람의 눈치를 보지 않게 되었고 자기만 술 마시는 것을 꺼린다는 오해를 극복하고 음주 문화에 보다 적극적으로 대처하기 시작했다. 그러자 폭음이나 과음 문제가 거의 30퍼센트가량 줄어들었다.

스스로 광고하는 법:
핫메일로 전 세계와 공유하세요

■ ■ ■

대중에게 적극적으로 호소하는 또다른 방법은 아이디어가 스스로 홍보 효과를 발휘하도록 설계하는 것이다.

1996년 7월 4일 사비어 바티아Sabeer Bhatia와 잭 스미스Jack Smith는 핫메일이라는 새로운 이메일 서비스를 개시했다. 그 무렵에는 많은 이들이 아메리카 온라인AOL 같은 인터넷 서비스 업체를 통해 이메일을 주고받았다. 월 사용료를 내고 전화선을 이용해 아메리카 온라인 접속기로 들어가 이메일을 사용하는 방식이었는데 여러 가지 제약이 있었다. 일단 해당 접속기가 설치된 장소에서만 접속이 가능했고 컴퓨터는 1대 이상 연결할 수 없었다.

그러나 핫메일은 이런 제약이 없었다. 최초의 웹 기반 이메일 서비스답게 컴퓨터가 있다면 어디서든 메일 서비스를 이용할 수 있었다. 인터넷이 연결돼 있고 웹 브라우저만 열리면 접속이 가능했다. 그동안 이메일을 사용할 때 겪은 불편에서 해방된다는 의미에서 일부러 미국 독립기념일인 7월 4일에 핫메일을 출시한 것이었다.

핫메일은 흠잡을 데 없는 제품이었으며 지금까지 우리가 살펴본 입소문의 기본 요건도 상당 부분 충족했다. 장소에 구애받지 않고 이메일을 사용한다는 것은 당시로서는 매우 비범한 일이었다. 핫메일에 대한 화제는 소셜 화폐였기에 얼리어답터들은 입소문을 널리 퍼뜨렸다. 또한 무료 서비스였으므로 다른 이메일 서비스보다 조건이 좋았다. 실용적 가치만 따져보아도 공유할 만한 이유가 충분했다.

그러나 핫메일 개발자들은 제품의 성능에 만족하지 않고 이 제품의 인기를 높일 관찰 가능성과 관련한 홍보방안도 마련해 두었다.

핫메일 계정에서 메일이 하나씩 전송될 때마다 브랜드 인지도는 쑥쑥 성장했다. 메일 하단에 'www.hotmail.com에서 무료 계정을 만들어보세요'라는 메시지가 들어 있었기 때문이다. 즉, 핫메일 사용자가 메일을 한 통 보낼 때마다 새로운 서비스를 소개해 사용을 독려하는, 일종의 사회적 증거가 생산되는 셈이었다.

이 방법은 매우 효과적이었다. 불과 1년 만에 핫메일 가입자는 850만 명을 돌파했고 얼마 지나지 않아 마이크로소프트 사가 4억 달러에 핫메일을 인수했다. 그후로도 3억 5천만 명 이상이 핫메일 계정을 만들었다.

애플과 블랙베리도 동일한 전략을 사용하고 있다. 이메일 하단 서명에 'BlackBerry®에서 보냈습니다' 또는 '내 아이폰에서 보냄'이라는 메시지를 삽입했다. 사용자 취향에 따라 변경할 수도 있었지만(내가 아는 어떤 사람은 '비둘기가 물어다 준 편지'라고 바꿨다) 대부분 기본 메시지를 바꾸지 않고 사용했다. 아마도 자신이 블랙베리나 아이폰 사용자임을 드러내고 싶었을지 모른다. 이 또한 소셜 화폐에 속한다. 어쨌든 한 줄짜리 이 메시지 덕분에 많은 이들이 블랙베리 또는 아이폰을 알게 되었고 해당 제품을 구매하는 계기가 되었다.

지금까지는 제품 스스로 홍보 효과를 발휘하는 사례를 살펴보았다. 이런 유형은 사용 여부를 가시적으로 확인할 수 있기에 그 자체로 사회적 증거가 되었고, 해당 제품이나 서비스를 수동적으로나마 추천하는 효과가 있었다.

지금도 많은 기업이 이런 방식으로 브랜드를 홍보한다. 아베크롬비 앤드 피치Abercrombie & Fitch, 나이키, 버버리는 항상 브랜드명, 로고 또는 브랜드 특유의 패턴을 제품의 가장 눈에 잘 띄는 위치에 배치한다. '판매중' 표지는 판매자가 어느 부동산업자와 손잡고 판매하고 있는지 알리는 역할을 한다.

가시성이 클수록 유리하다는 사실을 인지한 일부 기업은 로고를 일부러 크게 만든다. 폴로 선수를 로고로 사용하는 랄프 로렌은 유독 빅 포니Big Pony 셔츠에는 기존에 비해 여섯 배나 확대한 로고를 넣었다. 라코스테도 이와 비슷한 전략을 구사한 바 있다. 오버사이즈 크록 폴로셔츠에는 라코스테의 로고인 악어가 어찌나 크게 박혀 있는지 그 옷을 입은 사람의 팔을 당장에라도 물어뜯을 것처럼 보인다.

이렇게 로고를 크게 만드는 것 외에도 제품 자체의 광고 효과는 매우 다양한 방법으로 높일 수 있다. 애플이 아이팟 헤드폰을 흰색으로 만든 데는 그만한 이유가 있다. 아이팟 출시 당시 디지털 음원 플레이어 시장은 이미 경쟁이 치열했다. 다이아몬드 멀티미디어, 크리에이티브, 컴팩Compaq, 아코스Archos에서 연달아 제품을 출시했으며 제조사가 달라도 음원을 쉽게 주고받을 수 있었다. 게다가 어느 제품이 가장 오래 고객들의 사랑을 받을지 불분명했으며, 익숙한 기존의 휴대용 CD플레이어나 워크맨을 두고 굳이 거금을 들여 아이팟 같은 기기를 사야 할 가치가 있는지 확신하기 어려웠다.

하지만 그때까지 플레이어의 헤드폰이 검은색이었기 때문에 애플 사는 아이팟 헤드폰을 흰색으로 출시했다.* 이제 헤드폰 색상만 봐도 기존의 워크맨을 버리고 아이팟을 선택하는 사람이 얼마나 많은지 알 수 있다. 이는 아이팟의 제품성과 구매 만족도에 대한 긍정적인 사회적 증거다.

형태, 소리 및 그 밖의 특징도 제품의 자체 홍보 효과를 높일 수 있다. 일례로 프링글스는 시선을 끌기 위해 긴 원통 모양의 포장 디자인을 선택했다. 마이크로소프트 사용자들은 컴퓨터를 부팅할 때 독특한 부팅 알림음을 들을 수 있다. 프랑스의 신발 디자이너 크리스티앙 루부탱Christian Louboutin은 1992년 자신이 만든 신발에 에너지가 넘치는 이미지가 있으면 좋겠다고 생각했다. 그러던 어느 날 한 직원이 강렬한 빨간색 샤넬 매니큐어를 바른 것을 보고 '바로 저거야!'라고 생각했다. 그는 신발 바닥을 바로 그

---

* 네트워크 효과(특정 상품의 수요가 다른 사람의 해당 상품 구매에 영향을 미치는 효과―옮긴이)가 있거나 제품의 가치가 소비자층의 규모에 좌우되는 분야에서는 이런 시각적 자극이 특히 중요하다.

색으로 바꿨다. 지금도 루부탱이 만든 신발은 바닥색만으로도 쉽게 알아볼 수 있다. 눈에 금방 띄는 부분에 자극적인 색을 사용한 덕분에 이 브랜드를 잘 모르는 사람들도 그가 만든 구두를 그냥 지나치지 못했다.

이런 방법은 거의 모든 분야에 적용된다. 맞춤 양복점에서는 양복 커버에 매장 이름을 반드시 새겨넣는다. 나이트클럽에서는 누가 한턱내면 폭죽을 터뜨려준다. 대부분 티켓을 사면 곧바로 주머니에 넣지만 영화관이나 마이너리그 팀에서 '티켓' 대신 배지나 스티커를 사용한다면, 이 새로운 '티켓'들은 훨씬 대중적 가시성이 높아질 것이다.

상대적으로 재원이 풍부하지 않은 중소기업이나 (비영리)조직은 제품 자체의 홍보 효과를 높이는 전략으로 성공을 도모할 수 있다. 텔레비전이나 신문에 광고를 낼 자금이 없어도 제품 자체에 홍보 효과가 있으면 기존 구매자들이 광고 못지않은 홍보수단이 된다. 홍보 예산을 한푼도 들이지 않고 홍보 효과를 누리는 것이다.

어떤 제품, 아이디어, 행동은 소비의 대상이 되었을 때 스스로 홍보 효과를 발휘한다. 특정 브랜드의 옷을 입거나 대회에 참가하거나 웹사이트를 방문하면 주변의 친구나 동료, 이웃도 그 행동을 보고 모방할 가능성이 커지기 때문이다.

사람들이 해당 제품이나 서비스를 자주 사용하면 그 기업 입장에서는 운이 좋은 것이다. 그렇다면 고객이 타사 의류를 입었을 때나 다른 행동을 할 때라면 어떨까? 제품을 사용하지 않거나 해당 아이디어를 떠올리지 않을 때도 사라지지 않는 사회적 증거를 만들 수 있을까?

다행히 이는 불가능한 일이 아니다. 이를 행동적 잔여라고 한다.

행동적 잔여를 노린 리브스트롱 밴드

■ ■ ■

스콧 매키천Scott MacEachern은 심각한 결정을 앞두고 고민에 빠졌다. 2003년은 랜스 암스트롱Lance Armstrong의 해라고 할 정도로 그의 인기가 높았다. 그의 후원사인 나이키의 매키천은 랜스 암스트롱의 인기를 최대한 활용할 방안을 찾는 데 혈안이 되었다.

랜스의 삶은 많은 이들에게 감동을 주었다. 그는 7년 전에 고환암 진단을 받고 생사의 갈림길에 섰었다. 생존 확률은 40퍼센트에 지나지 않았다. 하지만 암을 이겨내고 사이클 선수로 복귀했을 뿐만 아니라 예전보다 훨씬 빼어난 기량을 보여주었다. 그는 투르 드 프랑스(Tour de France, 세계에서 가장 유명한 장거리 사이클 경주로 하루에 5시간 이상을 시속 45km 이상으로 달린다―옮긴이)에서 5년 연속 우승을 차지해 많은 이들에게 희망을 심어주었다. 암과 사투를 벌이는 15살 환자부터 몸매 관리에 관심이 많은 대학생까지 많은 이들이 랜스의 열혈 팬이 되었다. 암 환자였던 랜스가 사이클 선수 생활을 이어갈 수 있다면 자신들도 무엇이든 할 수 있다는 자신감을 얻은 것이다(2003년 이후 10년간 랜스는 경기에 출전할 때마다 경기력 향상을 위해 약물을 복용했을 가능성이 있다. 그러나 리브스트롱 손목밴드가 큰 인기를 얻고 랜스 암스트롱 재단이 널리 알려진 비결은 연구할 가치가 있으므로 랜스의 약물 복용 여부는 일단 제쳐두고 리브스트롱 밴드가 인기를 얻는 과정만 살펴보기로 하자).

매키천은 랜스의 인기를 어떻게 활용할지 고심했다. 랜스는 이미 스포츠 스타의 지위를 넘어서 영웅이자 하나의 문화 아이콘으로 자리매김했다. 그의 업적을 드높이고 투르 드 프랑스에서 여섯번째 우승을 거머쥐며 신기록을 경신할 가능성을 부각하는 것이 좋겠다 싶었다. 또한 사람들의 관심과 열정이 랜스 암스트롱 재단 홍보 및 후원으로 이어지게 유도해야 했다.

그는 두 가지 아이디어를 놓고 고민에 빠졌다.

하나는 미국에서 장거리 사이클 경주를 개최하는 것이었다. 출전 선수가 각자 목표 거리를 정하고 친구와 가족에게 후원받는 방식을 도입하면, 사이클에 대한 관심이 높아지고 운동을 장려하며 더 나아가 랜스 암스트롱 재단 후원자도 늘어날 것 같았다. 랜스 암스트롱이 직접 경주에 참가할 가능성도 타진해보았다. 어차피 장거리 경주는 몇 날 며칠 걸리기 때문에 경주 코스에 포함되는 도시 사람들은 물론이고 국내 주요 언론사의 관심도 받을 수 있었다.

또다른 아이디어는 손목밴드였다. 나이키는 얼마 전에 실리콘 고무로 만든 볼러 밴드Baller Band를 출시했다. 밴드 안쪽에는 'TEAM' 또는 'RESPECT' 같은 감성을 자극하는 단어가 새겨져 있었다. 농구 선수들은 경기에 집중하고 사기를 높이기 위해 손목밴드를 착용했다. 랜스 암스트롱을 떠오르게 하는 손목밴드를 만드는 건 어떨까? 500만 개를 생산해서 개당 1달러에 판매한 다음 수익 전액을 랜스 암스트롱 재단에 기부하면 좋을 것 같았다.

매키천은 두번째 아이디어가 마음에 들었다. 그러나 랜스측 관계자들은 쉽사리 마음을 열지 않았다. 랜스 암스트롱 재단에서는 손목밴드가 형편없는 발상이라고 생각했다. 암스트롱의 측근인 빌 스테이플턴도 손목밴드는 '바보 같은 아이디어'라며 성공할 리 없다고 딱 잘랐다. 암스트롱 본인도 "500만 개는 고사하고 10만 개도 팔리지 않을 것"이라며 난감해했다.

매키천은 실의에 빠졌다. 손목밴드 아이디어가 아무리 좋아도 혼자 힘으로는 어쩔 도리가 없었다. 하지만 그는 물러서지 않고 손목밴드를 노란색으로 만들자는 아이디어를 추가로 냈다. 아무도 몰랐지만 바로 이 색상 때문에 손목밴드는 성공할 수 있었다. 매키천이 아니었다면 노란색 손목밴드는 탄생하지 못했을 것이다.

노란색을 고른 이유는 투르 드 프랑스의 종합 선두가 입는 색깔이었기 때문이다. 남녀 모두 거부감 없이 입을 수 있는 색상이기도 했다.

관찰 가능성이라는 측면에서도 노란색은 매우 탁월한 선택이었다. 누구에게나 쉽게 눈에 띄는 색상이었기 때문이다

노란색은 주목도가 높아 어떤 색과 함께 배치해도 묻히지 않았다. 멀리서도 노란색 리브스트롱 손목밴드를 알아볼 수 있었다.

이렇게 가시성을 높이자 손목밴드는 인기제품이 되었다.* 출시된 지 6개월 만에 500만 개가 매진되었다. 수요가 너무 많아서 생산물량이 늘 달렸다. 인기가 많다보니 이베이에서 소매가의 10배 가격에 되파는 사람도 있었다. 총 판매량은 8500만 개를 기

---

* 리브스트롱 밴드가 큰 성공을 거둔 데는 여러 가지 요소가 관련돼 있다. 우선 가격이 1달러에 불과하므로 캠페인 자체에는 큰 관심이 없는 사람들도 부담없이 구매할 수 있었다. 여러 개의 핀으로 옷에 고정하는 유방암 리본에 비하면 이 밴드는 착용법이 매우 간단했고 언제 어디서나 착용할 수 있었다. 잠잘 때는 물론이고 샤워할 때에도 굳이 벗을 필요가 없었다. 그러므로 밴드를 어디에 벗어뒀는지 신경쓸 필요가 없었다. 그렇지만 밴드의 색상 또한 이미 살펴본 것처럼 매우 중요한 역할을 했다.

록했다. 지금도 주변에서 손목에 이 노란 밴드를 찬 사람을 흔히 볼 수 있으니 얼마나 큰 인기였는지 짐작할 수 있다.

만약 나이키에서 미국 횡단 사이클 경주를 개최했다면 어떤 결과를 낳았을지 아무도 예측할 수 없다. 지금이라도 사이클 경주를 개최할 수 있다. 어쩌면 그것이 손목밴드 이상의 홍보 효과를 낳았을지도 모른다. 하지만 한 가지 사실은 분명하다. 아무리 사이클 경주가 성황리에 개최돼도 손목밴드에 비할 만한 행동적 잔여 효과를 낼 수 없다는 것이다. 매키천도 이 점에 대해 다음과 같이 설명한 바 있다.

손목밴드의 강점은 오랫동안 지속되는 홍보 효과가 있습니다. 사이클 경주는 일회성 행사이므로 쉽게 잊힙니다. 경주할 때 찍은 사진을 보며 그 순간을 추억할 수 있지만 매년 경주를 열지 않으면 계속 기억되기를 기대할 수 없습니다. 설령 매년 행사를 연다 해도 사람들이 경주를 떠올리는 것은 일 년에 며칠도 안 될 겁니다. 하지만 손목밴드는 다릅니다. 사람들의 기억을 오래 유지시켜주니까요.

행동적 잔여란 어떤 행동에서 비롯되는 물리적 흔적 또는 그것을 연상시키는 물품을 말한다. 미스터리 소설을 좋아하는 사람은 미스터리 소설책만으로 책장을 가득 채운다. 정객들은 유명 정치인과 악수한 사진을 집안 곳곳에 걸어둔다. 육상 선수는 주요 경기에서 받은 트로피, 유니폼, 메달을 애장품으로 보관한다.

1장에서 살펴본 것처럼 리브스트롱 손목밴드 같은 물건으로 사람들의 정체성이나 그들이 좋아하는 대상을 알아낼 수 있다. 누가 어떤 단체를 후원하는지, 미스터리 소설과 역사 소설 중에서 어느 장르를 더 좋아하는지처럼 눈으로 확인하기 어려운 사항도 행동적 잔여가 있으면 파악이 가능하다.

해당 제품이나 아이디어를 가시화한다면 대화를 쉽게 유도할 수 있으며 모방심리를 강하게 자극할 수 있다.

일례로 투표를 생각해보자. 사람들이 투표에 참여하도록 유도하기란 상당히 어렵다. 일단 가까운 투표소가 어디인지 알아야 하고 직장에 오전 휴가를 내야 하며 때로는 몇 시간씩 줄을 서서 기다려야 투표권을 행사할 수 있다. 설상가상으로 비공개 행동이라는 점 때문에 투표율은 낮아지기 쉽다. 실제로 투표장에 모두 몇 명이나 가는지 눈으로 확인하지 않는 한, 투표에 그런 고생을 할 가치가 있다고 생각할 사람이 얼마나 될지 실감할 수 없다. 쉽게 말해서 사회적 증거가 턱없이 부족하다.

1980년대 들어 선거 관계자들은 투표의 가시성을 높이기 위해 좋은 아이디어를 냈다. '투표에 참여함(I Voted)'이라고 적힌 스티커를 제작한 것이다. 단순한 발상이었지만 이 스티커는 행동적 잔여로 손색이 없었다. 그전까지 사람들은 투표를 개인적인 선택사항이라고 인식했으나 이후 많은 이들이 투표 행위에 관심을 갖게 되었다. 오늘이 투표일이며 이미 많은 이들이 투표소에 다녀왔으므로 이 스티커를 본 당신도 서둘러 투표에 참여하라는 메시지가 스티커 하나로 충분히 전달된 것이다.

행동적 잔여는 모든 제품과 아이디어에 존재한다. 티파니, 빅토리아 시크릿을 비롯한 여러 브랜드에서는 일회용 쇼핑백에 물건을 담아준다. 그런데 브랜드의 소셜 화폐 효과를 누리기 위해 많은 고객들이 일회용 쇼핑백을 모아두었다가 재활용한다. 헬스클럽에 갈 때 빅토리아 시크릿에서 받은 쇼핑백에 준비물을 넣어가는 사람도 있고 도시락을 티파니 쇼핑백에 넣어 다니는 사람도 있다. 블루밍데일 백화점에서 받은 유명한 갈색 쇼핑백에 서류를 가지고 다니는 모습도 흔히 볼 수 있다. 유명 브랜드 매장이 아닌 음식점이나 할인점에서 받은 쇼핑백도 재활용하는 고객이 많다.

룰루레몬Lululemon이라는 의류업체는 한걸음 앞서나갔다. 몇 번 쓰다가 버리는 종이봉투가 아니라 반영구적으로 사용할 수 있는 쇼핑백을 만든 것이다. 장바구니처럼 견고한 플라스틱으로 만들어서 누가 봐도 일회용 쇼핑백이 아니라는 것을 알 수 있다. 사람들은 장을 보러 가거나 짐을 옮길 때 룰루레몬의 쇼핑백을 사용하기 시작했다. 이러한 행동적 잔여는 동시에 룰루레몬이라는 브랜드의 사회적 증거가 되었다.

기념품을 나눠주는 것도 행동적 잔여를 남기는 방법이다. 콘퍼런스, 직업 박람회, 주요 모임 등에서는 여러 곳에 부스를 세워놓고 사람들에게 머그컵, 필기구, 티셔츠, 컵홀더, 스트레스볼stress ball, 성에 제거기 등 다양한 선물을 제공한다. 몇 해 전 와튼스쿨에서 넥타이를 나눠준 적도 있다.

이런 선물 가운데 일부는 행동적 잔여 효과가 매우 크다. 화장품 케이스도 좋은 선물이 되지만 여자들은 주로 화장실처럼 다른 사람이 보지 않는 곳에서 화장을 고치기 때문에 브랜드를 알리는 데는 도움이 되지 않는다. 머그컵이나 헬스클럽 가방은 화장품 케이스보다 사용빈도가 낮지만 불특정 다수에게 노출될 확률은 훨씬 높다.

인터넷에 자신의 행동이나 의견을 제시하는 것도 행동적 잔여에 해당한다. 상품 후기를 남기거나 블로그나 웹사이트에 글을 올리면 언젠가 다른 사람이 보게 된다. 바로 이 때문에 여러 기업이나 단체가 고객들로부터 페이스북에서 '좋아요'를 얻어내려고 갖은 애를 쓴다. '좋아요'를 누르는 것은 대단한 행동은 아니지만 해당 기업 또는 제품에 대한 애정을 나타내며 더 나아가 그 제품이 관심을 가질 만하다고 공식적으로 광고하는 셈이다. ABC뉴스 홈페이지에 페이스북과 연동되는 '좋아요' 버튼을 만들자 방문자가 250퍼센트나 늘어났다고 한다.

일부 사이트에서는 사람들이 하는 행동을 소셜 네트워크에 공유하도록 강권하거나 아예 자동으로 공유해버린다. 음악은 예나 지금이나 사회적 성격이 두드러지는 활동이다. 음악 스트리밍 서비스를 제공하는 스포티파이spotify는 음악에서 행동적 잔여를 이끌어낸다. 사이트에서 좋아하는 노래를 들을 수 있을 뿐만 아니라 페이스북에 자신이 듣는 노래를 게시해서 지인들에게 그의 음악 취향을 알리게 한다. 이렇게 하면 자연스럽게 스포티파이도 지인들에게 알려진다. 이와 비슷한 방식을 취하는 웹사이트는 얼마든지 찾아볼 수 있다.

무엇이든 이렇게 사람들에게 널리 알려야 할까? 사람들에게 공개하는 것이 도리어 역효과를 낳는 경우도 있지 않을까?

영부인의 마약 홍보 캠페인?

■ ■ ■

활달해 보이는 십대 소녀가 아파트 복도를 걸어간다. 예쁜 은 목걸이를 하고 손에는 스웨터를 들고 있다. 아르바이트하러 가는 길이거나 커피숍에 친구를 만나러 가는 길로 보인다. 그런데 갑자기 옆집 대문이 열리더니 "이리 와보렴. 아주 신기한 것을 보여줄게"라는 목소리가 들린다.

소녀는 "싫어요!" 하고 소리치고는 서둘러 계단을 내려간다.

이번에는 파란 스웨터를 입은 귀여운 꼬마가 집밖에 앉아 있다. 요즘 유행하는 헤어스타일이 눈길을 끈다. 비디오 게임에 열중하는 꼬마에게 누군가 다가와서 "코케인 해볼래?"라고 묻는다. 그러나 아이는 "싫어요"라고 딱 잘라 말하고는 게임에 집중한다.

이십대 남성이 껌을 씹으며 담벼락에 기대서 있다. "이봐. 젊은이, 마약 좀 해볼래?"라는 목소리가 들린다. 남자는 눈을 부릅뜨고 "말도 안 되는 소리!"라며 단칼에 거절한다.

이 '즉시 거절하세요'라는 영상은 역대 가장 유명한 마약 퇴치 광고다. 낸시 레이건Nancy Reagan이 만든 이 광고로 1980년대와 1990년대에 청소년들이 재미 삼아 마약에 빠지는 일이 없도록 전국 규모의 대대적인 캠페인이 이루어졌다.

원리는 아주 간단했다. 아이들은 언제 어떤 식으로든 한 번쯤 마약의 유혹을 받게 된다. 친구가 권할 때도 있고 낯선 사람이 유혹할 때도 있다. 이럴 때 즉시 거절할 용기가 있어야 한다. 이를 위해 미 정부는 수백만 달러를 투자해 마약 퇴치 광고를 제작했다. 광고를 본 아이들은 유혹을 받아도 단호하게 거절할 것이고 결과적으로 마약의 늪에 빠지는 청소년이 감소하리라 예상했다.

동일한 원리에 따라 다양한 광고가 제작된 바 있다. 1998년부터 2004년까지 국회는 전국 청소년 마약중독 예방 캠페인에 거의 10억 달러를 쏟아부었다. 12세에서 18세 청소년들이 마약을 거부하도록 선도하고자 했다.

커뮤니케이션학과 교수 밥 호닉Bob Hornik은 이런 광고가 정말 효과적인지 검증해보기로 했다. 그는 청소년 수천 명을 대상으로 마약 퇴치 광고가 방영된 기간 동안 마약 복용 사례가 실제로 감소했는지 알아보았다. 일단 청소년이 해당 광고를 접했는지 또 마리화나를 펴본 경험이 있는지 조사했다. 그리고 공익광고가 마리화나 흡연을 억제하는 효과가 있는지 알아보았다.

뜻밖에도 공익광고는 전혀 효과가 없었다.

오히려 공익광고는 마약 복용을 증가시키는 결과를 낳았다. 해당 광고를 본 12세에서 18세 사이 청소년들은 오히려 마리화나를 피운 비율이 더 높았다. 어째서일까?

그 이유는 분명했다. 마약 퇴치 광고가 오히려 마약을 널리 알리는 계기가 된 것이다.

관찰 가능성과 사회적 증거를 생각해보라. 광고를 보기 전까지는 한 번도 마약 복용을 고민해본 적 없는 아이들이 많았다. 마약의 유혹을 받아본 아이들도 나쁜 짓이므로 하면 안 된다고 생각했다.

마약 퇴치 광고는 두 가지 메시지를 동시에 전달한다. 마약이 위험하다는 메시지도 있지만 이미 마약을 복용중인 사람도 있다는 메시지도 전달한다. 지금까지 살펴본 것처럼 사람들은 누군가 어떤 행동을 하는 모습을 볼수록 그 행동을 옳거나 당연하다고 여기고 자기도 해보게 된다.

마약은 생각조차 해본 적이 없는 15살짜리 학생이 있다고 해보자. 어느 날 집에서 만화를 시청하려고 TV를 켰다가 마약의 위험을 경고하는 공익광고를 보게 되었다. 그 자리에서 '너도 마약을 하고 싶니?'라고 물으면 당연히 '아니요'라고 대답할 것이다. 어떤 아이들은 먼저 나서서 옆 사람에게 '너도 마약을 하고 싶어?'라고 물을지도 모른다. 물론 질문을 받은 아이도 절대 '그렇다'고 대답하진 못할 것이다.

톱을 사용할 때 손을 베지 않도록 주의하라거나 버스 같은 큰 차를 항상 조심하라는 공익광고는 없다. 그런데 정부에서 자본과 노력을 투자해 마약 퇴치 광고를 제작했다면, 이미 많은 청소년이 마약의 유혹에 빠져 있다는 뜻이 아닌가? 어쩌면 학교의 인기 많은 친구도 이미 마약을 경험해봤을지 모른다. 그런데 TV를 보고 있는 이 아이는 광고를 보고서야 이 사실을 깨닫게 된다. 이 점에 대해 호닉 교수는 이렇게 말한다.

청소년들은 이 광고를 볼 때마다 '이미 마리화나를 피우는 아이들이 많구나'라고 생각할 겁니다. 다른 아이들이 마리화나를 피운다고 확신하면 '나도 한번 해볼까?'라는 생각이 자꾸 들지요.

대상을 공개적으로 가시화하면 때때로 의도하지 않은 결과를 초래할 수 있다. 청소년들이 어떤 행동을 하지 않게 하려면, 그 행동을 하는 또래 청소년이 많다는 점을 부각해서는 안 된다.

음악산업을 살펴보자. 처음에는 불법 다운로드의 심각성을 널리 알려서 불법 다운로드를 뿌리 뽑으려 했다. 그래서 음악산업협회는 웹사이트를 통해 '미국의 경우 유료 음원 사용자가 37퍼센트에 지나지 않으며 (…) 최근 몇 년간 불법 다운로드한 음원은 300억 곡이나 된다'고 밝혔다.

하지만 이러한 접근방식이 과연 불법 다운로드에 대한 사람들의 태도를 바꿨을까? 그렇지 않다. 사람들은 오히려 이렇게 생각하게 되었다. '음원 사용자 중에서 제값을 내는 사람이 절반도 안 되는 거야? 세상에. 돈 내고 다운로드하는 사람만 어리석은 꼴이네.'

절대다수가 합법적인 방식을 고수해도 위법행위를 하는 소수 집단을 노출시키면 대다수의 사람들은 소수의 위법행위를 모방하고 싶은 유혹을 느낀다.

따라서 특정 행동을 억제하려면 눈에 보이지 않는 부분을 가시화할 것이 아니라 반대로 가시화된 부분을 감추어야 한다. 즉, 억제하려는 집단이나 그 행동을 대중의 시야에서 멀어지게 해야 한다.

억제하려는 행동이 아니라 바람직한 행동을 제시하는 것도 한 가지 방법이다. 미국 애리조나 주 석화림국립공원은 규화목(지층에 묻힌 나무에 광물질이 스며들어 만들어진 나무 화석―옮긴이)을 훔쳐가는 사람들 때문에 골머리를 앓고 있었다. 그래서 심리학자 로버트 치알디니Robert Cialdini는 이에 대한 억제방안을 연구하기로 했다. 그는 공원 내 몇몇 장소를 선택해 각기 다른 방법을 실험해보았다. "이곳을 다녀간 수많은 방문객들이 규화목을 몰래 가져갔습니다. 그로 인해 석화림의 보존 상태가 악화되고 있습니다"라는 팻말을 세운 곳에서는 역효과가 나타났다. 이미 규화목을 몰래 가져간 사람이 많다는 사회적 증거가 주어지자 훔쳐가는 사람이 두 배로 늘어났다.

이 경우에도 바람직한 행동을 강조하는 방법이 훨씬 효과적이었다. 치알디니 교수가 이끄는 팀은 공원 내의 다른 길에 "규화목을 몰래 가져가지 마세요. 자연 그대로 석화림을 보존하기 위해 함께 노력합시다"라는 팻말을 세웠다. 규화목을 가져가지 않을 때의 긍정적인 효과를 강조하자 규화목을 훔쳐가는 사람이 줄어들었다.

위의 예시는 원하는 대로 행동할 자유가 주어지면 인간은 주변 사람의 행동을 모방하게 된다는 사실을 보여준다. 주어진 상황 내에서 시시비비를 판단할 때 주변 사람의 선택을 참고하는 것이다. 이러한 사회적 증거는 제품 구매에서 투표할 후보를 정하는 데 이르기까지 우리의 모든 활동에 영향을 준다.

이미 설명했듯이 '원숭이는 보는 대로 따라 한다'라는 표현은 모방심리만 강조한 말이 아니다. 이 말은 보지 못한 것은 따라 할 수 없다는 뜻도 된다. 따라서 어떤 제품이나 아이디어를 널리 알리려면 일단 대중의 눈에 띄어야 한다. 애플의 경우에는 단지 로고를 거꾸로 다는 것만으로 관찰 가능성을 크게 높일 수 있었다. 무벰버 회원들은 콧수염을 기르는 것으로 관심을 이끌어 전립선암 연구 기금을 모았다.

핫메일이나 애플, 그 외 예시로 든 상품의 디자인들처럼 그 자체로 홍보 효과가 생기도록 하는 방법도 있다. 룰루레몬과 리브스트롱은 제품을 사용하거나 아이디어를 접한 후에도 상품이나 브랜드가 계속해서 소비자의 뇌리에 각인되도록 하는 행동적 잔여를 생성해 홍보 효과를 톡톡히 보았다. 또한 눈에 드러나지 않는 것은 대중적 가시성을 부여해야 한다. 눈에 잘 띄게 할수록 인기를 얻고 성공할 수 있다.

CHAPTER 5

실용적 가치의 법칙

사람들은 타인에게 도움이 될 만한
유용한 정보를 공유한다

인터넷 동영상을 제작할 때 켄 크레이그_Ken Craig를 가장 먼저 떠올리는 사람은 드물다. 사실 인터넷 동영상은 주로 십대 청소년이 제작하고 열광한다. 그중에는 오토바이를 기상천외한 모양으로 바꾸거나 만화 캐릭터가 빠른 노래에 맞춰 신나게 춤추는 동영상도 있다. 대부분 젊은 세대가 좋아하는 콘텐츠들이다.

하지만 켄 크레이그는 86세다. 게다가 그가 인기를 얻은 동영상 주제는 다름 아닌 옥수수 껍질을 벗기는 방법이다.

켄은 오클라호마 주의 농장에서 오남매 중 하나로 태어났다. 그의 가족은 목화를 재배했으며 식구들이 먹을 채소를 텃밭에서 직접 키웠다. 그 텃밭에는 옥수수도 있었다. 켄은 1920년대부터 옥수수를 먹었다. 그는 찜, 수프, 튀김, 샐러드 등 옥수수로 만든 모든 음식을 먹어왔지만 갓 딴 생옥수수를 가장 좋아했다.

하지만 옥수숫대에서 딴 옥수수를 바로 먹으면 두 가지 문제가 생긴다. 껍질이 이에 끼기도 하고 옥수수 수염을 먹게 되기도 한다. 껍질은 두어 번만 잡아 빼면 되지만 옥수수 수염은 좀처럼 떨어지지 않는다. 옥수수를 비비거나 수염을 가위로 자르는 등 갖은 방법을 다 동원해도 옥수수 수염은 끝까지 애를 먹인다.

켄이 바로 이 문제를 해결해낸 것이다.

사실 86세 노인이 인터넷을 잘 알 리 없었다. 블로그를 운영한 적도 없었고 유튜브가 뭔지도 몰랐다. 지금까지도 그가 유튜브에 공개한 동영상은 딱 하나뿐이다.

2년 전 켄의 집을 방문한 며느리가 저녁식사를 준비할 때의 일이다. 준비를 거의 끝낸 며느리가 "아버님, 이제 옥수수만 손질하면 돼요"라고 하자 켄은 "내가 한수 가르쳐주마" 하며 팔을 걷어붙였다.

먼저 옥수수 몇 개를 전자레인지에 넣고 개당 4분씩 익혔다. 그런 다음 식칼로 한쪽 끝을 3센티미터 정도 잘라낸 뒤 반대편 끝 부분의 겉껍질을 움켜잡고 세로로 세워서 두어 번 흔들자 옥수수만 깔끔하게 분리되었다. 수염은 단 한 가닥도 따라오지 않았다.

이를 보고 화들짝 놀란 며느리는 동영상으로 찍어서 한국에서 영어 교사로 일하는 손녀에게 보내자고 했다. 다음날 며느리는 주방에서 켄이 옥수수 껍질을 분리하는 과정을 차근차근 설명하는 동영상을 촬영해 손녀가 보기 쉽게 유튜브에 올렸다. 며느리는 자신의 친구들에게도 이 동영상을 보내주었다.

이를 본 며느리의 친구들이 주변 사람들에게 이 동영상을 또 소개했다. 이런 과정이 몇 차례 반복되자 켄의 '옥수수 수염 다듬기Clean Ears Everytime' 동영상은 삽시간에 큰 인기를 얻어 조회수가 500만 회를 넘어섰다.

대다수 인기 동영상은 젊은 층을 겨냥하지만 이 동영상은 그렇지 않았다. 동영상을 본 사람은 대부분 55세 이상의 중장년층이었다. 만약 인터넷을 사용하는 중장년층이 더 많았더라면 이 동영상은 더 큰 반향을 일으켰을 것이다.

사람들은 왜 이 동영상을 적극적으로 공유했을까?

2년 전 남동생과 함께 노스캐롤라이나에 등산을 하러 갔다. 일 년 내내 의대에서 힘든 시간을 보낸 남동생은 머리를 좀 식혀야 했고 정신없이 바쁘게 지낸 나도 잠시 일상에서 벗어나고 싶었다. 우리는 롤리더럼Raleigh-Durham 공항에서 만나 차를 타고 서쪽으로 달렸다. 채플 힐Chapel Hill에 있는 노스캐롤라이나 대학과 한때 흡연자들의 천국이었던 윈스턴세일럼Winston-Salem을 지나서 한

참 달리자 서쪽 끝에 있는 블루리지Blue Ridge 산이 모습을 드러냈다. 우리는 하룻밤 묵은 뒤 아침 일찍 먹을거리를 잔뜩 챙겨들고 출발했다. 구불구불한 산길을 따라 정상에 오르면 광활한 고원이 펼쳐지는 곳이었다.

사람들은 일상생활을 완전히 잊고자 산에 오른다. 북적거리는 도시를 벗어나 자연에 흠뻑 빠지려는 것이다. 산에서는 화려한 간판이나 네온사인, 교통체증, 광고 따위에서 벗어나 아름다운 자연과 자기 자신에 온전히 집중할 수 있다.

하지만 그날 우리는 산속에서 이상한 일을 겪었다. 구불구불한 등산길을 걷다보니 일단의 등산객이 앞서가고 있었다. 처음에는 조용히 발걸음을 옮겼지만 타고난 호기심은 어쩔 수 없었다. 어느새 나도 모르게 그들의 대화를 엿듣기 시작했다. 나는 그들이 화창한 날씨나 방금 지나온 오르막길 이야기를 하고 있을 거라 생각했다.

그런데 전혀 엉뚱한 대화가 오가고 있었다.

그들은 진공청소기에 대해 이야기하고 있었다. 유달리 고가로 출시된 청소기가 있는데 타사 제품과 사실 기능이 비슷하다는 것이었다.

'아니, 여기까지 와서 고작 진공청소기 이야기를 하는 거야? 공기 좋은 산길을 걸으며 할 만한 이야기가 얼마나 많은데. 점심

도시락을 펼치기에 좋은 장소가 어디인지, 방금 지나온 거대한 폭포가 얼마나 아름다운지 이야기해도 되잖아. 하다못해 정치 이야기라도 하지. 어떻게 여기까지 와서 진공청소기가 머릿속에 떠오르는 거야?'

지금까지 이 책에서 살펴본 입소문의 이유로는 켄 크레이그가 옥수수 껍질을 말끔히 벗기는 동영상이 인기를 얻은 비결이 뭔지 쉽게 설명할 수 없다. 하지만 등산객들이 진공청소기에 대해 이야기하는 것은 설명하기 더 힘들다. 진공청소기는 그리 대단한 물건이 아니므로 소셜 화폐로 볼 수 없다. 집에 있으면, 아니 적어도 도시에 있다보면 진공청소기에 대해 이야기할 계기가 있지만, 산속에 들어와서 그런 계기를 찾기란 하늘의 별따기다. 머리를 잘 쓰면 강렬한 감정을 일으키는 진공청소기 광고를 제작할 수 있다. 그러나 이 등산객들은 여러 가지 청소기의 기본 기능에 대해 이야기하고 있다. 도대체 이들은 어떤 계기로 진공청소기 이야기를 시작했을까?

대답은 의외로 매우 간단하다. 사람들은 실용적이고 유용한 정보를 공유하는 것을 좋아한다. 다른 사람에게도 필요한 내용이라면 언제라도 화두가 될 수 있다.

'플리즈 돈 텔'과 같은 비밀스러운 공간이 주는 특별함이나 대화를 유발하는 특정 계기에 비하면, 실용적 가치가 과연 인기몰이의 이유일까 의구심이 든다. 실용적 가치를 입소문의 이유 중 하나로 꼽는 것은 너무 진부하거나 당연한 일이라고 말할지도 모른다. 그러나 실용적 가치를 고려하지 않는 것도 이상하지 않은가? 작가이자 편집자로 활동하는 윌리엄 F. 버클리 주니어는 무인도에 딱 한 권의 책만 가져갈 수 있다면 어떻게 하겠느냐는 질문에 '배 만드는 방법에 대한 책'을 가져가겠다고 대답한 적이 있다.

사실, 실용성은 대단히 중요한 것이다.

인기를 끈 켄의 동영상이나 진공청소기로 이야기꽃을 피우는 등산객을 생각해보면, 사람들은 실용적인 정보의 가치를 인정하는 데서 그치지 않고 이를 적극적으로 공유한다는 것을 알 수 있다. 즉, 실용적 가치를 부여하면 인기몰이를 할 수 있다.

우리는 다른 사람을 돕기 위해 종종 실용적인 정보를 기꺼이 공유한다. 그렇게 하면 친구가 일처리를 빨리 끝낼 수 있고 직장 동료가 장을 볼 때 푼돈이나마 아끼도록 할 수 있다.

어찌 보면 실용적인 정보를 공유하는 것은 옛날 사람들이 품앗이로 헛간을 짓는 것과 비슷하다. 큰 헛간을 지으려면 비용이나 일손이 많이 들어서 가족만으로는 감당할 수 없었다. 18~19세기에는 사람들이 힘을 합쳐서 마을의 일원에게 헛간을 지어주었다. 일손을 분담하고 다른 사람을 돕는 일이 자연스러웠다. 이렇게 헛간이 완공되면 얼마 후에 또 품앗이를 해서 또다른 사람의 헛간을 함께 지었다. 현대 사회에서 소위 선행 릴레이로 알려진 '페이 잇 포워드pay it forward'의 그 시절 버전이었던 것이다.

요즘에는 다른 사람을 직접 도울 기회가 드물다. 오늘날 도시에서 생활하는 이들은 친구나 이웃과 친밀하지 않다. 다들 멀리 떨어져 사는데다 고층 아파트 거주자들은 바로 옆집에 누가 사는지도 잘 모른다. 직장이나 학교 때문에 가족과 떨어져 지내는 사람도 많다. 이렇다보니 얼굴을 맞대고 정을 나눈다는 것은 옛말이 되었다. 이제는 일손이 필요할 때면 사람을 고용해 처리한다.

하지만 유용한 정보를 공유하면 쉽고 빠르게 도움을 베풀 수 있다. 그 사람을 직접 찾아가지 않아도 된다. 수십 킬로미터 떨어져 사는 부모도 언제든지 자녀의 고민을 들어줄 수 있다. 유용한 정보를 공유하면 (얼굴을 맞대지 않아도) 인간관계가 돈독해진다. 요리에 재미를 붙인 친구가 있다면 새로 알게 된 요리법을 공유하면서 한층 가까워질 수 있다. 우리가 관심을 보이고 도움을 먼저 주려고 하면 상대방도 마음을 열게 되고 우리도 뿌듯해진다. 이처럼 공유는 친밀한 인간관계를 만들어준다.

소셜 화폐가 정보 제공자의 이미지를 개선하려고 공유하는 것이라면 실용적 가치는 정보 수용자의 입장을 우선적으로 생각한다. 상대방이 시간이나 돈을 아끼거나 기분좋은 경험을 할 수 있도록 돕는 것이다. 물론 실용적 가치를 제공하는 사람에게도 이점이 있다. 일단 뿌듯함을 느낄 수 있고 소셜 화폐와 마찬가지로 긍정적인 이미지를 얻을 수 있다. 하지만 실용적 가치를 공유하는 근본적인 목적은 타인을 도우려는 것이다. 3장에서 배웠듯이 사람은 관심을 가지면 공유하게 된다. 이는 반대로 해도 이치에 맞는다. 정보 공유는 관심을 표하는 한 가지 방법이다.

실용적 가치를 공유하는 것은 조언과 비슷하다. 사람들은 누가 물어보지 않아도 가장 저렴하게 준비할 수 있는 은퇴 계획이 무엇이며 어느 국회의원이 예산을 잘 운용하는지, 그리고 감기에 잘 듣는 약이나 베타카로틴 함량이 높은 채소가 무엇인지 등을 먼저 이야기한다. 최근에 어떤 문제를 해결하느라 정보를 모으며 오랫동안 고심한 적이 있는가? 아마 그때 여러 사람에게 조언이나 정보를 구했을 것이다. 그들이 자신의 생각을 기꺼이 이야기해주고 도움이 될 만한 웹사이트를 알려주지 않았던가?

그렇다면 실용적 가치가 어느 정도여야 공유 대상이 되는 것일까?

파격적인 할인의 기준

■ ■ ■

실용적 가치라는 말을 들으면 흔히 돈을 절약하는 것을 떠올린다. 정가보다 싸게 사거나 같은 가격에 더 많이 받는 것도 실용적 가치에 포함된다.

그루폰이나 리빙소셜LivingSocial은 손톱 관리에서 비행 교습에 이르기까지 거의 모든 상품을 할인가로 제공한 덕에 큰 인기를 누리고 있다.

사람들이 할인행사에 대해 입소문을 내느냐 마느냐는 그것이 얼마나 실속 있는 할인인가에 달려 있다. 파격적인 할인행사를 알게 되면 이 행사가 도움될 만한 사람을 떠올리게 되고 누가 시키지 않아도 먼저 나서서 알려주고 싶어진다. 그러나 그저 그런 할인행사는 흘끗 보고 지나친 뒤 잊어버린다.

그렇다면 주변 사람들에게 널리 알릴 만한 실속 있는 할인의 기준은 무엇일까?

물론 할인율이 관건이다. 1달러를 깎아주는 것보다 100달러를 깎아주는 것이 단연 사람들의 눈길을 끈다. 10퍼센트 할인보다 50퍼센트 할인에 사람이 많이 몰리는 것도 당연하다. 구태여 사람들의 머릿속을 들여다보지 않아도 할인율이 높을수록 인기가 높아지고 입소문이 나기 마련이다.

  하지만 실상은 이보다 조금 더 복잡하다. 일단 한 가지 예를 생각해보자.

  시나리오 A: 바비큐 그릴을 사러 마트에 갔다. 웨버 Q320 모델이 마음에 드는데 금상첨화로 할인행사중이라고 한다. 원래 350달러인데 지금은 250달러에 살 수 있다.

  당신이라면 웨버 Q320 모델을 당장 살 것인가 아니면 좀더 둘러보기 위해 다른 매장으로 발걸음을 돌릴 것인가? 당장 대답하지 않아도 된다. 곰곰이 생각해보기 바란다. 또다른 시나리오를 살펴보자.

  시나리오 B: 바비큐 그릴을 사러 마트에 갔다. 웨버 Q320 모델이 마음에 드는데 금상첨화로 할인행사중이라고 한다. 원래 255달러인데 지금은 240달러에 살 수 있다.

  자, 이번에는 어떻게 하겠는가? 당장 살 것인가 아니면 좀더 둘러보기 위해 다른 매장으로 발걸음을 돌릴 것인가? 잘 생각해서 마음을 정한 후 다음 내용을 읽어보기 바란다.

대부분의 사람들은 시나리오 A를 더 좋은 조건이라고 생각한다. 마음에 드는 모델을 100달러나 저렴하게 살 수 있는 기회는 많지 않다. 이런 횡재가 또 있을까? '더 알아볼 필요도 없이 당장 사야 한다!'

그러나 시나리오 B는 귀가 솔깃한 할인행사가 아니다. '겨우 15달러밖에 안 깎아주다니.' 시나리오 A에 비하면 실망스럽기 짝이 없다. 다른 고객들도 아마 다른 매장을 둘러보러 갈 것이다.

약 100여 명에게 이 두 가지 시나리오를 제시했는데 거의 같은 반응이었다. 시나리오 A에서 다른 매장을 더 보지 않고 당장 구입하겠다는 응답자는 75퍼센트나 되었다. 그러나 시나리오 B에서 그릴을 사겠다는 응답자는 22퍼센트에 지나지 않았다.

당신은 '당연한 반응이잖아'라고 말할지 모른다. 그러나 할인된 최종 가격만 따져보라. 동일한 제품이라는 점을 생각하면 더 저렴한 시나리오 B의 구입 결정률이 더 높아야 한다. 그러나 사람들은 반대로 행동했다. 더 많은 돈을 내야 하는 시나리오 A의 그릴을 구입하겠다고 한 것이다. 왜 이런 선택을 하게 된 걸까?

전망 이론으로 거래의 심리를 밝히다

■ ■ ■

2002년 12월, 어느 추운 겨울날이었다. 대니얼 카너먼Daniel Kahneman은 스웨덴에 있는 스톡홀름 대학에서 강의중이었다. 강의실은 콩나물시루처럼 빽빽이 들어차 있었다. 그중에는 스웨덴 외교관, 고위 간부 및 세계의 유명 석학 들도 자리하고 있었다. 직관적인 판단과 선택에 대한 새로운 관점인 '제한적 합리성 bounded rationality'에 관한 강의였다. 이미 몇 년째 관련 주제로 강의를 펼쳤지만 이번 강의는 조금 달랐다. 이번에는 경제학 부문 노벨상 수상자 자격으로 스톡홀름을 방문한 것이었다.

전 세계적으로 가장 권위 있는 상인 노벨상은 해당 분야에서 괄목할 만한 업적을 세운 사람에게만 수여된다. 물리학 이론에 공헌한 아인슈타인은 노벨 물리학상을, DNA 구조 연구로 왓슨과 크릭은 노벨 의학상을 받았다. 경제학 분야에서는 경제 이론을 크게 발전시킨 학자가 노벨상을 받을 수 있었다.

하지만 카너먼은 경제학자가 아니라 심리학자였다.

그는 '전망 이론'으로 이를 함께 연구한 아모스 트버스키Amos Tversky와 노벨상을 공동 수상했다. 획기적인 이론임은 분명하지만 그 속을 들여다보면 아주 기본적인 발상에 근간을 두고 있다.

사람들이 실제 의사결정을 내리는 방식은 '보편적인 경제학적 가정'에서 말하는 바람직한 의사결정 방식과 어긋날 때가 많다. 즉, 인간이 항상 이성적으로 판단하고 최적의 선택을 하는 건 아니라는 뜻이다. 그보다는 정보를 인식하고 처리하는 심리적 원칙이 더 크게 작용한다. 인지 처리 과정은 스웨터가 빨간색이라는 것을 알아보거나 멀리 지평선상에 있는 물체를 인식하는 데 도움을 줄 뿐 아니라, 가격이 비싼지, 거래 조건이 유리한지 판단할 때도 적지 않은 영향을 끼친다. 두 사람의 업적은 리처드 탈러Richard Thaler의 업적과 더불어 '행동경제학'의 초석이 되었다고 해도 과언이 아니다.

전망 이론에서 핵심적인 견해 중 하나는 사람들이 절대적인 기준이 아닌 상대적 기준 또는 '참조점'에 근거해 사물의 가치를 판단한다는 것이다. 커피값으로 50센트를 지불할 때 사람들은 커피만 떠올리지는 않는다. 자신의 경험에 비춰봤을 때 그 가격이 합리적인지 아닌지 판단한다. 뉴욕에 사는 사람에게는 50센트짜리 커피는 아주 저렴한 셈이다. 아마 복권이라도 당첨된 듯 좋아하며 매일 그 커피숍을 찾게 되고 친구들에게도 알려줄 것이다.

하지만 인도의 어느 시골 지역에서 커피 한 잔에 50센트를 지불하는 일은 상상도 할 수 없다. 그 돈을 고작 커피 한 잔에 투자하다니. 아무도 이 커피를 사지 않을뿐더러 아주 고약한 가격이라며 불쾌한 표정으로 비난할지도 모른다.

주변에 칠팔십대 노인이 있는가? 함께 영화관에 가거나 장을 볼 때면 그들은 가격을 보고 화들짝 놀라 소리친다. "세상에, 얼마라고요? 영화 한 편을 관람하는 데 11달러나 내요? 바가지를 씌워도 분수가 있지. 이게 말이 돼요?"

우리에게는 노인들이 너무 인색하게 보일지 모른다. 하지만 그들이 아연실색하는 데는 보다 근본적인 이유가 있다. 우리와 노인은 참조점이 전혀 다르다. 그들은 영화 한 편에 40센트, 스테이크가 95센트, 치약은 29센트, 페이퍼 타월은 10센트로 기억한다. 그러니 요즘 물가에 놀라는 것도 당연하다. 아직도 그 시절이 생생한데 어떻게 지갑에서 10달러가 넘는 돈을 선뜻 꺼낼 수 있겠는가?

참조점을 적용하면 앞서 살펴본 바비큐 그릴 문제도 설명할 수 있다. 사람들은 자기가 본래 지불했어야 할 가격을 참조점으로 삼는다. 따라서 같은 제품인데도 255달러에서 240달러로 할인된 제품보다 350달러에서 250달러로 할인된 제품이 더 좋은 조건이라고 판단한다. 시나리오 A는 구입가가 더 높은데도 참조점이 그보다 훨씬 높기 때문에 매력적인 할인가라는 인상을 준 것이다.

인포머셜(Informercial, 'Information'과 'Commercial'의 합성어로 정보 제시 위주의 광고를 뜻한다—옮긴이)도 바로 이런 원리를 사용한다.

> 미라클 블레이드는 평생 사용하실 수 있습니다. 파인애플, 음료수 캔, 동전 등 못 자르는 것이 없습니다. 직접 확인해보십시오. 이런 칼을 세트로 구매하신다면 족히 100달러는 지불하셔야 합니다. 200달러에 팔리는 경우도 있습니다. 하지만 지금 오시면 이렇게 멋진 제품을 단돈 39.99달러에 가져가실 수 있습니다!

우리는 하루가 멀다 하고 이런 광고를 접한다. 인포머셜은 이처럼 엄청나게 할인해주는 양 떠벌린다. 100달러, 200달러와 같이 예상가격을 언급해 참조점을 높이면 39.99달러가 헐값처럼 느껴진다.

매장에서도 할인행사를 할 때 '정가'를 할인가와 함께 표시하며 제조업체도 할인 제품에 표준소매가를 명시한다. 이 또한 소비자의 참조점을 높여서 상대적으로 할인가가 파격적인 제안인 것처럼 보이게 하려는 것이다. 조금이라도 더 저렴한 가격을 찾는 데 정신이 팔린 소비자들은 바비큐 그릴의 구입 사례처럼 오히려 돈을 더 지불하는 실수를 저지르기도 한다.

참조점은 가격뿐만 아니라 수량에도 적용할 수 있다.

잠깐만요. 더 가져가세요. 지금 전화 주시면 같은 제품을 한 세트 더 드립니다. 놀라셨죠? 같은 가격에 두 세트를 받으실 수 있습니다. 여기에 하나 더. 여기 보시는 것처럼 아주 편리한 칼갈이도 선물로 드립니다.

위의 인포머셜은 수량을 참조점으로 삼았다. 한 세트를 더 준다는 제안은 소비자를 솔깃하게 만든다. 미라클 블레이드를 39.99달러에 한 세트만 살 수 있다고 예상했었는데 같은 제품을 한 세트 더 주고 덤으로 칼갈이까지 준다니! 예상보다 가격도 싸고(하지만 가만히 생각해보면 제시된 예상가격은 정가가 아니다. 100달러 또는 200달러에 팔리기도 한다고 판매자가 슬쩍 언급했을 뿐이다) '1+1 행사'에 사은품까지 있다니 이거야말로 횡재라는 생각이 절로 들 것이다.

할인 효과는 얼마나 지속될까? 마케팅 전문가 에릭 앤더슨Eric Anderson과 덩컨 시메스터Duncan Simester는 이를 본격적으로 연구했다. 몇 년 전 두 사람은 미국의 각 가정으로 의류 카탈로그를 배송하는 업체에 협조를 구했다. 빈L. L. Bean, 슈피겔Spiegel, 랜즈엔드Land's End 카탈로그에 소개된 제품은 대부분 정가로 판매되지만 가끔 할인 제품이 등장하기도 한다. 이럴 때 매출이 급격히 상승하는 일은 그리 놀랍지 않다. 사람들은 돈을 한푼이라도 덜 쓰려고 하므로 할인행사를 하면 구매 욕구가 상승한다.

앤더슨과 시메스터는 조금 다른 의문을 가졌다. 할인 효과가 얼마나 크기에 '할인'이라고만 하면 구매자가 늘어나는 것일까?

고심 끝에 두 종류로 카탈로그를 제작해서 각각 5만 명에게 배송해보았다. 하나는 일부 제품에 '프리시즌 세일Pre-Season Sale'이라고 표시하고 다른 하나에는 할인 상품을 전혀 넣지 않았다.

예상대로 세일 상품은 주문량이 증가했다. 구매량이 50퍼센트 이상 더 많았다.

그러나 두 카탈로그의 제품은 사실 가격이 동일했다. 가격 자체는 같은데도 '할인'이라는 단어 하나로 주문량이 크게 달라진 것이다.

전망 이론의 또다른 요소는 '민감도 체감성diminishing sensitivity'이다. 알람 기능이 있는 라디오를 산다고 가정해보자. 매장에 가보니 라디오가 35달러라고 한다. 그런데 점원이 다른 매장에 가면 25달러에 팔고 있다고 귀띔해준다. 차로 20분 정도 걸리지만 그곳에 가면 훨씬 싸게 살 수 있다고 한다.

당신이라면 어떻게 하겠는가? 그냥 여기서 살 것인가 아니면 점원이 알려준 매장에 갈 것인가?

대다수는 점원이 알려준 매장으로 발길을 돌린다. 20분이면 멀지 않은 거리이고 30퍼센트나 할인된 가격으로 살 수 있기 때문이다. 두말하면 잔소리다.

이제 다른 예시를 생각해보자. 텔레비전을 구매하려는데, 처음 찾아간 매장에서는 650달러에 팔고 있다. 그런데 직원이 지금 다른 대리점에서 640달러에 살 수 있다고 알려준다. 차로 20분 정도 걸리는 가게에 가면 10달러 저렴하게 살 수 있다고 한다.

당신이라면 이 상황에서 어떻게 할 것인가? 텔레비전을 10달러 싸게 사려고 20분간 운전할 것인가?

대다수는 "가지 않겠다"고 말한다. 겨우 10달러를 아끼려고 20분이나 운전하다니 연료 낭비라고 한다. 실제로 100명에게 이 질문을 했더니 87명이 처음 방문한 매장에서 텔레비전을 사겠다고 응답했다. 한편 처음 간 매장에서 라디오를 구매하겠다고 응답한 사람은 17명에 불과했다.

가만히 생각해보면 두 제품의 할인 조건은 동일하다. 20분만 이동하면 원하는 제품을 10달러 싸게 살 수 있다. 논리적으로 따지면 두 경우 모두 직원이 알려준 매장으로 가야 한다.

하지만 현실은 전혀 그렇지 않다. 거의 모든 사람이 라디오는 싸게 사려고 먼길을 가지만 텔레비전은 그냥 첫번째 매장에서 산다. 왜 그럴까?

참조점에서 할인 금액이 멀어질수록 고객의 구매 결정에 미치는 영향력도 낮아지기 때문이다. 이것을 민감도 체감성으로 설명할 수 있다. 사무실이나 아이의 학교에서 복권 추첨을 하는데 10달러에 당첨되었다고 상상해보자. 얼마나 좋겠는가? 액수와 상관없이 복권 당첨은 누구에게나 기분좋은 일이다.

이번에는 20달러에 당첨됐다고 상상해보자. 아마 10달러에 당첨됐을 때보다 훨씬 기쁠 것이다. 두 경우 모두 공중제비를 넘을 정도로 흥분할 일은 아니지만 10달러를 받을 때보다 더 신나기는 할 것이다.

이제 복권에 두 번 당첨되는 또다른 시나리오를 만들어보자. 마찬가지로 두번째로 당첨된 복권은 10달러를 더 받는 것이지만 당첨금을 조금 늘려보면 어떨까? 처음에는 110달러, 두번째에는 120달러에 당첨되었다면 어떨까? 처음에는 1010달러였는데 두번째에는 1020달러를 받았다면? 금액이 1000달러를 넘어서면 10달러를 더 받아도 큰 의미가 없다. 110달러에서 120달러로 늘어날 때도 10달러가 제법 커 보이지만 1010달러에서 1020달러로 올라서면 10달러를 더 받아도 별 감흥이 없다. 똑같은 10달러 차이라도 참조점이 되는 미당첨 상태, 즉 0달러에서 멀어질수록 돈을 더 받는 것은 기쁘지 않다.

민감도 체감성을 이해하면 라디오를 사러 다른 매장에 가는 사람들을 이해할 수 있다. 라디오는 원래 저렴하기 때문에 35달러에서 10달러 더 싸게 살 수 있는 것은 대단한 기회처럼 보인다. 그러나 텔레비전은 원래 고가의 제품이므로 10달러 할인은 그다지 크게 와닿지 않는다.

탁월한 가치를 강조하라

■ ■ ■

탁월한 가치를 강조하면 구매의사를 자극하는 효과가 있다. 앞서 1장에서 살펴본 것처럼, 비범성이 뛰어나면 사람들의 입에 오르내릴 가능성도 높아진다. 우리는 할인의 홍수 속에서 살아간다. 만약 당신이 마트에서 통조림 수프를 10센트 할인해줄 때마다 입소문을 내려 했다면 지금쯤 친구가 한 명도 남아 있지 않을 것이다. 수많은 할인 중에서도 눈길을 확 끄는 조건만이 입소문으로 이어진다.

전망 이론에서 알려주는 것처럼 탁월한 가치를 강조할 때는 사람들의 기대치를 간과해선 안 된다. 기대치를 뛰어넘거나 파격적인 조건의 할인행사는 반드시 입소문이 난다. 예상외로 할인율이 크다거나 거래 조건이 탐나는 경우도 여기에 포함된다.

거래의 매력도를 높이는 또다른 요소는 상품 접근성이다. 거래를 한정시키면 수요가 떨어진다고 생각하기 쉽다. 그러나 현실에서는 이것이 오히려 수요를 높이는 계기가 될 수 있다. 1장에서 살펴본 플리즈 돈 텔이나 루랄라의 성공 사례도 결국 같은 원리다. 희소성과 배타성을 내세워 접근성을 낮추자 애가 타는 고객이 많아졌다.

타이밍이나 빈도는 어떠한가? 어떤 제품이 할인행사를 하면 사람들은 좋은 기회라고 생각한다. 그러나 365일 내내 할인하면 사람들의 생각은 달라진다. 그러면 '정가'가 아니라 할인가가 참조점이 되어버린다. 어떤 카펫 매장에서 늘 70퍼센트 할인행사를 진행한다고 생각해보라. 그러면 사람들은 '할인'을 특별한 기회가 아니라 당연한 일처럼 여길 것이다. '할인'이라는 표현도 마찬가지다. 일반적으로 할인중인 상품은 수요가 늘어나지만 매장에 할인 상품이 너무 많으면 오히려 매출이 줄어든다고 한다.

할인 시간을 제한하면 한시적이라는 조건 때문에 더 매력적인 제안으로 느껴진다. 쉽게 구할 수 없는 제품이라는 인상을 주면 '지금이 아니면 영영 가질 수 없다'고 생각해 제품에 대한 욕구가 걷잡을 수 없이 커진다.

수량을 제한하는 것도 동일한 효과가 있다. 실제로 일부 매장에서는 조건을 걸고 특정 제품을 할인해준다. 이를테면 '가족당

1개' 또는 '고객 1명당 3개'로 제한하는 것이다. 이렇게 구매 수량을 제한하면 수요가 줄어들까봐 우려하는 사람도 있으나 오히려 사람들의 관심을 자극할 수 있다. '한 사람이 하나밖에 살 수 없다는 건가? 좋은 제품이라 빨리 매진될까봐 그러나보다. 그 정도로 좋다니 나도 빨리 사야겠다.' 실제 연구결과에서도 구매 수량을 제한하면 매출이 50퍼센트 이상 늘어나는 것으로 드러났다.

접근 자체를 제한하는 것도 소비자에게 매력적으로 보일 수 있다. 어떤 할인은 누구나 이용할 수 있다. 일례로 누구나 갭 매장의 할인 코너에서 면바지를 고를 수 있다. 해피 아워(happy hour, 혼잡하지 않은 시간대에 할인된 가격이나 무료로 제품을 제공하는 것—옮긴이)도 누구에게나 동일하게 적용된다. 그러나 어떤 할인은 특정 소비자에게만 제공되거나 예약제로 운영된다. 호텔 회원들은 '회원 전용' 할인을 누릴 수 있으며 레스토랑에서는 정식 개장 전에 특별 손님을 위한 '소프트 오프닝soft opening'을 따로 마련한다.

이런 서비스가 특별하다는 것은 두말할 여지가 없다. 소셜 화폐의 가치가 높은 탓도 있지만 서비스 자체가 월등히 괜찮기 때문에 이를 알게 된 사람들은 주변에 알리지 않고는 못 배긴다. 시간이나 수량을 제한하는 것과 마찬가지로 일부만 접할 수 있다는 사실만으로도 가치가 높아진다. 이렇게 실용적 가치가 커지면 공유 빈도도 그만큼 잦아지기 마련이다.

100달러의 법칙

실용적 가치에 영향을 주는 또다른 요소는 표현 방식이다. 할
인 제품에는 할인가(5달러 또는 50달러 할인)를 표시할 수도 있고
할인율(5퍼센트 또는 50퍼센트 할인)을 표시할 수도 있다. 과연 이
런 차이가 고객 체감도에 영향을 미칠까?

25달러짜리 셔츠를 20달러에 판매한다고 가정해보자. 그러면
5달러 할인이라고 표시할 수도 있고 20퍼센트 할인이라고 표시
할 수도 있다. 과연 어느 쪽이 더 좋은 조건처럼 보일까?

이번에는 2천 달러짜리 노트북의 경우를 생각해보자. 10퍼센
트 할인이라고 표시할 수도 있고 200달러 할인이라고 표시할 수
도 있다. 이때도 표현 방식에 따라 할인 효과가 다르게 나타날
까?

조사결과에 의하면 어느 방식이 더 효과적인가는 정가가 얼
마인지에 좌우된다. 도서나 식품 같은 저가 상품의 경우에는 할
인가가 아니라 할인율을 표시하는 것이 훨씬 효과적이다. 25달
러짜리 셔츠를 할인할 때에는 5달러 할인이 아니라 20퍼센트 할
인이라고 제시해야 한다. 그러나 고가 제품은 정반대다. 노트북
같은 고가 제품은 할인율이 아니라 실제로 할인되는 차액을 명

시해야 좋은 반응을 얻을 수 있다. 고객들은 10퍼센트 할인보다 200달러 할인을 더 나은 조건으로 여긴다.

어느 표현 방식이 유리한지 쉽게 판단하는 방법으로 100달러의 법칙을 들 수 있다.

제품의 정가가 100달러 미만이면 할인율로 표시하는 것이 유리하다. 30달러짜리 티셔츠나 15달러짜리 요리가 3달러 할인되는 것은 그리 매력적이지 않다. 하지만 10퍼센트 또는 20퍼센트 할인이라고 표시하면 매우 크게 느껴진다.

100달러가 넘는 제품은 반대로 해야 한다. 이 경우에는 실제로 얼마가 할인되는지 표시하는 편이 낫다. 750달러짜리 여행 패키지나 2천 달러짜리 노트북의 경우에는 10퍼센트 할인에 혹하지 않는다. 그런데 10퍼센트 할인을 가격으로 환산하여 '75달러 할인' '200달러 할인'이라고 표시하면 파격적으로 보인다.

이제 어떤 할인행사가 정말 실속이 있는지 판단할 때나 할인행사의 효과를 높여야 할 때 100달러 법칙을 적용해보자. 먼저 정가가 100달러 이상인지 이하인지 확인하고 그에 따라 할인율과 할인가 중 어느 쪽을 표시할 것인지 결정한다.

마지막으로 또 한 가지 유의할 점이 있다. 사람들에게 실용적 가치를 쉽게 알아보게 해주면 그 효과가 배가된다. 마트에서 사용하는 회원 카드를 생각해보자. 회원제는 회원들에게 여러 가지 혜택을 준다. 적립금을 주고 누적된 금액에 따라 경품도 준다. 그런데 이러한 회원 카드의 실용적 가치는 겉으로 잘 드러나지 않는다. 영수증을 봐도 내용이 복잡해서 얼마나 할인되었는지 금방 알아보기 힘들다. 남에게 쇼핑 영수증을 거의 보여주지 않으므로 회원 본인 외에는 할인 혜택이 어느 정도인지 알지 못한다. 상황이 이렇다보니 자연스럽게 회원제가 입소문 타기를 기대하기란 어렵다.

마트 회원제의 실용적 가치를 많은 이들이 알아볼 수 있게 바꾸려면 어떻게 해야 할까? 계산대에 따로 안내 화면을 마련해서 방금 계산한 회원이 얼마를 할인받았는지 다른 손님들이 볼 수 있게 하거나 25달러 이상 할인받으면 벨을 울리는 방법도 있다. 그러면 두 가지 효과를 기대할 수 있다. 첫째, 할인받은 금액을 확인한 다른 고객들이 회원제 가입에 긍정적 이미지를 갖게 된다. 둘째, 회원이 상당 금액을 할인받는 것을 본 다른 고객들이 주변 사람들에게 실용적 가치가 있는 이 회원제에 대해 이야기하게 된다. 4장에서 살펴본 것처럼 눈으로 직접 보여주지 않고는 입소문을 낼 수 없다.

돈보다 더 값진 것

■ ■ ■

나는 투자에 전혀 소질이 없다. 따져야 할 세부사항도 너무 많고 하루가 다르게 변하는 투자 시장과 그에 따른 위험을 감당할 자신도 없다. 손실을 감수하고 뮤추얼 펀드에 투자하느니 침대 밑에 현금을 쌓아두는 편이 낫다고 생각한다. 처음 주식에 손을 댔을 때는 수익이 거의 나지 않았다. 지금은 장기 투자를 목적으로 매우 안정적인 브랜드 두세 개만 사들여서 되팔지 않고 그대로 둔다.

하지만 타고난 호기심은 어쩔 수 없었다. 나도 모르게 매일같이 주가를 확인했다. '오늘은 1달러가 올랐네. 정말 잘됐군!' 그러다가 다음날 35센트 하락하면 울상을 지었고 주식투자를 접어야 하나 고민했다.

나 같은 사람은 전문가의 도움이 필요하다. 전문가의 도움을 통해 퇴직연금을 받아 투자금으로 입금할 때가 되었을 때 주식시장의 추이를 반영하는 안전한 인덱스 펀드를 선택했다.

뱅가드라는 회사에 퇴직연금을 맡겼는데 얼마 지나지 않아서 『머니와이스MoneyWhys』라는 월간 소식지를 소개하는 메일이 날아들었다. 평소에는 소식지를 보지 않는 편인데 『머니와이스』는 꽤 유용한 자료라는 생각이 들었다. 세금에 관한 도움말도 있고 많은 이들이 투자에 대해 궁금해하는 점을 속시원히 설명해주는 코너도 있었다. 뿐만 아니라 인류의 오랜 숙제인 '돈으로 행복을 살 수 있는가?' 같은 의문에 대한 답변(또는 최신 견해)도 흥미로웠다. 그래서 구독 신청서를 보냈다.

이제 뱅가드는 한 달에 한 번씩 금융 관리에 대한 유용한 정보를 이메일로 보내준다. 주택종합보험(화재, 자연재해를 비롯해 누수, 파손 도난 등 가정 내의 사고에 대한 보험—옮긴이)의 실제 적용 범위를 다룬 적도 있고 집에서 컴퓨터로 개인 자산을 관리하는 방법을 소개하기도 했다.

솔직히 말해서 뱅가드에서 오는 이메일을 꼬박꼬박 챙겨 읽지는 않는다(이 점은 뱅가드에 사과해야 할 것 같다). 그렇지만 읽어보고 도움이 될 만한 내용은 지인들과 반드시 공유한다. 주택종합보험에 대한 메일은 얼마 전에 집을 장만한 친구에게 전달했다. 씀씀이가 헤퍼서 고민하는 친구에게는 개인 자산을 관리하는 방법을 알려주었다. 뱅가드는 유용한 전문지식을 깔끔하고 간단하게 정리해서 보내주었기에 나는 지인들에게 전달하는 역할만 했다. 내 몫은 뱅가드라는 브랜드를 알리고 투자 전문 기업으로서 믿을 만하다는 신뢰를 주는 것이었다.

유용한 정보는 실용적 가치의 또다른 형태다. 이는 사람들이 원하는 일이나 해야 할 일을 하도록 돕는다. 유용한 정보 덕분에 보다 신속하고, 손쉽고, 깔끔하게 일을 처리할 수 있다.

3장에서 이미 언급했듯이 뉴욕타임스가 선정한 이메일로 가장 많이 전달된 목록의 분석결과 건강과 교육에 관한 기사는 항상 인기가 많았다. 요리법이나 새로 개업한 레스토랑에 대한 기사도 공유 빈도가 높았다. 결국 이런 기사들도 유용한 정보이기 때문에 관심을 얻은 것이다. 건강 관련 기사에는 청력 약화에 대처하는 방법, 중장년층의 기억력 향상 비법 등이 있었고 교육 기사에는 십대 청소년에게 추천할 만한 프로그램, 대학 입시 가이드가 포함되었다. 이런 종류의 기사를 공유하면 건강, 교육 및 전반적인 생활의 질을 개선하는 데 도움이 된다.

최근 몇 달 동안 당신이 공유한 이메일 내용도 분석해보면 이와 비슷한 패턴이었음을 알 수 있을 것이다. 『컨슈머 리포츠』에서 히트상품으로 선정한 선크림, 운동 후 근육통이나 피로감을 빨리 회복하는 방법, 핼러윈을 겨냥한 독특한 호박 디자인 기사 등이 이에 해당된다. 이런 정보들은 매우 **유용**하다. 실용적인 정보는 곧 공유 가능한 정보다.

유용한 콘텐츠일수록 많이 공유되는 이유를 연구할 때 유의할 점이 또 있다. 그중 하나는 '이 정보가 어떻게 포장되는가?'다. 뱅가드는 소식지를 만들 때 50가지 주제에 대한 25가지 웹사이트 링크를 두서없이 끌어모아서 4쪽이 넘는 분량으로 만들거나 하지 않았다. 딱 1쪽 분량으로 간단하게 정리해서 꼭 읽어봐야 할 주제 기사를 제시하고 관련 링크는 서너 가지로 압축했다. 한눈에 요점이 드러나고 더 궁금한 점은 링크를 통해 알 수 있다. 뉴욕타임스의 인기 기사는 물론이고 수많은 웹사이트가 이와 비슷한 구조를 따른다. 다섯 가지 다이어트 비법, 열 가지 연애 성공 비법 같은 식이다. 마트에 갈 일이 생기면 계산대에 줄을 서서 기다릴 때 잡지를 읽어보자. 한 가지 주제를 명확히 제시하고 관련 자료는 간단히 목록화한 것을 확인하게 될 것이다.

한 화장품 제조업 관계자가 출장이 잦은 비즈니스 여행객에게 딱 맞는 아이폰 앱을 개발했다. 현지 날씨 정보와 그에 맞는 피부 관리 요령을 함께 알려주는 앱이다. 습도, 비, 공기의 상태는 피부와 머릿결에 영향을 주므로 날씨에 맞는 최적의 화장법과 머리 손질 방법은 매우 유용한 정보다. 이는 사용자에게 실용적인 가치가 있을 뿐만 아니라 앱을 개발한 화장품 제조업체의 전문성을 홍보하는 효과도 있다.

또다른 요소는 공유 범위다. 모든 정보의 공유 대상이 동일하다고 생각하면 큰 오산이다. 미국의 경우, 수구水球보다 프로 미식축구가 더 인기가 좋고 에티오피아 음식점보다 미국 음식점을 찾는 사람이 훨씬 많다.

그렇다면 공유 범위가 넓을수록 공유 빈도도 잦아지는 것일까? 미국에서 수구에 관한 기사보다 미식축구에 대한 기사가 사람들의 입에 오르내릴 확률이 높은 것은 사실이다. 에티오피아 음식점과 미국 음식점이 새로 개업했다면 아무래도 후자에 더 관심이 많을 것이다. 더 많은 친구와 공유할 수 있을 때 결과적으로 해당 기사의 파급 범위가 넓어지지 않겠는가?

그러나 한 가지 유의할 점이 있다. 많은 이들과 공유할 수 있다는 가능성과 실제로 공유하느냐는 별개의 문제다. 대상 범위가 한정적인 기사가 공유 가능성이 더 높은 경우도 있다. 기사를 보는 순간 머릿속에 특정한 친구나 지인, 가족이 생각나면 알 수 없는 책임감 때문에 기사를 공유하지 않을 수 없다. 반면에 미국 음식이나 미식축구를 좋아하는 사람은 워낙 많기 때문에 어느 한 사람을 즉각 떠올리기가 어렵다. 그런데 에티오피아 음식을 좋아하거나 수구에 심취한 친구가 있으면, 관련 기사를 읽자마자 그 사람을 떠올리게 되고 한 치의 망설임도 없이 그에게 기사를 전송하게 된다. 누가 봐도 그 사람을 위해 발행된 기사이므로 반드시 알려줘야 한다는 책임감이 생기는 것이다.

이처럼 많은 사람의 관심사를 다루는 콘텐츠가 공유될 가능성이 더 높은 건 사실이지만 대상이 한정적인 콘텐츠도 인기몰이를 할 확률도 분명 있다.

누구나 이타심이 있다

▪ ▪ ▪

백신이 자폐증을 유발한다는 말을 들어본 적이 있을지 모른다. 사실 이 소문은 꽤 유명했다. 1998년에 한 의학 학술지에 MMR 백신(홍역, 볼거리, 풍진을 예방하는 혼합 백신—옮긴이)이 자폐증을 유발할 수 있다는 논문이 발표됐다. 원래 건강에 대한 뉴스는 입소문이 빨리 퍼지는데, 소아 건강에 대한 것은 유난히 더 빠른 편이다. 이 논문을 접한 많은 이들이 충격을 받았으며 백신 접종률도 크게 하락했다.

백신과 자폐증이 정말 연관관계가 있었다면 이 논문이 많은 아이를 구했다고 말할 수 있을 것이다. 그러나 백신이 자폐증을 유발한다는 주장은 과학적 근거가 없는 허위 논문으로 판명되었다. 논문을 쓴 의사가 이해관계 때문에 증거를 조작한 것이었다. 그는 직업윤리에 위배되는 행위로 기소되어 유죄판결을 받았으며 의사 자격마저 박탈당했다. 이 주장은 잘못된 정보임에도 많은 사람들이 공유했다.

바로 실용적 가치 때문이었다. 사람들은 거짓 소문을 퍼뜨리는 줄도 모르고 유용하다고 생각했기 때문에 지인들에게 빨리 알렸다. 그들의 자녀가 해를 입을까봐 걱정이 앞섰던 것이다. 그러나 그 논문이 거짓으로 판명되었다는 소식은 상대적으로 많이 알려지지 않았고 처음의 거짓 정보만 일파만파로 퍼졌다. 좋은 의도로 공유했지만 결국 백신에 대한 신뢰는 떨어져버렸다. 이 사건은 도움이 되는 것처럼 보이면 이를 공유하려는 욕구가 얼마나 강한지 잘 보여준다.

앞으로는 기적의 치료법이나 건강을 위협하는 특정 식품 또는 행동에 대한 정보를 접하더라도 남들에게 알리기 전에 정보의 진위를 잘 따져봐야 한다. 거짓 정보도 유용한 정보만큼이나 빠른 속도로 퍼져나갈 수 있다.

실용적 가치는 타인을 도우려는 욕구와 밀접한 관련이 있다. 5장에서는 가치의 메커닉스와 할인에서의 심리를 살펴봤다. 우선 사람들이 이런 정보를 공유하는 이유를 명심해야 한다. 이는 타인을 도와주려는 인간의 기본 심리에서 비롯된다. 다른 이들이 시행착오를 줄이고 더 나은 결정을 내릴 수만 있다면 잠시 내 할 일을 미뤄두고서라도 조언과 도움을 주게 된다. 물론 이기심이 발동할 때도 있다. 내 생각이나 판단이 옳다고 여겨 타인의 결정에 개입하기도 한다. 하지만 그런 면모가 우리의 전부는 아니다. 우리에겐 이타심, 즉 타고난 선량함이 내재되어 있다. 타인에 대한 애정과 배려를 표현할 때, 타인을 도울 때 우리는 깊은 만족감을 느낀다.

이 책에서 다루는 여섯 가지 원칙 중에서 실용적 가치는 실제 생활에서 가장 쉽게 적용할 수 있는 방법이다.

어떤 제품과 아이디어는 소셜 화폐로서의 가치가 뛰어나지만 이를 알리기 위해 동영상으로 제작하려면 별도의 노력이 필요하며 창의력도 발휘해야 한다. 좋은 계기를 구상하거나 실제로 만들어내는 데도 많은 노력이 필요하다. 사람들의 감정을 자극하는 것도 쉽지 않다. 그러나 실용적 가치를 찾아내는 것은 그리 어렵지 않다. 우리가 생각해낼 수 있는 거의 모든 제품과 아이디어에는 한두 가지 실용적 가치가 반드시 숨어 있다. 비용이나 시간을 줄여줄 수도 있고 만족감을 줄 수도 있고 건강에 도움을 주기도 한다. 사람들이 특정 제품이나 아이디어에 몰려드는 근본적인 이유를 생각해보면 숨겨진 실용적 가치를 발견할 수 있을 것이다.

문제는 이미 자리잡은 수많은 경쟁상대를 물리치는 것이다. 유명한 음식점이나 인기를 얻은 웹사이트는 셀 수 없이 많다. 그 사이에서 우리의 제품이나 아이디어가 눈에 띄게 하려면 탁월한 가치를 부각시켜야 한다. 또 100달러의 법칙에 충실해야 한다. 뱅가드처럼 전문지식을 보기 좋게 정리해서 제시하면 브랜드를 알리고 입소문을 유발할 수 있다. 사람들이 입소문을 내야 한다

는 책임감을 느낄 정도로 실용적 가치가 있다는 점을 증명하면
된다. 그러면 입소문은 나기 마련이다.

CHAPTER 6

이야기성의 법칙

사람들은 흡입력 강하고 흥미진진한
이야기를 공유한다

　　　　　　　　　십 년간 이어진 전쟁은 끝날 기미가
보이지 않았다. 오디세우스는 소모적이기만 한 대치 상황을 끝
내기 위해 교묘한 작전을 세웠다. 그는 커다란 목마를 만들어서
최정예 부대를 안에 숨겨두고 모두 본국으로 돌아간 것처럼 위장
했다. 해변에는 거대한 목마만 남겨두었다.

　트로이 사람들은 이 목마를 승리의 상징으로 삼으려고 성안
으로 끌고 갔다. 수십 명의 인부를 동원해 바퀴 대용으로 사용할
통나무 위에 목마를 올린 다음 그 목에 밧줄을 감아서 잡아당겼
다. 성안으로 들여오기에는 목마가 너무 커서 성문까지 떼어내
야 했다.

　힘겹게 목마를 옮긴 후 십 년간 이어졌던 전쟁이 끝난 것을 자
축하기 시작했다. 큰 나뭇잎으로 곳곳을 장식하고 묻어둔 포도

주를 꺼내 마시고 춤을 추며 길고 힘겨웠던 고난이 끝났음을 축하했다.

그날 밤 사람들이 술에 거나하게 취해 쓰러져 잠들었을 때 목마 안에 숨어 있던 그리스 군사들이 밖으로 나왔다. 그들은 단숨에 성을 장악하고 보초들을 처치한 다음 성문을 활짝 열었다. 밤을 틈타 돌아와 밖에서 기다리던 그리스 군대는 성문이 열리자마자 뛰어들어왔다. 여러 해 동안 열지 못했던 성문을 그날 밤 그렇게 쉽게 열어버렸다.

트로이는 십 년간 굳건히 버텼지만 내부 방어가 무너지자 속수무책으로 함락되었다. 결국 트로이 전쟁은 그리스의 대승으로 막을 내렸다.

트로이 목마 이야기는 수천 년간 전승되고 있다. 과학자들과 역사가들은 이 전쟁이 기원전 1170년에 벌어졌지만 그로부터 한참 지나 문서화됐을 거라 추정한다. 그사이 수백 년 동안 트로이 목마 신화는 서사시 형태로 만들어져 사람들 사이에서 회자되고 노래로도 불려졌다.

이 이야기는 요즘 흔히 볼 수 있는 리얼리티 쇼를 연상시킨다. 피비린내 나는 복수, 불륜, 속고 속이는 두뇌전이 숨가쁘게 이어진다. 드라마, 로맨스, 액션 영화의 요소가 한데 섞인 이 이야기를 듣는 사람은 한시도 긴장을 늦출 수 없다.

트로이 목마 이야기에는 '선물을 가져오는 그리스 사람을 조심하라'는 메시지 또한 내포되어 있다. '적에게 마음을 열지 마라. 그가 친절을 베풀어도 경계를 늦추면 안 된다'라는 뜻이다. 사실 적이 예상과 다르게 행동할 때야말로 가장 조심해야 한다. 따라서 트로이 목마 이야기는 단순히 흥미로운 옛날이야기에 그치는 것이 아니라 우리에게 중요한 교훈을 가르쳐준다.

호머와 베르길리우스가 독자에게 교훈을 주는 것을 목적으로 했다면 다른 방법이 더 효과적이지 않았을까? 기나긴 서사시가 아니라 단도직입적으로 요점을 제시하면 될 것이 아닌가?

틀린 말은 아니다. 하지만 그렇게 요점만 전달했더라면 서사시가 주는 큰 감동은 없었을 것이다.

이야기 속에 교훈을 담아 전달했기 때문에 이 이야기가 지금까지도 회자되며, 많은 이들에게 깊은 인상을 남긴 것이다. 아무런 감동 없이 직설적으로 교훈만 알려주었다면 사람들의 관심을 끌지 못했을 것이다. 인간의 사고는 정보 단위가 아니라 이야기 형태로 이루어지기 때문이다. 사람들이 이야기 자체에 집중해 대화를 나누는 동안 정보는 그 안에 숨겨져 함께 전달된다.

잡담이 정보를 퍼뜨린다

■ ■ ■

이야기는 인류의 시작과 함께한 오락거리다. 당신이 기원전 1000년에 그리스에서 살던 사람이라고 상상해보라. 그 시절에는 인터넷도 스포츠 채널도 6시 뉴스도 없었다. 라디오나 신문도 생기기 전이다. 그러니 즐길 거리라곤 이야기밖에 없었다. 트로이 목마 이야기나 『오디세이』 등은 바로 이 시기에 탄생한 작품이다. 사람들은 모닥불 주위나 원형경기장에 모여 앉아서 서사시를 몇 번이고 되풀이해서 들었다.

서사성 있는 이야기는 단순한 사실보다 흡입력이 강하다. 그 구조는 시작, 중간, 끝으로 이루어지는데 시작 부분에 몰입이 잘되면 결말이 어떻게 될지 궁금해하며 집중하게 된다. 흥미진진한 이야기는 단어 하나도 놓치지 않으려고 귀를 쫑긋 세우게 된다. 비행기를 놓칠지 모르는 급박한 상황이나 아홉 살짜리 개구쟁이들이 집안 곳곳을 돌아다니며 괴성을 지르는 난감한 상황은 청자의 손에 땀을 쥐게 한다. 주인공이 이런 난국을 어떻게 극복했는지 궁금해 다른 것은 눈에 들어오지 않는다. 이야기에 마음을 완전히 뺏긴 셈이다.

우리 주변에는 오락거리로 즐길 만한 요소가 수천 가지도 넘게 있다. 그런데도 서사에 대한 욕구는 예나 지금이나 변함이 없다. 여러 사람이 모이는 곳에서는 으레 누군가가 이야기를 늘어놓는다. 예전에는 모닥불을 둘러싸고 앉았지만 요즘은 회사 탕비실이나 또래끼리의 파티에서 이야기를 즐긴다. 자기 이야기를 할 때도 있고 최근에 겪은 일, 친구, 아는 사람에 대한 이야기를 나눌 때도 있다.

사람들이 이야기를 좋아하는 이유와 입소문을 퍼뜨리는 이유는 동일하다. 어떤 이야기는 소셜 화폐에 해당된다. 전화 부스를 통해 플리즈 돈 텔에 입장하는 과정을 이야기하는 사람은 약간의 우월감을 느끼게 된다. (각성 상태가 높은) 감정 때문에 이야기를 하는 경우도 있다. 믹서가 대리석이나 아이폰을 가루로 갈아버리는 모습에 놀란 사람들은 '이것도 갈릴까요?' 이야기를 하지 않을 수 없다. 실용적 가치도 이야기를 유발하는 원인이 될 수 있다. 이웃집 강아지가 어떤 브랜드에서 출시한 사료를 먹고 탈이 나면 다른 반려견 주인에게도 미리 알려주게 된다.

사람들은 이야기를 전하는 데 워낙 익숙해서 굳이 말할 필요가 없는 상황에서도 이야기를 늘어놓는다. 온라인 상품 후기를 한번 생각해보자. 상품 후기란 본디 제품의 기능에 대해, 즉 새로 나온 디지털카메라의 성능이 어떤지, 줌 기능은 광고대로 움직이는지 등만 알려주면 된다. 그런데 대부분의 후기는 다음과 같이 배경에 대한 설명이 곁들여 있다.

> 8살 된 아들을 데리고 지난 7월에 디즈니월드로 가족 여행을 가
> 기로 했지요. 추억을 사진으로 남겨줄 카메라가 필요해서 친구의
> 추천으로 이 제품을 샀어요. 줌 기능이 아주 좋습니다. 멀리 떨어
> 진 곳에서도 신데렐라 궁전을 또렷하게 사진에 담을 수 있었어요.

그저 별점을 매기거나 한 줄로 의견을 쓰면 되는 상황에서도
이야기를 늘어놓곤 하는 것이다.

트로이 목마 이야기처럼 줄거리 자체가 이야기의 전부는 아니
다. 서사의 겉껍질은 독자의 관심을 자극하고 이를 지속하는 표
면 구조라고 할 수 있다. 이 껍질을 벗기면 숨겨져 있던 주제가
드러난다. 운명적인 사랑 앞에서 눈물을 흘리거나 온갖 역경에
부딪히는 영웅이 등장하는 이야기에 주제가 내포돼 전달되는 것
이다.
　이야기는 항상 무언가를 전달한다. 교훈이나 가르침을 전하는
이야기도 있고 중요한 정보를 알려주거나 가슴 찡한 감동을 주
는 이야기도 있다. '아기 돼지 삼형제'라는 유명한 동화를 예로
들어보겠다. 돼지 삼형제가 각자의 삶을 찾아 집을 떠났다. 첫째

돼지는 짚으로 후다닥 집을 지었고 둘째 돼지는 나뭇가지로 집을 지었다. 둘 다 일을 일찍 끝내고 나머지 시간을 편히 보내려고 부실공사를 했다. 그러나 막내 돼지는 생각이 달랐다. 형들이 일을 끝내고 노는데도 아랑곳하지 않고 벽돌로 튼튼하게 집을 지었다. 시간도 오래 걸리고 힘들었지만 막내 돼지는 묵묵히 일만 했다.

어느 날 밤 사나운 늑대 한 마리가 먹이를 찾아다니다가 첫째 돼지의 집을 발견했다. "아기 돼지야, 문 좀 열어주렴." 상냥한 목소리로 부탁해도 들어주지 않자 늑대는 입김을 강하게 불어 집을 날려버렸다. 둘째 돼지의 집도 늑대의 입김에 금세 무너졌다. 그러나 막내 돼지의 집은 달랐다. 늑대가 아무리 입김을 불어도 벽돌로 만든 집은 꿈쩍도 하지 않았다.

이 이야기는 공을 들인 것은 그만한 가치가 있다는 교훈을 준다. 무슨 일을 하든 허투루 해서는 안 된다. 일을 하는 동안에는 고생스럽지만 끝낸 후에는 보람을 느낄 수 있다.

전래 동화나 우화, 세간에 떠도는 소문에도 이런 교훈이 들어 있다. '양치기 소년'은 거짓말이 얼마나 위험한지 알려준다. '신데렐라'는 다른 사람에게 선을 베풀면 자신도 복을 받는다는 교훈을 담고 있다. 셰익스피어의 작품에도 인간관계, 권력, 분노, 사랑과 전쟁에 대한 교훈이 있다. 이런 교훈들은 다소 이해하기 어렵지만 의미하는 바가 크다.

우리가 일상생활에서 주고받는 평범한 이야기에도 정보력이 있다.

랜즈엔드에서 코트를 산 내 사촌 이야기를 들려주겠다. 2년 전 캘리포니아에서 동부 연안으로 이사 온 사촌은 매서운 겨울 날씨에 대비해 고급 백화점에서 옷을 마련했다. 남자들이 정장 위에 덧입는 양모 코트였다. 세련된 색상에 디자인도 예뻐서 사촌은 자신이 멋쟁이 영국 신사가 된 것 같다고 했다.

그런데 한 가지 문제가 있었다. 코트의 보온성이 생각보다 좋지 않았다. 기온이 영상 10도 정도일 때에는 견딜 만했는데 영하로 떨어지자 코트를 입어도 뼛속까지 냉기가 파고들어서 죽을 것 같았다.

사촌은 이 코트를 입고 출퇴근하느라 초겨울 내내 고생했다. 멋있긴 했지만 추위를 막기에는 역부족이었다. 결국 사촌은 제대로 된 외투를 하나 더 사기로 마음먹었다. 이번에는 침낭을 뒤집어쓴 것처럼 보이는 두터운 거위털 점퍼를 선택했다. 동부 연안이나 중서부 지방에서는 많이 입지만 캘리포니아에서는 구경도 할 수 없던 옷이었다. 마침 온라인 쇼핑몰에서 랜즈엔드가 할인행사를 해서 영하 20도도 거뜬히 이겨낼 수 있는 출퇴근용 외투를 구매했다. 동장군이 맹위를 떨치는 동부 지방의 추위에도 끄떡없을 정도로 보온성이 뛰어난 제품이었다.

새로 산 거위털 점퍼는 그의 마음에 쏙 들었다. 더이상 출근길에 집을 나서는 것이 두렵지 않았다. 그런데 겨울이 다 가기도 전에 지퍼가 망가져버렸다. 산 지 얼마 안 된 옷이 망가지니 기분이 찜찜했다. 지퍼를 고치는 데 들어갈 시간과 비용을 생각하니 불쾌하기 짝이 없었다.

이미 1월 중순이라 겨울 외투 없이 외출을 하는 것은 상상도 할 수 없었다.

그는 랜즈엔드에 전화를 걸어서 수선 비용과 소요 시간을 알아보았다.

사촌은 지금까지 고객 서비스 센터에 전화를 걸어 기분좋게 대화한 기억이 없었다. 고객 서비스 담당직원들은 어느 기업이나 쌀쌀맞았다. 가만히 들어보면 고객이 모두 잘못했다는 식이었다. "제품에 문제가 생겼거나 서비스가 원활히 제공되지 않아서 불편이 크시겠습니다. 죄송합니다만 그 문제는 저희 과실이 아닙니다. 품질 보증 서비스가 적용되지 않으니 다른 방법을 알아보시기 바랍니다. 수리 또는 방문 비용은 제품을 구매하신 가격의 2배입니다." 게다가 회사에 양해를 구하고 몇 시간 동안 집에서 대기하며 수리 기사가 오는지 확인해야 했다. 그러면서도 "우리 제품이나 서비스를 이용해주셔서 **정말 감사합니다**"라는 말을 앵무새처럼 되뇌었다.

놀랍게도 이번에는 달랐다. 랜즈엔드의 고객 서비스 센터 직원은 "수리하시겠다고요? 저희가 택배로 새 제품을 보내드리면 어떨까요?"라고 말했다. "제가 부담할 비용은 얼마인가요?" "고객님이 부담하실 금액은 없습니다. 무료입니다. 이틀 내로 새 제품이 배송될 겁니다. 이렇게 추운 날씨에 외투 없이 외출하실 수 없지 않겠습니까?"

'문제가 생긴 제품은 무료로 교환해준다니. 이제 고객에게 책임을 전가하는 시대는 지났구나! 정말 차원이 다른 고객 서비스네. 하긴 원래 고객 서비스라면 이 정도는 돼야지.' 기분이 한껏 좋아진 사촌은 내게 이 일을 말해주지 않을 수 없다며 입을 열었다.

그의 이야기는 그저 기분좋은 경험담이 아니다. 가만히 들여다보면 유용한 정보가 많이 숨겨져 있다. 첫째, 톱코트를 입으면 옷맵시가 살아나지만 동부 연안의 매서운 겨울 날씨에는 맞지 않다. 둘째, 거위털 점퍼를 입으면 둔해 보이지만 겨울을 지내는 데 꼭 필요한 옷이다. 셋째, 랜즈엔드에서 보온성이 확실한 겨울용 외투를 살 수 있다. 넷째, 랜즈엔드는 고객 서비스도 제품 못지않게 추천할 만하다. 다섯째, 제품에 문제가 생기면 랜즈엔드는 기꺼이 해결해준다. 얼핏 들으면 별것 아닌 이야기처럼 보이지만 이렇게 많은 정보가 담겨 있다.

다른 사람들의 이야기도 마찬가지다. 교통체증을 피하는 방법이나 드라이클리너로 흰 셔츠에 튄 기름 자국을 말끔히 없애는 방법 같은 이야기는 흘려듣기에 아까운 정보다. 고속도로가 꽉 막혔을 때 시도할 만한 우회도로나 잘 안 지워지는 얼룩을 깨끗이 없애주는 드라이클리너를 알아두면 매우 유용하다.

이처럼 이야기는 정보를 담아 다른 사람에게 전달하는 하나의 매개체다.

광고보다 믿음직한 친구의 이야기

▪ ▪ ▪

이야기는 문화 학습을 가능하게 하는 중요한 근원이다. 우리는 이야기를 통해 견문을 넓힐 수 있다. 보다 고차원적인 수준에서 특정 단체나 사회의 규칙과 표준을 배울 수 있게 한다. 이를테면 회사에서 좋은 직원이 갖추어야 할 덕목, 양심적으로 살아가는 방법 등이 그것이다. 구체적인 예로 '고객에게 정직하고 믿을 만한 서비스를 제공하는 차량 정비공 찾기'를 들 수 있다.

이야기 외에 이러한 정보를 얻는 방법을 생각해보자. 직접 시행착오를 거치면서 시간과 비용 소모를 감수해야 한다. 믿을 만한 차량 정비공을 찾기 위해 정비소 수십 곳을 일일이 찾아다니면 얼마나 힘들겠는가? 마음에 드는 정비공을 찾기 전에 지쳐서 돈만 잃고 포기할지도 모른다.

그래서 어떤 사람들은 시간을 두고 관찰하는 방법을 택한다. 이 또한 쉬운 일이 아니다. 주변의 모든 정비소를 방문해 일일이 양해를 구하고 수리 과정을 지켜보고 각 작업에 소요된 비용을 확인해야 한다. 그렇게 한다 해도 정말 믿을 만한 정비공을 찾으리라는 보장은 없다.

마지막으로 광고를 통해 정보를 수집하는 방법도 있다. 그러나 광고는 완전히 신뢰할 만한 것이 못 된다. 광고는 설득을 목적으로 제작되기 때문에 일단 의심부터 하게 된다. 차량 정비소는 언제나 저렴한 가격에 최고의 서비스를 제공한다고 광고한다. 그러나 실제로 확인해보기 전에는 그 말이 진짜인지 알 수 없다.

이야기는 이런 문제를 해결해준다. 이야기는 이해하기 쉬운데다 현장감 넘치며 흥미진진하게 많은 정보를 빨리 얻게 해준다. 어떤 정비공이 한푼도 받지 않고 고장난 곳을 수리해주었다는 이야기 하나면 수십 번 눈으로 확인하거나 몇 년간 시행착오를 거친 것에 상응하는 결과를 얻을 수 있다. 이야기는 시간을 단축해주고 고민을 덜어주며 필요한 정보를 기억하기 쉬운 방식으로 알려준다.

이야기는 유추를 통해 증거를 제시한다. 내가 랜즈엔드에서 의류를 구매해도 사촌과 동일한 고객 서비스를 받는다는 보장은 없다. 그러나 나와 크게 다를 바 없는 평범한 고객이 그런 경험을 했다면 나도 그런 일을 겪을 확률이 분명 높지 않겠는가?

사람들은 광고를 쉽게 믿지 않지만 다른 사람이 전해준 이야기는 거부감 없이 받아들인다. 랜즈엔드의 고객 서비스 책임자가 직접 나서서 기대 이상의 서비스를 제공하겠다고 약속해도 고객은 선뜻 믿지 못한다. 기업 관계자는 매출을 올리려는 의도를 갖고 말하기 때문이다. 그러나 누군가가 자신의 체험을 말할 때에 그런 의심을 하기란 어렵다.

첫째, 어느 특정한 사람이 구체적인 경험을 제시하면 의혹을 제기하기가 힘들다. 아무도 내 사촌 앞에서 "글쎄요. 못 믿겠어요. 멋대로 지어낸 이야기 같네요. 랜즈엔드가 그렇게 파격적인 고객 서비스를 제공할 리 없잖아요?"라고 자신 있게 말하지 못할 것이다.

둘째, 흥미진진한 이야기는 이의를 제기할 만한 구체적인 근거를 찾을 여지를 주지 않는다. 이야기에 한번 몰입하면 그 이야기의 진위 여부를 따져봐야겠다는 생각이 들지 않는다. 이야기가 끝날 무렵이면 모두 그 내용이 사실일 거라 믿게 된다.

사람들은 자신이 걸어 다니는 광고판처럼 보이는 것을 원하지 않는다. '서브웨이' 매장에서 지방 함량이 6그램 이하인 메뉴를 일곱 가지나 제공하는 것은 사실이지만, 지인을 찾아가서 다짜고짜 서브웨이 샌드위치 이야기를 꺼내는 사람은 없다. 대화의 맥락이나 상황에서 샌드위치 이야기가 어울리지 않기 때문이다. 체중 감량이 필요한 사람에게는 매우 유용한 정보일지 모르나 다이어트가 대화 주제에 오르거나 체중 감량법에 대해 특별히 생각날 만한 계기가 없는 상황이라면 서브웨이 이야기를 꺼내기란 어렵다. 그렇기에 서브웨이가 저지방 메뉴를 많이 갖췄다는 사실은 대화에 자주 등장하지 않는다.

　이를 재레드의 이야기와 비교해보자. 재레드 포글Jared Fogle은 서브웨이 샌드위치를 먹으면서 111킬로그램을 감량했다. 대학생인 그는 불규칙한 식습관과 운동 부족으로 체중이 192킬로그램까지 늘었다. 이렇게 늘어난 체중을 감당하느라 수강신청을 할 때도 강의 내용이 아니라 그 강의실에 그가 앉을 만한 편한 의자가 있느냐를 먼저 따져야 했다.

　지나친 비만은 건강에 해롭다는 룸메이트의 조언을 듣고 재레드는 체중 감량을 시작했다. 그는 '서브웨이 다이어트'를 선택했다. 매일 점심으로 30센티짜리 야채 샌드위치를 먹고 저녁에는 15센티짜리 칠면조 샌드위치를 먹었다. 이 식단을 3개월간 유지하자 체중이 45킬로그램이나 줄어들었다.

그는 다이어트에 더욱 박차를 가했다. 얼마 지나지 않아서 허리둘레가 60인치에서 34인치가 되었다. 다이어트는 전적으로 서브웨이 샌드위치 덕분에 성공할 수 있었다.

재레드의 성공담은 워낙 흥미로운 이야기라 체중 감량에 대한 대화중이 아닐 때도 화제가 됐다. 감량 폭이 워낙 큰데다 서브웨이 샌드위치만 먹고 체중 감량에 성공했다니 화젯거리가 되기에 충분했다. 패스트푸드를 먹고 111킬로그램을 감량했다는 줄거리만으로도 사람들은 관심을 가졌다.

재레드의 이야기에서도 지금까지 우리가 살펴본 입소문의 이유를 여러 가지 찾아볼 수 있다. 우선 비범성이 뛰어나며(소셜 화폐) 기대 이상의 놀라움을 선사(감정)하며 건강에 좋은 패스트푸드도 있다는 유용한 정보(실용적 가치)를 알려준다.

사람들이 서브웨이를 홍보하려고 재레드의 이야기를 하는 것은 아니다. 하지만 이 이야기가 화제가 되어 서브웨이가 득을 본 것은 사실이다. 입소문이 퍼지면 재레드와 더불어 서브웨이도 관심의 대상이 된다. 이 이야기를 통해 (1) 사람들은 서브웨이를 패스트푸드로 알지만 사실은 건강에 좋은 메뉴가 많다는 점, (2)건강을 해치는 것이 아니라 오히려 체중 감량에 도움이 된다는 점, (3) 체중 감량 효과가 우리의 상상을 초월한다는 점, (4) 3개월 내내 서브웨이 샌드위치만 먹고도 다시 이곳을 즐겨 찾는다는 점으로 미루어 이곳 샌드위치가 정말 맛있다는 결론을 내린다. 얼핏 보기에는 재레드의 다이어트 성공담만이 사람들의 관심을 끄는 것 같지만 결국 서브웨이에 대해 네 가지 이상의 새로운 정보가 널리 퍼진 셈이다.

이것이 바로 이야기의 놀라운 점이다. 쓸모없는 잡담처럼 보이는 이야기 속에도 정보를 널리 퍼뜨리는 힘이 있다.

트로이의 목마를 만들라

■ ■ ■

이처럼 이야기는 제품이나 아이디어에 대한 대화를 자연스럽게 꺼낼 수 있도록 도와준다. 서브웨이에서 저지방 샌드위치 메뉴를 판매하며 랜즈엔드에서 파격적인 고객 서비스를 제공하는 것은 부인할 수 없는 사실이다. 그러나 입소문이 나려면 사람들이 대화에서 이를 언급할 이유가 있어야 한다. 좋은 이야기는 바로 그 이유를 만들어준다. 이야기는 광고 같지 않으면서도 어떤 제품이나 아이디어에 대해 자연스럽게 언급할 수 있는 심리적인 보호막이 된다.

306

그렇다면 이야기로 사람들의 입소문을 유발하려면 어떻게 해야 할까?

우리도 직접 트로이의 목마를 만들어보면 어떨까? 사람들이 좋아할 만한 이야깃거리를 담을 매개체를 만드는 것이다. 그 속에 우리 제품이나 아이디어에 대한 이야깃거리를 넣어 전하면 된다.

팀 파이퍼Tim Piper는 여자 형제 없이 자란데다 줄곧 남학교만 다녔다. 그래서 여자친구들이 미용에 관심을 갖는 이유를 도무지 이해하지 못했다. 여자친구들이 머리가 뻣뻣하다거나 눈동자 색깔이 너무 밝다거나 피부색이 칙칙하다며 한숨을 내쉴 때면 팀도 답답했다. 그가 보기에는 충분히 예쁜데 왜 투정을 부리는 건지 이해가 되지 않았다.

팀은 수십 명의 여성들과 인터뷰를 한 뒤 대중매체의 영향 때문이라는 생각이 들었다. 광고는 젊은 여성의 외모를 끊임없이 지적하며 그 단점을 감추거나 개선할 방법을 언급했다. 평생 이런 광고만 봐왔으니 광고 메시지를 믿게 된 것도 놀랍지 않았다.

팀은 고민에 빠졌다. '이런 광고가 모두 상술이라는 것을 어떻게 알려줄 수 있을까? 광고 속 이미지는 현실과 다르다는 것을 어떻게 납득시켜야 할까?'

어느 날 데이트를 하러 나가기 전에 여자친구가 화장하는 모습을 보다가 좋은 아이디어가 떠올랐다. 광고 모델이 몸치장을 하기 전 전혀 꾸미지 않은 자연스러운 모습을 먼저 보여주면 좋을 것 같았다. 광고 속 모델들은 메이크업과 머리 손질을 마친데다 사진 촬영 후에는 포토샵으로 보정까지 끝내서 그 이상 '완벽'해질 수 없는 모습이었다.

그래서 팀은 짤막한 동영상을 제작했다.

동영상은, 스테퍼니라는 모델이 카메라를 응시하면서 스태프에게 메이크업할 준비가 됐다는 신호를 보내는 것으로 시작한다. 화장하기 전에도 예쁘지만 군중 속에서도 단번에 눈길을 끌 정도는 아니다. 그녀의 머리칼은 짙은 금발이며 직모에 가깝다. 피부도 좋은 편이나 여기저기 잡티가 있다. 이웃집 소녀, 친한 친구, 가족 등 주변에서 흔히 볼 수 있는 아가씨다.

조명이 켜지고 본격적인 메이크업이 시작된다. 메이크업 전문가는 그녀의 눈을 짙게 칠하고 입술에 글로스를 발라서 윤기를 낸다. 얼굴에 파운데이션을 바르고 볼 터치로 마무리한다. 눈썹을 다듬고 마스카라로 속눈썹을 한껏 강조한 후에는 마지막으로 머리카락에 컬을 넣어 화려하게 꾸민다.

이제 사진작가가 카메라로 수십 장의 사진을 찍는다. 팬이 돌아가자 그녀의 머리가 자연스럽게 날린다. 스테퍼니는 화사하게 미소를 짓기도 하고 요염한 눈빛으로 카메라를 응시하기도 한다. 마침내 사진작가가 마음에 드는 사진을 한 장 건진다.

하지만 이것은 완벽한 사진을 만들기 위한 시작일 뿐이다. 다음은 포토샵으로 보정할 차례다. 스테퍼니의 사진을 컴퓨터로 옮긴 다음 입술을 도톰하게 만들고 목을 가늘고 길게 바꾼다. 눈도 훨씬 키운다. 눈 코 입을 보정한 것은 빙산의 일각에 불과하다. 얼굴과 몸매 수십 군데를 보정한 후에야 모든 작업이 끝난다.

완성된 슈퍼모델의 사진을 살펴보자. 그녀의 사진은 화장품 광고의 옥외 광고판에 내걸린다. 이윽고 사진이 사라지고 검은 화면으로 바뀐 후에 흰 글자가 나타난다. "미에 대한 우리의 인식은 크게 왜곡돼 있습니다."

많은 이들이 이 동영상을 보고 충격을 받았다. 미용업계에서 사용하는 이미지가 얼마나 많은 작업을 거치는지 제대로 아는 사람이 거의 없었기 때문이다.

이 동영상은 큰 화제가 되었을뿐더러 도브 제품을 광고하는 트로이의 목마 역할을 톡톡히 해냈다.

대중매체가 일반적으로 그렇지만 특히 미용업계에서는 여성에 대한 이미지를 왜곡시켜 보여주는 경향이 있다. 모델은 하나같이 키가 크고 비쩍 마른 여성이다. 잡지에 등장하는 모델은 치아가 희고 고른데다 잡티는 전혀 찾을 수 없다. 모두 자기네 화장품을 바르면 모델처럼 아름다워진다고 호언장담한다. 젊어 보이는 얼굴, 도톰한 입술, 매끄러운 피부결이 가능하다는 것이다.

이런 광고가 봇물처럼 쏟아지는 세상이다보니 많은 여성들이 외모에 대해 심한 열등감을 느낀다. 자신이 아름답다고 생각하는 여성은 2퍼센트에 지나지 않는다. 3분의 2 이상은 대중매체가 제시하는 미의 기준이 비현실적이며 어떤 수단과 방법을 동원해도 거기에 도달할 수 없다고 생각한다. 외모가 기대치에 못 미쳐 답답한 것은 십대 소녀들도 마찬가지다. 머리색이 어두운 소녀는 금발인 친구를 부러워하고 빨간 머리 소녀는 주근깨 때문에 우울해한다.

팀이 제작한 영상인 '에볼루션evolution'을 통해 매일 쏟아지는 화려한 이미지가 실제로 어떻게 탄생하는지 알 수 있다. 흠잡을 것 하나 없는 여신 같은 미모는 현실에 없다는 사실을 깨닫는다. 이는 어디까지나 현실 속의 여성들을 꾸미고 치장해 만들어낸 환상일 뿐이다. 최신 기술을 동원해 마법 이상의 효과를 낸 것이다. 이 동영상은 적나라하고 충격적이면서도 많은 이들의 생각을 바꿨다.

그러나 이 동영상은 일반 시민이나 업계 내 감시단체가 후원해 제작한 것이 아니다. 이는 건강 및 미용 제품 업체인 도브가 '진실된 아름다움을 위한 캠페인'의 일환으로 팀과 협력해 만든 것이다. 도브는 신체의 다양한 특징과 자연스러운 아름다움을 중시하며 여성들이 자신의 외모에 불만을 품지 않고 당당하게 살아가도록 돕는 데 목적을 두었다. 도브는 흔히 TV에 등장하는 몸매가 종잇장처럼 가녀린 여성이 아니라 신체 조건이 다양한 모든 여성들을 위한 비누에 대한 광고도 제작했다.

예상대로 이 광고는 엄청난 파장을 일으켰다. 아름다움의 정의란 무엇인가? 대중매체는 미에 대한 인식에 어떤 영향을 주는가? 이 문제를 개선하기 위해 무엇을 해야 하는가?

이 광고를 계기로 많은 변화가 일어났다. 왜곡된 미의식에 많은 이들이 관심을 갖게 유도했을뿐더러 지금까지 아무도 입에 올리지 않았던 주제가 드디어 공개적으로 거론되기 시작했다. 그리고 도브에 대해서도 연관 지어 이야기하게 되었다.

도브는 전혀 꾸미지 않은 여성을 광고에 그대로 등장시켜 민감하면서도 중요한 문제를 자연스럽게 거론하기 시작했다. '에볼루션' 광고 제작비는 10만 달러밖에 들지 않았지만 조회수는 1600만 회를 넘었고 도브의 기업 수익도 수억 달러로 늘어났다. 해당 동영상은 다양한 분야에서 상을 받았으며 웹사이트 방문자 수는 도브의 2006년 슈퍼볼 광고 당시의 3배를 넘었다. 매출은 두 자릿수의 성장률을 기록했다.

'에볼루션' 광고는 사람들이 이제껏 말하고 싶어했던 이야기를 속시원히 드러내 성공할 수 있었다. 비현실적인 미의 기준은 많은 이들에게 불만거리였다. 그러나 논란의 여지가 많은 주제라 그 누구도 용기내서 이의를 제기하지 못했다. 하지만 '에볼루션'은 그 포문을 활짝 열고 사람들이 근심을 털어내고 해결책을 생각하게끔 유도했다. 그 과정은 브랜드 이미지에 크게 도움이 되었다. 미의 기준에 대한 활발한 논의를 유도한 광고에 도브 브랜드를 슬쩍 끼워넣은 것을 알아차린 사람은 많지 않았다. 도브는 감성에 호소하는 이야기를 만들어서 자기네 브랜드를 자연스럽게 전달하는 매개체로 사용했다.

이제 론 벤심혼Ron Bensimhon의 이야기를 살펴보자.

기네스에 오른 광고를 만들고도
매출이 떨어진 에비앙

■ ■ ■

2004년 8월 16일, 캐나다 출신 론 벤심혼은 운동복 바지를 벗고 3미터 높이의 다이빙대 가장자리에 섰다. 이런 높이에서 다이빙은 여러 번 시도했지만 중대한 시합에서 하는 것은 처음이었다. 아테네 올림픽은 운동선수에게 가장 큰 무대이며 모든 선수들이 꿈꾸는 대회였다. 그러나 론은 전혀 긴장한 기색이 없었다. 초조함을 떨쳐내고 두 손을 머리 위로 들어올렸다. 관중의 함성 가운데 다이빙대에서 뛰어내렸지만 배로 수면을 치고 말았다.

배가 수면에 닿다니? 그것도 다른 시합이 아닌 올림픽에서? 론은 엄청나게 실망했을 게 틀림없었다. 하지만 물 밖으로 나온 그는 좀전과 마찬가지로 평온해 보였다. 아니, 심지어 즐거워 보이기까지 했다. 그는 몇 분간 수영을 하며 관중에게 인사를 하고 올림픽 관계자들과 안전 요원들이 있는 곳으로 천천히 이동했다.

사실 그는 정식 캐나다 대표 선수가 아니라 올림픽 경기에 불쑥 끼어든 불청객이었다. 그는 자칭 세계에서 가장 유명한 스트리커streaker로 퍼블리시티 스턴트(publicity stunt, 파격적인 행동으로 주목을 끌어 광고하는 게릴라 마케팅 전략—옮긴이)의 일환으로 올림픽 경기장에 난입한 것이었다.

론은 다이빙대에서 뛰어내릴 때 발가벗지는 않았지만 제대로 된 수영복을 입은 것도 아니었다. 그는 파란색 발레용 튀튀와 흰색 물방울무늬 타이츠를 입고 있었다. 가슴에는 인터넷 카지노 사이트 골든팰리스닷컴GoldenPalace.com이 새겨져 있었다.

(골든팰리스닷컴은 론의 스턴트 행위가 금시초문이라 했지만) 골든팰

리스의 퍼블리시티 스턴트는 이때가 처음은 아니었다. 2004년에는 이베이에 올라온 성모마리아 형상이 나타나 있다고 주장하는 그릴 치즈 샌드위치 경매에 2만 8천 달러를 입찰했다. 2005년에는 골든팰리스닷컴으로 개명하는 조건으로 어떤 여성에게 1만 5천 달러를 주었다. 그러나 '수영장에 뛰어든 얼간이' 사건은 지금까지 해온 퍼블리시티 스턴트 중 가장 인상적이었다. 수백만 명이 경기를 지켜보고 있었으며 전 세계 언론이 앞다투어 보도한 덕분에 단숨에 지구 곳곳에서 화젯거리로 자리잡았다. 누군가 올림픽 경기장에 난입해 튀튀 차림으로 다이빙을 하리라고는 아무도 예상하지 못했던 것이다. 많은 이들의 입에 오르내리기 충분한 사건이었다.

그러나 여러 날이 지나도 아무도 카지노 이야기를 하지 않았다. 론이 다이빙하는 모습을 보고 골든팰리스닷컴이 뭔지 궁금해서 접속한 사람도 분명히 있었지만 대부분은 웹사이트가 아니라 스턴트 행동에 대해서만 이야기했다. 론이 경기장을 휘저은 직후 다이빙대에 오른 중국 선수가 금메달을 놓친 것은 예상치 못한 사건에 평정심을 잃어서가 아니냐는 논란도 거세게 일었다. 올림픽 경기장의 보안도 화제였다. 어떻게 전 세계가 지켜보는 중요한 경기에 관계자가 아닌 사람이 자유로이 드나들 수 있느냐는 것이었다. 론을 법정으로 소환해야 한다는 말도 나왔고 그를 징역형에 처해야 한다는 의견도 있었다.

그런데 왜 골든팰리스닷컴은 사람들의 입에 오르내리지 못한 것일까?

마케팅 전문가들은 '수영장에 뛰어든 얼간이'를 최악의 게릴라 마케팅 가운데 하나로 꼽는다. 대회 진행을 방해하고 각국 선수들이 평생을 걸고 준비한 경기를 어처구니없이 망쳤다는 점을 들어 비웃음거리로 삼는다. 또한 이로 인해 론이 체포돼 벌금형을 물었다는 점도 지적한다. 모두 맞는 말이다.

여기에 나는 이 스턴트가 실패한 이유를 하나 더 추가하고 싶다. 그것은 바로 홍보하려는 대상과 전혀 무관한 행동을 했다는 점이다.

사람들은 예기치 못한 행동만 기억할 뿐 카지노에 대해서는 이야기하지 않았다. 물방울무늬 타이츠, 튀튀, 올림픽 경기장에 난입한 행위 모두 사람들을 놀라게 하기에 충분한 소재였다. 만약 이 스턴트의 목적이 올림픽 경기 보안이나 새로운 타이츠 패션에 대한 홍보라면 성공이라 말할 수 있다.

그러나 론의 도발적인 행동은 카지노와 아무런 관련이 없었다. 아주 사소한 관련성조차 말이다.

이 사건은 많은 사람의 입에 오르내렸으나 카지노는 끝내 주목

받지 못했다. 론의 퍼블리시티 스턴트를 도와준 후원자가 있을 것이라는 의견도 나왔으나 카지노 이야기로는 이어지지 않았다. 누가 봐도 연관성이 없는데다 카지노가 배후라는 사실이 스토리에 흥미를 더해주지 못했기 때문이다. 애써 거대한 트로이의 목마를 만들고는 그 안에 주제를 숨기는 것을 잊어버린 셈이다.

입소문을 유발하려 할 때 많은 이들이 중요한 점을 간과한다. 사람들의 입에 오르내리는 것만 생각하다가 정작 어떤 주제로 입소문을 낼 것인가를 소홀히 여기는 것이다.

제품이나 아이디어와 무관한 콘텐츠를 만드는 것은 밑 빠진 독에 물 붓기다. 콘텐츠에 대해 입소문을 유발하는 것과 해당 콘텐츠를 만든 기업, 조직, 사람에 대한 입소문을 유발하는 것에는 큰 차이가 있다.

에비앙이 야심 차게 만든 동영상 '롤러 베이비스Roller Babies'도 같은 실수를 저질렀다. 동영상에는 기저귀를 입은 아기들이 등장해 롤러스케이트를 타고 갖가지 묘기를 부린다. '래퍼스 딜라이트' 가락에 맞춰 다른 아기의 머리 위나 철책을 훌쩍 뛰어넘기도 하고 다 함께 같은 동작을 신나게 선보이기도 한다. 아기들의 동작은 그래픽 이미지였지만 얼굴은 실제 아기들의 표정이라 사람들은 동영상에서 눈을 떼지 못한다. 이 동영상은 5천만 번이 넘는 조회수로 온라인 동영상 광고 부문 기네스 세계신기록에 올랐다.

이 정도 인기면 브랜드에 큰 도움이 되지 않았을까? 현실은 그렇지 않았다. 바로 그해에 에비앙은 시장 점유율을 크게 잃었으며 매출도 25퍼센트나 떨어졌다.

무엇이 문제였을까? 롤러스케이트 타는 아기들은 귀여웠지만 그 모습과 에비앙은 아무런 관련이 없었던 것이다. 그래서 동영상만 큰 인기를 누렸고 정작 에비앙은 그 어떤 이득도 보지 못했다.

중요한 것은 인기몰이가 아니다. 인기몰이의 결과가 해당 기업이나 단체에 가치를 더해주어야 한다. 그냥 바이럴리티가 아니라 가치 있는 바이럴리티를 추구해야 한다.

이 책의 서두에 언급한 바클레이 프라임의 100달러짜리 치즈스테이크를 생각해보자. 춤추는 아기들과 생수에 비하면 고급 치즈스테이크와 고급 레스토랑의 관련성은 두말할 여지가 없다. 게다가 이 메뉴는 관심을 자극하기 위한 수단이 아니라 바클레이에서 실제로 파는 메뉴였다. 바클레이는 그들이 원하는 음식 평, 즉 고급스럽고 화려하면서도 창의적이고 고리타분하지 않은 샌드위치라는 입소문을 고객들이 내도록 직접적으로 유도했다.

브랜드나 제품의 장점이 스토리의 **핵심**을 이룰 때 바이럴리티의 효과는 극대화된다. 이야기 안에 메시지를 깊숙이 넣어두면 사람들은 이야기를 전할 때 이를 빠뜨릴 수 없을 것이다.

내가 좋아하는 가치 있는 바이럴리티의 대표적인 예로는 이집트의 유제품 기업인 판다가 있다. 이 회사는 다양한 치즈를 제조한다.

판다의 광고 시리즈 시작 부분은 크게 별나지 않다. 직장인들이 모여서 점심으로 무엇을 먹을지 고민하거나 간호사가 환자를 문진한다. 아버지가 아들을 데리고 마트에서 장을 보는 장면도 있다. 유제품 코너에서 아이가 "아빠, 판다 치즈 사주세요"라고 하자 아빠는 "안 돼. 이미 다른 것을 많이 샀잖아"라고 대꾸한다.

바로 그때 판다가 나타난다. 아니, 판다 인형 옷을 입은 남자라고 말하는 게 낫겠다. 이 우스꽝스러운 상황을 제대로 설명하려면 말이다. 아무튼 커다란 판다가 매장 한가운데 갑자기 나타난다. 다른 시리즈에서는 사무실, 병원 등에 마찬가지로 갑작스레 등장한다.

아빠와 아들이 먹을거리를 사는 이 광고에서는 두 사람 모두 갑자기 나타난 판다에 어안이 벙벙해서 아무 말도 하지 못한다. 이때 '왜 이러는지 알잖아'라는 버디 홀리Buddy Holly의 노래 가사가 흐르고 부자는 매장에 진열된 판다 치즈와 눈앞의 커다란 판다를 몇 번이고 번갈아 본다. 아빠는 침만 꿀꺽 삼킬 뿐이다.

318

드디어 판다가 행동을 개시한다.

느릿느릿 다가와서는 양손으로 쇼핑 카트를 번쩍 들어올려서 이를 뒤집어버린다.

그러자 카트에 들어 있던 파스타, 통조림, 음료수 등이 사방으로 흩어진다. 아빠와 판다는 여전히 카트를 사이에 두고 마주서 있다. 잠시 침묵이 흐른 뒤 판다가 바닥에 널브러진 음식들을 보란 듯이 걷어찬다. 뒤이어 치즈를 든 판다의 손이 나타나며 "판다에게 안 된다고 하지 마세요"라는 내레이션이 흘러나온다.

판다 치즈 광고는 타이밍도 적절하고 누가 봐도 배꼽을 잡게 만든다. 대학생에서 금융계 임원에 이르기까지 이 광고를 보고 옆구리가 아플 정도로 웃지 않은 사람은 단 한 명도 없었다.

그러나 이 광고의 정말 훌륭한 점은 단지 웃기다는 데 있지 않다. 판다가 아니라 닭으로 분장하거나 "짐의 중고차에게 안 된다고 하지 마세요"라고 말했어도 여전히 웃음을 유발했을 것이다. 어떤 분장을 하든 어떤 제품을 홍보하든, 귀여운 동물이 행패 부리는 장면은 사람들의 관심을 자극하기에 충분하다.

그러나 이 광고가 성공적이라 평가받고 가치 있는 바이럴리티의 좋은 예로 자리잡은 이유는 브랜드가 광고 속 이야기의 핵심을 이루기 때문이다. 광고에 대한 이야기를 할 때면 자연스럽게 판다라는 단어가 등장한다. 판다를 언급하지 않고 이 광고가 왜 웃긴지 설명하기가 훨씬 어려울 것이다. 이야기에서 가장 재미있는 부분과 브랜드 명이 완벽한 조화를 이룬 것이 가장 큰 장점이다. 덕분에 사람들이 광고에 대해 이야기를 나누면서 판다라는 브랜드를 알게 됐으며 시간이 흐른 뒤에도 무슨 제품에 대한 광고인지 기억할 수 있었다. 판다는 이야기를 구성하는 일부분이자 이야기의 흐름에 꼭 필요한 핵심 요소였다.

블렌드텍의 '이것도 갈릴까요?' 광고도 마찬가지다. 믹서라는 단어를 꺼내지 않고는 믹서로 아이폰을 순식간에 가루로 갈아버리는 동영상에 대해 이야기할 수 없다. 또한 그 동영상을 한번 보면 블렌드텍의 믹서가 눈을 의심할 정도로 분쇄력이 좋다는 것을 모두가 인정하게 된다. 과연 이 믹서로 분쇄하지 못할 것이 세상에 몇 가지나 될까? 이것이 바로 블렌드텍이 사람들에게 전하려는 메시지다.

전염성이 강한 콘텐츠를 개발하려 할 때 가치 있는 바이럴리티의 중요성을 절대 간과해선 안 된다. 아이디어나 제품의 핵심적인 가치가 이야기의 중심이 되어야 한다. 흥미진진한 탐정소설의 줄거리를 쓴다고 생각해보라. 이야기 전개에 꼭 필요한 세부사항도 있지만 없어도 무관한 요소도 있다. 살인사건이 발생한 시점에 용의자는 어디에 있었을까? 이 점은 매우 중요한 문제다.

탐정이 사건 기록을 훑어보며 저녁식사로 무엇을 먹었는가? 이 점은 별로 중요하지 않다.

이 원칙을 앞에서 살펴본 콘텐츠에 적용해보자. 론이 올림픽 경기장에 뛰어든 행동은 이야기를 전달할 때 필수적인 요소다. 그러나 골든팰리스닷컴이란 글귀는 이 행동과 아무 관련이 없다.

사람들이 다른 사람에게 이야기를 전달할 때는 각 세부사항의 중요성이 극명히 드러난다. 트로이의 목마 이야기를 생각해보자. 이 이야기는 수천 년째 이어져오고 있다. 글로 전해지기도 하지만 많은 이들은 누군가의 입을 통해 처음으로 이 이야기를 접하게 되며 다시 누군가에게 이야기를 전달하는 역할을 맡게 된다. 그렇다면 사람마다 기억해내는 세부사항이 달라질까? 전혀 그렇지 않다. 관련성이 낮은 세부사항은 잊히거나 생략되지만 핵심은 반드시 이야기 속에 살아남는다.

심리학자 고든 올포트Gordon Allport와 조셉 포스트먼Joseph Postman 은 50년 전에 이와 비슷한 주제를 연구했다. 그들은 여러 사람을 통해 소문이 퍼질 때 어떤 변화가 일어나는지 주목했다. 여러 사람의 입을 거칠 때 이야기가 변형될까 아니면 그대로 유지될까? 만약 변형된다면 그 변화 패턴을 예측할 수 있을까?

이 문제를 해결하기 위해 '전화 게임'을 시도해보았다.

먼저 첫번째 사람에게 특정 상황이 담긴 사진을 보여준다. 예를 들자면 지하철 같은 칸에 탄 사람들이 등장하는 사진이다. 그 지하철은 급행열차였으며 다이크먼 스트리트를 지나고 있었다. 지하철 내에는 다양한 광고가 붙어 있었고 유대교 랍비와 아기를 안은 여자를 포함해서 다섯 명이 자리에 앉아 있었다. 그중 시비가 붙은 두 남자가 가장 눈길을 끈다. 그들은 일어선 상태로 마주보고 있었는데 한 사람이 상대방에게 칼을 겨누고 있었다.

사진을 본 첫번째 사람(발신자)은 두번째 사람(수신자)에게 사진 내용을 묘사했다. 물론 두번째 사람은 사진을 못 보고 설명만 들었다. 첫번째 사람은 자기가 본 대로 최선을 다해 사진을 묘사한 다음 밖으로 나갔다. 그리고 다음 사람이 들어왔다. 이제 두번째 사람이 설명할 차례였다. 이런 식으로 사진을 보지 못한 채 설명을 전달하는 과정이 다섯 차례 반복되었다. 올포트와 포스트먼은 전달 과정에서 끝까지 반복된 세부사항이 무엇인지 분석했다.

전달 과정이 반복될수록 전달되는 정보의 양은 크게 줄어들었다. 마지막인 여섯번째 사람에게 전달된 내용은 최초로 사진을 본 사람이 말한 내용의 30퍼센트에 지나지 않았다.

이야기는 짧아졌지만 핵심적인 부분은 오히려 더 부각됐다. 전달 과정을 열 번 이상 반복해도 같은 현상이 나타났다. 실험을 반복할수록 생략되는 세부사항과 끝까지 전달되는 세부사항이 확연히 구분됐다. 지하철 내부 사진을 본 첫번째 사람은 세부사항을 모두 언급했다. 차량이 급행열차로 보이며 다이크먼 스트리트를 지나는 중이라는 것과 자리에 앉은 승객이 몇 명이며 서서 다투는 두 남자가 있다는 점까지 하나도 빠뜨리지 않았다.

하지만 전달 과정이 반복될수록 중요하지 않은 세부사항은 쉽게 생략되었다. 급행열차라는 점과, 현재 지나는 역은 대부분 생략했고 두 남자가 싸우는 중이라는 점에 초점이 집중됐다. 특히 한 남자가 칼을 겨누고 있다는 사실은 빠지지 않고 언급됐다. 탐정소설에서처럼 사람들은 중요한 세부사항과 그렇지 않은 것을 구분했고 전자를 반드시 전달하려고 했다.

전염성이 강한 콘텐츠를 만들려면 어떻게 해야 할까? 우선 자신만의 트로이의 목마를 만들어야 한다. 이때 가치 있는 바이럴리티를 한시도 잊어서는 안 된다. 사람들의 기억에 새겨야 할 정보, 널리 입소문을 내야 할 정보는 이야기에서 가장 중요한 부분이 되어야 한다. 흥미를 자극하고 웃음을 유발하며 놀라움을 선사하는 것도 중요하지만 그런 효과를 노리다가 상품이나 아이디어와의 연관성을 놓치면, 콘텐츠가 아무리 인기몰이를 해도 그어떤 효과도 노릴 수 없다. 사람들이 콘텐츠만 기억하고 당신의 브랜드나 제품은 기억하지 못하는 불상사가 일어날 수 있다.

소셜 화폐로서의 가치가 높으며 계기가 확실하고 감성을 자극하며 대중성과 실용적 가치가 담긴 트로이의 목마를 만들어야 한다. 또한 목마 안에 당신의 메시지를 숨기는 것도 잊지 말아야 한다. 사람들에게 알려야 할 정보를 이야기의 중요한 구성 요소로 만들어 사람들이 대화할 때 반드시 언급하도록 해야 한다.

CONTAGIOUS

EPILOGUE

STEPPS로 앞서가라

미국에서 최근 누구에게 손톱 관리를 받았는지 세 명에게 물어본다면 분명히 한 사람 정도는 베트남에서 온 네일 아티스트에게 받았다고 대답할 것이다. 왜 베트남 출신 네일 아티스트가 지금처럼 많아졌는지는 꽤 흥미롭다. 스무 명의 여자들과 산호색 긴 손톱이 이 이야기의 시작이다.

투안 레Thuan Le는 베트남에서 고등학교 교사였지만 이민을 결심하고 옷가지만 대충 싸서 1975년에 호프빌리지에 도착했다. 새크라멘토 외곽에 있는 천막촌인 이곳은 사이공 함락 후 미국으로 온 베트남 난민의 정착지가 되었다. 하루가 멀다 하고 새로운 이민자들이 도착했다. 그곳은 언제나 희망과 절망이 교차했다. 가족과 함께 더 나은 삶을 꾸려보겠다는 희망을 안고 왔지만 언어 장벽 때문에 구할 수 있는 직업이 몇 없었다.

히치콕의 영화 〈새〉에 출연한 여배우 티피 헤드런Tippi Hedren은 베트남 난민에게 연민을 품고 며칠에 한 번씩 이곳을 방문했다. 그녀는 난민들을 돕기로 결심하고 베트남 여성들의 멘토를 자청했다. 베트남에서 교사, 사업가, 공무원 등으로 일했던 난민들도 있었다. 성실하게 무슨 일이라도 하려는 그들의 태도에 헤드런은 크게 감명했다. 한편 베트남 난민 여성들은 곱게 네일아트를 한 헤드런의 손톱에 눈길을 빼앗겼다.

그들은 반짝거리는 연분홍색 손톱에 찬사를 아끼지 않았다. 헤드런은 매주 한 번씩 전문가를 데려와 그들에게 네일아트를 가르치게 했다. 큐티클을 제거하고 매니큐어를 칠하고 굳은살을 제거하는 요령을 알려주자 난민 여성들은 스펀지처럼 기술을 습득했고, 서로의 손이든 헤드런의 손이든 누군가 손을 빌려주기만 하면 배운 것을 연습했다.

얼마 지나지 않아 헤드런은 한 가지 프로젝트를 시작했다. 이들에게 가까운 미용 전문학교에서 무료 강습을 받게 한 것이다. 손톱 줄을 사용하는 법과 손톱을 보기 좋게 자르고 다듬는 요령을 본격적으로 배우게 했다. 헤드런은 투안 레를 비롯한 베트남 여성들에게 샌타모니카와 주변 도시에 일자리를 적극적으로알선해주었다.

처음에는 일이 쉽게 풀리지 않았다. 아직 네일아트를 찾는 사람이 많지 않았던 때였고 경쟁도 심했다. 그러나 투안 레와 베트남 여성들은 시험을 쳐서 자격증을 취득한 후에 본격적으로 일을 시작했다. 시간 가는 줄 모르고 열심히 일했으며 다른 사람들이 꺼리는 일터도 마다하지 않았다. 성실과 인내로 무장한 그들은 차츰 안정적으로 자리를 잡아갔다.

투안 레가 성공하는 것을 본 친구들도 네일아트 업계에 뛰어들었다. 그들은 뷰티숍을 운영하는 최초의 베트남계 미국인이 되었다. 이 모습에 용기를 얻은 많은 베트남계 미국인들이 뷰티숍을 개업했다.

투안 레의 성공담은 삽시간에 퍼져나갔다. 미국에 정착한 수천 명의 베트남 사람이 생계수단을 모색하던 중 그들의 성공담을 접하게 되었다. 결국 새크라멘토 근처에는 베트남 사람이 운영하는 네일숍이 우후죽순 생겨났다. 이러한 현상은 캘리포니아주를 넘어 미국 전체로까지 퍼져나갔다. 스무 명의 여성들이 이뤄낸 변화가 나라 전체를 휩쓴 것이다.

현재 캘리포니아에 있는 네일 아티스트의 80퍼센트는 베트남계 미국인이다. 미국 전체에서도 베트남계 미국인은 네일아트 분야의 40퍼센트 이상을 차지하고 있다.

베트남계 미국인이 운영하는 네일숍은 유행을 탄 것이다.

베트남계 미국인의 네일숍이 많아진 과정은 상당히 흥미롭다. 그러나 더 흥미로운 점은 이것이 별로 특별하지 않다는 사실이다.

다른 나라에서 온 이민자들도 이와 비슷하게 틈새시장을 공략했다. 통계에 따르면 로스앤젤레스의 도넛 가게 중 80퍼센트는 캄보디아 사람이 장악하고 있으며 뉴욕 시의 드라이클리닝 가게의 65퍼센트는 한국인이 운영한다. 1850년대로 거슬러올라가면 아일랜드계 미국인들이 보스턴에 있는 술집의 60퍼센트를 차지했다. 1900년대 초반에는 남성 의류점 주인의 85퍼센트가 유대인이었다. 이런 자료는 끝이 없다.

충분히 이해할 수 있는 일이다. 낯선 곳으로 이민 온 사람들은 일자리를 찾기 마련이다. 고향에서는 다양한 직업을 선택할 기회가 있었을지 모르지만 새로운 곳에서는 선택의 폭이 매우 좁아진다. 언어 장벽 때문에 보유하던 자격증이나 기술을 인정받기 어렵고 고국에서 일할 때만큼 다양한 기회가 열려 있는 것도 아니다. 그래서 이민자들은 친구나 지인에게 도움을 청한다.

지금까지 우리가 살펴본 제품이나 아이디어에서처럼 사회적 영향력과 입소문은 여기에서도 동일한 원리로 작용한다. 새로운 이민자들에게 취직이라는 주제는 대화에 자주 등장한다(계기). 그들은 다른 이민자들이 어떤 직업에 종사하는지 알아보고(대중성) 어떤 분야가 전망이 좋은지 이야기를 나눈다. 남들보다 빨리 자리잡은 이민자들은 좋은 이미지를 만들고(소셜 화폐) 다른 이민자를 돕기 위해(실용적 가치) 자신이 아는 흥미진진한(감성) 성공담(이야기)을 늘어놓는다.

새로운 사회에 이제 막 첫발을 내디딘 사람들은 이들의 이야기에 귀기울이지 않을 수 없다. 그러다보면 자연스럽게 같은 업계로 진출하게 된다.

베트남 여성들이 네일 아티스트로 성공한 이야기나 더 나아가 다른 이민자들이 직업을 선택하는 이야기는 앞서 살펴본 많은 점을 다시 한번 되짚어준다.

첫째, 모든 제품, 아이디어, 행동은 전염될 수 있다. 우리는 믹서('이것도 갈릴까요?'), 술집(플리즈 돈 텔), 아침식사용 시리얼(치리오스)을 살펴보았다. 할인 쇼핑 사이트(루랄라)와 고급 레스토랑(바클레이 프라임의 100달러짜리 치즈스테이크)처럼 '그 자체'로 흥미 넘치는 경우가 있는가 하면 켄 크레이그의 '옥수수 수염 다듬기'나 온라인 검색(구글의 '파리지앵 러브')처럼 이제껏 입소문과 거리가 멀다고 여겨졌던 경우도 있었다. 또한 상품(아이팟의 흰색 헤드폰), 서비스(핫메일), 비영리성 운동과 제품(무벰버와 리브스트롱 밴드), 공익 광고('지방 덩어리를 마시는 남자'), 업종(네일숍) 그리고 비누(도브의 '에볼루션')까지 다양한 분야를 살펴봤다. 분야를 막론하고 모든 제품과 아이디어가 인기를 끌기 위해서는 사회적 영향력의 힘을 빌려야 한다.

둘째, 소수의 특별한 '오피니언 리더'들이 유행을 선도하는 것이 아니라 제품이나 아이디어가 스스로 유행을 창출한다.

물론 모든 성공담에는 영웅이 등장한다. 베트남 난민 여성들이 네일 아티스트로 거듭난 데는 티피 헤드런의 공이 컸으며, '이것도 갈릴까요?'라는 창의적인 아이디어는 조지 라이트가 낸 것이다. 그러나 이들이 내디딘 첫걸음은 어디까지나 도화선에 불과했다. 사회학자 덩컨 와츠Duncan Watts는 산불의 비유를 통해 몇몇 영향력 있는 사람(인맥이 넓거나 인기 있는 사람)들이 사실 유행 창출에 큰 영향을 주지 못한다고 설명한다. 산불도 각각 규모가 다르다. 그러나 발화 지점의 특성에 따라 산불의 규모가 좌우되지는 않는다. 산불이 크게 났다고 해서 첫 불씨도 아주 컸으리라고는 말할 수 없다. 작은 불씨로 시작해도 각각의 나무들로 많이 옮겨붙으면 삽시간에 큰 불길이 된다.

인기몰이를 하는 제품과 아이디어도 산불과 같다. 영향력 있는 어느 한 사람이 아니라 입소문을 널리 퍼뜨려주는 갑남을녀가 수천 명, 아니 수백 명만 있으면 된다.

그렇다면 대중은 왜 제품과 아이디어에 대한 이야기를 퍼뜨리는 것일까?

여기에서 우리는 세번째 사항을 찾을 수 있다. 그것은 바로 제품이나 아이디어가 가진 특징이 대화 욕구를 유발하고 공유 심리를 자극하기 때문이다. 그저 운이 좋아서 사람들의 관심을 얻는 것도 우리가 모르는 불가사의한 이유 때문에 인기를 누리는 것도 아니다. 우리 사회를 휩쓰는 모든 유행에는 동일한 원칙이 작용한다. 사람들이 종이를 아껴 쓰거나 다큐멘터리를 시청하고, 새로운 서비스를 체험하거나 특정 후보를 지지하도록 유도하는 데는 정해진 비결이 있다. 이 책에서 소개한 여섯 가지 원칙이 바로 그 비결이다. 각 원칙의 영어 첫 글자를 따서 STEPPS라고 명한다.

Social currency 소셜 화폐	자신의 이미지를 좋게 만들어주는 것을 공유한다.
Triggers 계기	머릿속에 떠올라야 입 밖으로 이야기가 나온다.
Emotion 감성	마음을 움직이면 공유하려는 욕구가 생긴다.
Public 대중성	눈에 잘 띄는 것은 입소문이 나기 마련이다.
Practical Value 실용적 가치	유용한 정보.
Stories 이야기성	한담 속에 내재된 가치 있는 정보.

이제부터 STEPPS만 잘 알면 어떤 제품이나 아이디어라도 인기를 끌게 할 수 있다.

제품이나 아이디어의 개발 단계부터 STEPPS가 적용될 수도 있다. 100달러짜리 치즈스테이크는 소셜 화폐를 겨냥하고 만들어졌다. 리베카 블랙의 노래는 제목 때문에 계기 효과가 뛰어날 수밖에 없었다. 수전 보일의 무대는 감정을 북받치게 하는 힘이 있었다. 무벰버는 그동안 겉으로 드러나지 않았던 선행에 콧수염이라는 대중성을 부여해 전립선암 연구비를 수백만 달러나 모금했다. 그런가 하면 켄 크레이그의 '옥수수 수염 다듬기' 동영상은 고작 2분짜리지만 실용적 가치가 커서 많은 이들의 호응을 이끌어냈다.

상품이나 아이디어를 둘러싼 메시지에도 STEPPS를 적용할 수 있다. 블렌드텍의 믹서는 원래 분쇄력이 강력했으나 '이것도 갈릴까요?'라는 동영상을 통해 사람들에게 놀라움을 선사한 덕분에 소셜 화폐를 생성했고 입소문을 일으킬 수 있었다. 킷캣도 제품 자체는 달라진 것이 없었다. 단지 사람들이 많이 마시는 커피와 킷캣을 하나로 묶었고 이것을 계기로 킷캣을 떠올리는 횟수가 대폭 증가했다. 뱅가드의 『머니와이스』는 실용적 가치가 뛰어나기 때문에 많은 이들이 공유하게 된다. 이 과정에서 뱅가드라는 기업에 대한 입소문은 자연스럽게 생성된다. 도브의 '에볼루션'

광고는 감성을 자극하는 효과가 매우 뛰어났기에 많은 사람들이 공유했다. 하지만 이 속에 기업 이미지를 확실히 심어둔 덕에 도브는 입소문을 통해 매출 이익을 얻었다.

이러한 방식을 적용하고 싶다면 제품에 STEPPS가 얼마나 반영되어 있는지 다음 장의 체크리스트로 확인할 수 있다.

STEPPS는 여섯 가지 핵심 원칙이다. 전부가 아니라 몇 가지만 반영되더라도 사회적 영향력을 장악해 입소문을 유발할 수 있다.

마지막으로 한 가지 이야기해둘 것이 있다. STEPPS의 최대 장점은 누구나 이를 활용할 수 있다는 점이다. 막대한 광고 예산이나 광고기획 전문가, 남다른 창의력도 필요 없다. 지금까지 살펴본 인기 동영상이나 많은 이들의 입에 오르내린 콘텐츠를 만든 사람들은 유명 인사나 수만 명의 팔로워를 보유한 파워 트위터리안이 아니었다. 그들은 STEPPS의 요소 중 한두 가지만 활용하고도 그들의 제품과 아이디어를 유행시켰다.

하워드 와인은 바클레이 프라임 브랜드의 정체성을 그대로 유지하면서 인지도를 높일 방법을 강구했다. 그래야 수많은 경쟁업체를 제치고 새로 개업한 레스토랑을 널리 알릴 수 있었다. 100달러짜리 치즈스테이크는 구세주 역할을 톡톡히 해냈다. 비

소셜 화폐	제품이나 아이디어에 대해 이야기하는 것은 화자의 이미지를 긍정적으로 만드는 효과가 있는가? 내적 비범성이 있는가? 게임 메커닉스를 활용했는가? 사람들에게 소속감을 주는가?
계기	맥락을 고려하라. 제품이나 아이디어를 떠올릴 만한 단서가 있는가? 해비탯을 확장해 사람들의 머릿속에 자주 떠오르게 하려면 어떻게 할 것인가?
감성	감성에 초점을 맞추라. 당신의 제품이나 아이디어에 대해 이야기할 때 어떤 감정이 생기는가? 어떻게 불씨를 당길 것인가?
대중성	당신의 제품이나 아이디어는 그 자체로 광고 효과가 있는가? 사람들이 제품이나 아이디어를 사용하는 모습이 대중에게 노출되는가? 그렇지 않다면 어떻게 노출시킬 것인가? 사용한 후에도 남아 있는 행동적 잔여가 있는가?
실용적 가치	당신의 제품이나 아이디어에 대해 이야기하면 타인을 도울 수 있는가? 어떻게 하면 사람들의 이목이 집중될 만한 가치를 생성할 수 있는가? 정보나 전문지식을 어떻게 다듬어야 사람들이 퍼뜨리고 싶어할 만한 유용한 자료가 되는가?
이야기성	당신의 트로이의 목마는 무엇인가? 사람들이 공유하고 싶어지는 이야기에 당신의 제품이나 아이디어를 단단히 심어놓을 수 있는가? 그 이야기는 바이럴리티와 유용성을 모두 확보하고 있는가?

범성도 있고(소셜 화폐), 사람들을 깜짝 놀라게 하는(감성) 이야기 (이야기성)가 있었기 때문이다. 더 나아가 고급 요리를 내놓는 음 식점(실용적 가치)이라는 점을 입증할 수 있었다. 또한 필라델피아 에서 치즈스테이크는 이미 인기 메뉴였으므로 많은 이들의 입에 오르내리게 되었다(계기). 100달러짜리 치즈스테이크가 화두로 자주 등장함에 따라 바클레이 프라임은 문전성시를 이루었다.

조지 라이트는 광고 예산이 거의 확보되지 않은 상태였다. 하 지만 그는 사람들이 평소에 자주 이야기하지 않는 믹서라는 가 전 제품에 대한 입소문을 유발해야 했다. 다행히도 믹서의 흥미 로운 점을 포착한 다음 이를 이야기로 포장한 덕에 수억 건의 조 회수를 기록하면서 매출을 크게 늘릴 수 있었다. '이것도 갈릴까 요?' 동영상은 놀라움을 자아내며(감성), 비범성(소셜 화폐)을 담 고 있다. 또한 믹서의 장점(실용적 가치)을 중심으로 한 편의 이야 기(이야기성)를 완성했다. 이는 하나의 완벽한 트로이의 목마가 되어 사람들이 매일 집에서 사용하는 전자제품인 믹서를 화제로 만들었고 덕분에 블렌드텍은 큰 인기를 누렸다.

일반 대중이 사용하는 평범한 제품, 그들이 흔히 접하는 아이 디어일 뿐이라도 입소문의 심리학을 어떻게 가미하느냐에 따라 성공 여부가 결정된다.

지금까지 입소문과 사회적 영향력에 대한 최신 이론을 담았다. STEPPS 여섯 가지 요소를 충실히 따른다면 어떤 제품이나 아이디어라도 유행의 중심에 세울 수 있다.

감사의말

　내가 책을 쓰는 중이라고 말하면 사람들은 어김없이 누가 도와주고 있느냐고 물어본다. 공동 저자는 따로 없지만 셀 수 없을 정도로 많은 사람의 도움을 받고 있는 터라 질문에는 대답하기가 어렵다. 그들이 없었다면 지금 같은 성과를 거두지 못했을 것이다.

　우선 지난 여러 해 동안 나를 도와준 분들에게 감사를 전한다. 에즈기 악피나르, 에릭 브래들로, 데이브 밸터, 버즈에이전트 관계자들, 그레인 피츠시몬스, 라구 아이엥거, 에드 켈러, 켈러페이그룹 관계자들, 블레이크 맥셰인, 캐티 밀크먼, 에릭 슈워츠 그리고 이 책을 집필할 때 참고한 모든 논문을 준비해준 모건 워드에게 감사를 전한다. 리베카 그린블랫, 다이애나 장, 로렌 맥데비트, 제네바 롱, 케리 타웁, 제니퍼 우를 비롯한 많은 학생들이 여러 가지 프로젝트에 도움을 주었다. 말콤 글래드웰의 책 덕분에 나는 이 분야에 관심을 갖게 되었고 결국 이 책을 집필할 수 있었다. 애나 매스트리는 내가 작가로서 계속 발전하도록 격려를 아끼지 않았다. 세스 고딘, 스탠리 리버슨, 에버렛 로저스, 이매뉴얼 로젠, 토머스 셸링, 조너선 와이너의 책은 내가 이 분야를 계속 연구할 수 있도록 힘을 주었다. 또한 이론 연구를 나에게 소개해준 글렌 모글렌, 사회심리학을 가르쳐준 에밀리 프로닌, 사회학을 소개해준 노아 마크, 항상 더 나은 아이디어를 찾아보라고 조언해준 리 로스와 이타마르 사이먼슨에게도 많은 빚을 졌다. 또한 와튼스쿨과 스탠퍼드 대학의 동료들, 나를 가르쳐줬던 몽고메리 블레어 고등학교와 타코마 파크 중학교의 교사진과 사무직원들, 그 밖에 수학과 과학의 놀라운 매력을 알려준 수많은 아이들에게도 감사를 전한다.

또한 이 책에 특별히 도움을 주신 분들에게 고마움을 전하고 싶다. 댄 애리엘리, 댄 길버트, 자라 레러는 책을 집필하는 데 필요한 기본기를 알려준 사람들이다. 앨리스 라플란테는 문장을 다듬을 때 많은 도움을 주었고 레빈 그린버그 출판 에이전시의 짐 레빈을 비롯한 직원들은 집필 과정 내내 크고 작은 아이디어를 제공해주었다. 조너선 카프, 밥 벤더, 트레이시 게스트, 리처드 로러, 마이클 애커디노와 다른 모든 사이먼 앤드 슈스터의 직원들이 아니었다면 좋은 아이디어가 아무리 많아도 이 책에 모두

담지 못했을 것이다. 앤서니 커파로, 콜런 초락, 켄 크레이그, 벤 피시먼, 데니즈 그레이디, 코린 조하네슨, 스콧 매키천, 짐 미한, 팀 파이퍼, 켄 시걸, 브라이언 셰베이로, 하워드 와인, 조지 라이트는 기꺼이 시간을 내어 자신의 체험담을 들려주었다. 와튼스쿨 EMBA 과정을 밟고 있는 다수의 학생들이 원고 초안을 검토하고 피드백을 주었다. 또 펜실베이니아 대학에는 점심마다 함께 공을 차면서 잠시 스트레스를 잊게 해준 이들도 있었다. 마리아 애나는 매의 눈으로 원고 검토작업을 맡아주었다. 프레드와 대니를 비롯한 가족 모두가 초안을 읽고 조언을 아끼지 않았으며 내가 지칠 때도 끝까지 노력하도록 격려해주었다.

이 밖에도 특별히 감사를 전할 사람들이 있다. 우선 나의 좋은 친구이자 멘토이며 믿을 만한 조언자 칩. 그가 아니었다면 글쓰기와 연구에 필요한 지식을 제대로 갖추지 못했을 것이다. 칩에게는 내가 얼마나 고마워하는지 그 어떤 말로도 전할 수 없을 것 같다. 다음으로 집필하는 내내 곁에서 격려해준 조던. 그는 지칠 줄 모르는 열정이 있으며 매사에 신중한 편집자다. 또한 우리 부모님 다이앤 아킨과 제프리 버거는 이 책이 나오기까지 내내 내용을 읽고 지원해주시며 이 프로젝트를 해내도록 기반을 다져주셨다. 마지막으로 내가 이 일을 시작할 수 있도록 해주시고 항상 격려해주신 할머니에게도 감사드린다.

프롤로그

Arthur, Charles (2009), "Average Twitter User has 126 Followers, and Only 20% of Users Go via Website", *The Guardian*, March 29, http://www.guardian.co.uk/technology/blog/2009/jun/29/twitter-users-average-api-traffic.

Bakshy, Eytan, Jake Hofman, Winter A. Mason, and Duncan J. Watts (2011), "Everyone's an Influencer: Quantifying Influence on Twitter", *Proceedings of the Fourth International Conference on Web Search and Data Mining*, Hong Kong.

Bughin, Jacques, Jonathan Doogan, and Ole Jørgen Vetvik (2010), "A New Way to Measure Word-of-Mouth Marketing," *McKinsey Quarterly* (white paper).

Chevalier, Judith, and Dina Mayzlin (2006), "The Effect of Word of Mouth on Sales: Online Book Reviews", *Journal of Marketing Research* 43, no. 3, 345~54.

Christakis, Nicholas A., and James Fowler (2009), *Connected: The Surprising Power of Our Social Networks and How They Shape Our*

Lives (New York: Little, Brown and Company).

Eridon, Corey (2011), "25 Billion Pieces of Content Get Shaied on Facebook Monthly," *Hubspot Blog*, December 2, http://blog. hubspot.com/blog/tabid/6307/bid/29407/25-Billion-Pieces-of-Content-Get-Shared-on-Facebook-Monthly-INFOGRAPHIC.aspx.

Gladwell, Malcolm (2000), *The Tipping Point: How Little Things Can Make a Big Difference* (New York: Little, Brown).

Godes, David, and Dina Mayzlin (2009), "Firm-Created Word-of-Mouth Communication: Evidence from a Field Study," *Marketing Science* 28, no. 4, 721~39.

http://articles.businessinsider.com/2009-05-20/tech/30027787_1_tubemogul-videos-viral-hits.

http://donteattheshrimp.com/2007/07/03/will-it-blend-gets-blendtec-in-the-wsj/.

http://jonahberger.com

http://magazine.byu.edu/?act=view&a=2391.

http://news.cnet.com/8301-1023_3-10421016-93.html.

http://smallbiztrends.com/2008/04/startup-failure-rates.html.

http://techcrunch.com/2011/11/27/social-proof-why-people-like-to-follow-the-crowd.

http://www.econ.ucsb.edu/~tedb/Courses/Ec1F07/restaurantsfail.pdf.

http://www.yelp.com/biz/barclay-prime-philadelphia.

Iyengar, Raghuram, Christophe Van den Bulte, and Thomas W. Valente (2011), "Opinion Leadership and Social Contagion in New Product Diffusion", *Marketing Science* 30, no. 2, 195~212.

Keller, Ed, and Barak Libai (2009), "A Holistic Approach to the Measurement of WOM," presentation at ESOMAR Worldwide Media Measurement Conference, Stockholm (May 4~6).

Keller, Ed, and Brad Fay (2012), *The Face-to-Face Book: Why Real Relationships Rule in a Digital Marketplace* (New York: Free Press).

Keller, Ed, and Jon Berry (2003), *The Influentials: One American in Ten Tells the Other Nine How to Vote, Where to Eat, and What a Buy* (New York: Free Press).

Mehl, Matthais R., Simine Vazire, Nairan Ramirez-Esparza, Richard B. Slatcher, and James W. Pennebaker (2007), "Are Women Really More Talkative Than Men?" *Science* 317, 82.

Sauer, Patrick J. (2008), "Confessions of a Viral Video Supersta", *Inc.* magazine, June 19.

Schmitt, Philipp, Bernd Skiera, and Christophe Van den Bulte (2011), "Referral Programs and Customer Value," *Journal of Marketing* 75 (January), 46~59.

Shane, Scott (2008), "Startup Failure Rates—The REAL numbers," *Small Business Trends*, April 28.

Stephen, Andrew, and Jeff Galak (2012), "The Effects of Traditional and Social Earned Media on Sales: A Study of a Microlending Marketplace", *Journal of Marketing Research*; Trusov, Bucklin, and Pauwels, "Effects of Word-of-Mouth Versus Traditional Marketing".

"The Structure of Online Diffusion Networks," *Proceedings of the 13th ACM Conference on Electronic Commerce* (EC '12).

Trusov, Michael, Randolph E. Bucklin, and Koen Pauwels (2009), "Effects of Word-of-Mouth Versus Traditional Marketing: Findings from an Internet Social Networking Site," *Journal of Marketing* 73 (Septembhttp://ryanplee.blog.me/140107038186er), 90~102.

Watts, Duncan J., and Peter S. Dodds (2007), "Networks, Influence, and Public Opinion Formation", *Journal of Consumer Research* 34, no. 4, 441~58.

chapter 1 소셜 화폐의 법칙

Amir, On, and Dan Ariely (2008), "Resting on Laurels: The Effects of Discrete Progress Markers as Sub-goals on Task Performance and Preferences", *Journal of Experimental Psychology: Learning, Memory, and Cognition* 34, no. 5, 1158~71.

Aronson, Elliot (1997), "The Theory of Cognitive Dissonance: The Evolution and Vicissitudes of an Idea", *The Message of Social Psychology: Perspectives on Mind in Society*, ed. Craig McGarty and S. Alexander Haslam (Malden, Mass.: Blackwell Publishing), 20~35.

Aronson, Elliot, and Judson Mills (1959), "The Effect of Severity of Initiation on Liking for a Group", *Journal of Abnormal and Social Psychology* 66, no. 6, 584~88.

Bakshy, Eytan, Jake M. Hofman, Winter A. Mason, and Duncan J. Watts (2011), "Everyone's an Influencer: Quantifying Influence on Twitter", WSDM, 65~74.

Berger, Jonah, and Chip Heath (2007), "Where Consumers Diverge from Others: Identity Signaling and Product Domains", *Journal of Consumer Research* 34, no. 2, 121~34.

Berger, Jonah, and Chip Heath (2008), "Who Drives Divergence? Identity Signaling, Outgroup Dissimilarity, and the Abandonment of Cultural Tastes", *Journal of Personality and Social Psychology* 95, no. 3, 593~605.

Berger, Jonah, and Katherine Milkman (2012), "What Makes Online Content Viral", *Journal of Marketing Research* 49, no. 2, 192~205.

Berger, Jonah, and Raghuram Iyengar (2013), "How Interest Shapes Word-of-Mouth over Different Channels", Wharton working paper.

Burrus, Jeremy, Justin Kruger, and Amber Jurgens (2006), "The Truth Never Stands in the Way of a Good Story: The Distortion of Stories in the Service of Entertainment", University of Illinois working paper.

Chen, Zoey, and Jonah Berger (2012), "When, Why, and How Controversy Causes Conversation", Wharton working paper.

De Angelis, Matteo, Andrea Bonezzi, Alessandro Peluso, Derek Rucker, and Michele Costabile (2012), "On Braggarts and Gossip: A Self-Enhancement Account of Word-of-Mouth Generation and Transmission", *Journal of Marketing Research*.

Dunbar, Robert I. M., Anna Marriott, and N. D. C. Duncan (1997), "Human Conversational Behavior", *Human Nature* 8, no. 3, 231~44.

Fromkin, H. L., J. C. Olson, R. L. Dipboye, and D. Barnaby (1971), "A Commodity Theory Analysis of Consumer Preferences for Scarce Products", Proceedings 79th Annual Convention of the American Psychological Association, 1971, pp. 653~54.

Heath, Chip and Dan Heath (2011), *Made to Stick: Why Some Ideas Survive and Others Die* (New York: Random House).

Heath, Chip, Richard P. Larrick, and George Wu (1999), "Goals as Reference Points", *Cognitive Psychology* 38, 79~109.

Heyman, James, and Dan Ariely (2004), "Effort for Payment: A Tale of Two Markets", *Psychological Science* 15, no. 11, 787~93.

http://blogs.wsj.com/source/2010/01/19/burberry%E2%80%99s-trench-website-too-good-to-be-true/.

http://en .wikipedia.org/wiki/McRih.

http://en.wikipedia.org/wiki/The_Blair_Witch_Project.

http://mittelmitte.b1ogspot.com/2006/09/snapple-real-facts-are-100-true.html.

http://mysnapplerealfacts.blogspot.com/.

http://www.1to1media.com/weblog/2010/01/internet_marketing_

from_the_tr.html.

http://www.frequentflyerservices.com/press_room/facts_and stats/ frequent_flyer_facts.php.

http://www.maxim.com/funny/the-cult-of-the-mcrib-0.

http://www.prweb.com/releases/2011/11/prweb8925371.htm.

http://www.renovaonline.net/_global/.

Interview with Ben Fischman on June 12, 2012.

Interviews with Brian Shebairo on May 16, 2012. Jim Meehan on May 13, 2012.

Kivetz, Ran, Oleg Urminsky, and Yuhuang Zheng (2006), "The Goal-Gradient Hypothesis Resurrected: Purchase Acceleration, Illusionary Goal Progress, and Customer Retention", *Journal of Marketing Research* 43, no. 1, 39~58.

Lepper, Mark R., David Greene, and Richard E. Nisbett (1973), "Undermining Children's Intrinsic Interest with Extrinsic Reward: A Test of the 'Overjustfication' Hypothesis," *Journal of Social and Personality Psychology* 28, no. 1, 129~37.

Naaman, Mor, Jeffrey Boase, and Chih-Hui Lai (2010), "Is It Really About Me? Message Content in Social Awareness Streams", *Proceedings of the ACM Conference*, 189~92.

Sela, Aner, and Jonah Berger (2011), "Decision Quicksand: How Trivial Choices Suck Us In", *Journal of Consumer Research*, 39.

Solnick, S. J., and D. Hemenway (1998), "Is More Always Better? A Survey on Positional Concerns", *Journal of Economic Behavior and Organization* 37, 373~83.

Tamir, Diana I., and Jason P. Mitchell (2012), "Disclosing Information About the Self Is Intrinsically Rewarding", *Proceedings of the National Academy of Sciences* 109, no. 21, 8038~43.

Verhallen, Theo (1982), "Scarcity and Consumer Choice Behavior", *Journal of Economic Psychology* 2, 299~322.

Wojnicki, Andrea C., and Dave Godes (2010), "Word-of-Mouth as Self-Enhancement", University of Toronto working paper.

Worchel, S., J. Lee, and A. Adewole (1975), "Effects of Supply and Demand on Ratings of Object Value", *Journal of Personality and Social Psychology* 32, 906~14.

chapter 2 계기의 법칙

Anderson, John R. (1974), "Retrieval of Propositional Information from Long-term Memory", *Cognitive Psychology* 6, 451~74.

Anderson, John R. (1983), *The Architecture of Cognition* (Cambridge, Mass.: Harvard University Press).

Collins, Allan M., and Elizabeth F. Loftus (1975), "A Spreading-Activation Theory of Semantic Processing", *Psychological Review* 82, no. 6, 407~28

Bargh, John A., W. J. Lombardi, and E. Tory Higgins (1988), "Automaticity of Chronically Accessible Constructs in Person X Situation Effects on Person Perception: It's Just a Matter of Time", *Journal of Personality and Social Psychology* 55, no. 4, 599~605.

Berger, Jonah, Alan T. Sorensen, and Scott J. Rasmussen (2010), "Positive Effects of Negative Publicity: When Negative Reviews Increase Sales", *Marketing Science* 29, no. 5, 815~27.

Berger, Jonah, and Chip Heath (2005), "Idea Habitats: How the Prevalence of Environmental Cues Influences the Success of Ideas", *Cognitive Science* 29, no. 2, 195~221.

Berger, Jonah, and Eric Schwartz (2011), "What Drives Immediate and Ongoing Word-of-Mouth?" *Journal of Marketing*, October, 869~80.

Berger, Jonah, and Gráinne M. Fitzsimons (2008), "Dogs on the Street, Pumas on Your Feet: How Cues in the Environment Influence Product Evaluation and Choice", *Journal of Marketing Research* 45, no. 1, 1~14.

Berger, Jonah, Marc Meredith, and S. Christian Wheeler (2008), "Contextual Priming: Where People Vote Affects How They Vote", *Proceedings of the National Academy of Sciences* 105, no. 26, 8846~49.

Carl, Walter (2006), "What's All the Buzz About? Everyday Communication and the Relational Basis of Word-of-Mouth and Buzz Marketing Practices", *Management Communication Quarterly* 19, 601~34.

Cialdini, Robert B. (2001), *Influence: Science and Practice* (Needham Heights, Mass.: Allyn & Bacon).

Cialdini, Robert B., Petia Petrova, Linda Demaine, Daniel Barrett, Brad Sagarin, Jon Manner, and Kelton Rhoads (2005), "The Poison Parasite Defense: A Strategy for Sapping a Stronger Opponent's Persuasive Strength" University of Arizona working paper.

Higgins, E. Tory, and G. King (1981), "Accessibility of Social Constructs: Information-processing Consequences of Individual and Contextual Variability", *Personality, Cognition, and Social Interaction*, ed. N. Cantor and J. F. Kihlstrom (Hillsdale, N.J.: Lawrence Erlbaum), 60~81

Higgins, Tory E., William S. Rholes, and Carl R. Jones (1977), "Category Accessibility and Impression Formation", *Journal of Social Psychology* 13 (March), 141~54.

http://en.wikipedia.org/wiki/Kit_Kat.

http://en.wikipedia.org/wiki/Rebecca_Black.

http://jonahberger.com.

http://no-smoke.org/images/02_Bob_14x48.jpg.

http://www.webmd.com/mental-health/news/20030227/songs-stick-in-everyones-head.

Interview with Colleen Chonk on February 9, 2012.

Kellaris, James (2003), "Dissecting Earworms: Further Evidence on the 'Song-Stuck-in-Your Head' Phenomenon", presentation to the Society for Consumer Psychology.

Keller, Ed, and Barak Libai (2009), "A Holistic Approach to the Measurement of WOM", presentation at ESOMAR Worldwide Media Measurement Conference, Stockholm (May 4~6).

Nedungadi, P. (1990), "Recall and Consumer Consideration Sets: Influencing Choice Without Altering Brand Evaluations", *Journal of Consumer Research* 17, no. 3, 263~76

North, Adrian C., David J. Hargreaves, and Jennifer McKendrick (1997), "In-Store Music Affects Product Choice", *Nature* 390 (November), 132.

Riker, William, and Peter Ordeshook (1968), "A Theory of the Calculus of Voting", *American Political Science Review* 62, no. 1, 25~42.

Rosen, Emanuel (2003), *Anatomy of Buzz* (London: Profile Books).

Scott A. Golder provided the data about Cheerios mentioned on Twitter.

Sernovitz, Andy (2006), *Word of Mouth Marketing: How Smart Companies Get People Talking* (Chicago: Kaplan Publishing).

White, Michael (1997), "Toy Rover Sales Soar into Orbit: Mars Landing Put Gold Shine Back into Space Items", *Arizona Republic*, July 12A, E1.

Wyer, Robert S., and T. K Srull (1981), "Category Accessibility: Some

Theoretical and Empirical Issues Concerning the Processing of Social Stimulus Information", *Social Cognition: The Ontario Symposium*, vol. 1, ed. E. T. Higgins, C. P. Herman, and M. P. Zanna (Hillsdale, N. J.: Lawrence Erlbaum), 161~97.

chapter 3 감성의 법칙

Barrett, Lisa Feldman, and James A. Russell (1999), "The Structure of Current Affect: Controversies and Emerging Consensus", *Current Directions in Psychological Science* 8, no. 1, 10~14.

Berger, Jonah (2011), "Arousal Increases Social Transmission of Information", *Psychological Science* 22, no. 7, 891~93.

Berger, Jonah, and Katherine Milkman (2012), "What Makes Online Content Viral", *Journal of Marketing Research* 49, no. 2, 192~205.

Carroll, Dave (2012), United Breaks Guitars: The Power of One Voice in the Age of Social Media (Carlsbad, CA: Hay House).

Christie, I. C., and B. H. Friedman (2004), "Autonomic Specificity of Discrete Emotion and Dimensions of Affective Space: A Multivariate Approach", *International Journal of Psychophysiology* 51, 143~53.

Godes, Dave, Yubo Chen, Sanjiv Das, Chrysanthos Dellarocas, Bruce Pfeiffer, et al. (2005), "The Firm's Management of Social Interactions", *Marketing Letters* 16, nos. 3~4, 415~28.

Grady, Denise (2008), "The Mysterious Cough, Caught on Film", *New York Times*, October 27.

Heath, Chip, Chris Bell, and Emily Sternberg (2001), Emotional Selection in Memes: The Case of Urban Legends," *Journal of Personality and Social Psychology* 81, no. 6, 1028~11.

Heilman, K. M. (1997), "The Neurobiology of Emotional Experience", *Journal of Neuropsychiatry* 9, 439~48.

http://jonahberger.com

http://www.liwc.net/.

http://www.nytimes.com/2008/10/28/science/28cough.html.

Iezzi, Teressa (2010), "Meet the Google Five", http://creativity-online. com/news/the-google-creative-lab/146084.

Interview with Anthony Cafaro on June 20, 2012.

Keltner, D., and J. Haidt (2003), "Approaching Awe, a Moral, Spiritual, and Aesthetic Emotion", *Cognition and Emotion*, 17, 297~314.

Learmonth, Michael (2008), "How Twittering Critics Brought Down Motrin Mom Campaign: Bloggers Ignite Brush Fire over Weekend, Forcing J&J to Pull Ads, Issue Apology", *AdAge.com*, November 17, retrieved from http://adage.com/article/digital/twittering-critics-brought-motrin-mom-campaign/132622.

Pennebaker, J. W., and M. E. Francis (1996), "Cognitive, Emotional, and Language Processes in Disclosure", *Cognition and Emotion* 10, 601~26.

Pennebaker, James W., Matthias R. Mehl, and Katie Niederhoffer (2003), "Psychological Aspects of Natural Language Use: Our Words, Our Selves", *Annual Review of Psychology* 54, 547~77.

Pennebaker, James W., Roger J. Booth, and Martha E. Francis (2007), "Linguistic Inquiry and Word Count: LIWC2007", accessed October 14, 2011.

Peters, Kim, and Yoshihasa Kashima (2007), "From Social Talk to Social Action: Shaping the Social Triad with Emotion Sharing", *Journal of Personality and Social Psychology* 93, no. 5, 780~97.

Schlosberg, H. (1954), "Three Dimensions of Emotion", *Psycholosical Review* 61, no. 2, 81~88.

Shiota, M. N., D. Keltner, and A. Mossman (2007), "The Nature of

Awe: Elicitors, Appraisals, and Effects on Self-concept", *Cognition and Emotion* 21, 944~63.

Tang, Julian W., and Gary S. Settles (2008), "Coughing and Aerosols", *New England Journal of Medicine* 359, 15.

Ulam, S. M., Françoise Ulam, and Jan Myielski (1976), *Adventures of a Mathematician* (New York: Charles Scribner's Sons), 289.

Whitlock, Gary, Sarah Lewington, Paul Sherliker, and Richard Peto (2009), "Body-mass Index and Mortality", *The Lancet* 374, no. 9684, 114.

www.attachmentparenting.org.

chapter 4 대중성의 법칙

Becker, Gary S. (1991), "A Note on Restaurant Pricing and Other Examples of Social Influence on Price", *Journal of Political Economy* 99, no. 3, 1109~16.

Berger, Jonah, and Eric Schwartz (2011), "What Drives Immediate and Ongoing Word of Mouth?" *Journal of Marketing Research* 48, no. 5, 869~80.

Burnkrant, Robert E., and Alain Cousineau (1975), "Informational and Normative Social Influence in Buyer Behavior", *Journal of Consumer Research* 2, 206~15.

Cai, Hongbi, Yuyu Chen, and Hanming Fang (2009), "Observational Learning: Evidence from a Randomized Natural Field Experiment", *American Economic Review* 99, no. 3, 864~82.

Carr, Austil (2011), "Lance Armstrong, Doug Ulman Thought the Livestrong Wristband Would Fail," *Fast Company*, November 11, retrieved from http://www.fastcompany.com/article/doug-ulman-didnt-think-the-livestrong-bracelets-would-sell.

Christakis, Nicholas A., and James Fowler (2009), *Connected: The Surprising Power of Our Social Networks and How They Shape Our Lives* (New York: Little, Brown, and Company).

Cialdini, Robert B. (2001), *Influence: Science and Practice* (Needham Heights, Mass.: Allyn & Bacon).

Cialdini, Robert B., Linda J. Demaine, Brad J. Sagarin, Daniel W. Barrett, Kelton Rhoads, and Patricia L. Winter (2006), "Managing Social Norms for Persuasive Impact", *Social Influence* 1, no. 1, 3~15.

Gelles, David (2010), "E-commerce Takes an Instant Liking to Facebook Button", *Financial Times*, September 21, retrieved from http://www.ft.com/cms/s/2/1599be2e-c5a9-11df-ab48-00144feab49a.html.

Goldstein, Noah J., Robert B. Cialdini, and Vladas Griskevicius (2008), "A Room with a Viewpoint: Using Social Norms to Motivate Environmental Conservation in Hotels", *Journal of Consumer Research* 35, 472~82.

Gosling, Sam (2008), *Snoop: What Your Stuff Says About You* (New York: Basic Books).

Grinblatt, M., M. Keloharrju, and S. Ikaheimo (2008), "Social Influence and Consumption: Evidence from the Automobile Purchases of Neightors", *The Review of Economics and Statistics* 90, no. 4, 735~53.

Hingson, Ralph, Timothy Heeren, Michael Winter, and Henry Wechsler (2005), "Magnitude of Alcohol-Related Mortality and Morbidity Among U.S. College Students Ages 18~24: Changes from 1998 to 2001", *Annual Review of Public Health*, 26, 259~79.

hitp://www.alcohol101plus.org/downloads/collegestudents.pdf.

Hornik, Robert, Lela Jacobsohn, Robert Orwin, Andrea Piesse, and Graham Kalton (2008), "Effects of the National Youth Anti-Drug Media Campaign on Youths" *American Journal of Public Health* 98, no. 12, 2229~36.

http://billabout.com/get-your-mo-on%E2%80%A8interview-adam-garone-movember-founder/.

http://ca.movember.com.

http://en.wikipedia.org/wiki/Hotmail.

http://www.cdc.gov/features/cancerandmen/.

http://www.riaa.com/faq.php.

http://www.wcrf.org/cancer_statistics/world_cancer_statistics.php.

Interview with Ken Segall on May, 15, 2012.

Interview with Koreen Johannessen on June 21, 2012.

Interview with Scott MacEachern, 2006.

McShane, Blakely, Eric T. Bradlow, and Jonah Berger (2012), "Visual Influence and Social Groups", *Journal of Marketing Research*.

Mickle, Tripp (2009), "Five Strong Years," *Sports Business Daily*, September 14, retrieved from http://vcw.sportsbusinessdaily.com/Journal/Issues/2009/09/20090914/This-Weeks-News/Five-Strong-Years.aspx.

Nickerson, David W. (2008), "Is Voting Contagious? Evidence from Two Field Experiments", *American Political Science Review* 102, 49~57.

Prentice, Deborah A., and Dale T. Miller (1993), "Pluralistic Ignorance and Alcohol Use on Campus: Some Consequences of Misperceiving the Social Norm", *Journal of Personality and Social Psychology* 64, no. 2, 243~56.

Provine, R. R. (1992), "Contagious Laughter: Laughter Is a Sufficient

Stimulus for Laughs aid Smiles", *Bulletin of the Psychonomic Society* 30, 1~4.

Schroeder, Christine M., and Deborah A. Prentice (1998), "Exposing Pluralistic Ignorance to Reduce Alcohol Use Among College Students", *Journal of Applied Social Psychology* 28, 2150~80.

Segall (2012), *Insanely Simple: The Obsession That Drives Apple's Success* (New York: Portfolio/Penguin).

Thaler, Richard (2012), "Watching Behavior Before Writing the Rules", *New York Times*, July 12, retrieved from http://www.nytimes.com/2012/07/08/business/behavioral-science-can-help-guide-policy-economic-view.html.

Weschler, Henry, and Toben F. Nelson (2008), "What We Have Learned from the Harvard School of Public Health College Alcohol Study: Focusing Attention on College Student Alcohol Consumption and the Environmental Conditions That Promote It", *Journal of Studies on Alcohol and Drugs* 69, 481~90.

Zhang, Juanjuan (2010), "The Sound of Silence: Observational Learning in the U.S. Kidney Market", *Marketing Science* 29, no. 2, 315~35.

chapter 5 실용적 가치의 법칙

Anderson, Eric T., and Duncan I. Simester (2001), "Are Sale Signs Less Effective When More Products Have Them?" *Marketing Science* 20, no. 2, 121~42.

Blattberg, Robert, Richard A. Briesch, and Edward J. Fox (1995), "How Promotions Work", *Marketing Science* 14, no. 3, 122~32.

Chen, S.-F. S., K. B. Monroe, and Yung-Chein Lou (1998), "The Effects of Framing Price Promotion Messages on Consumers' Perceptions and Purchase Intentions", *Journal of Retailing* 74, no. 3, 353~72.

http://jonahberger.com

Inman, Jeffrey J., Anil C. Peter, and Priya Raghubir (1997), "Framing the Deal: The Role of Restrictions in Accentuating the Deal Value", *Journal of Consumer Research* 24 (June), 68~79.

Interview with Ken Craig, February 20, 2012.

Kahneman, Daniel, and Amos Tversky (1979), "Prospect Theory: An Analysis of Decision Under Risk", *Econometrica* 47 (1979), 263~91.

Kahneman's book *Thinking, Fast and Slow* (2011), from Farrar, Straus and Giroux.

Lattin, James M., and Randolph E. Bucklin (1989), "Reference Effects of Price and Promotion on Brand Choice Behavior", *Journal of Marketing Research* 26, no 3, 299~310.

McIntyre, Peter, and Julie Leask (2008), "Improving Uptake of MMR Vaccine", *British Medical Journal* 336, no. 7647, 729~30.

Mnookin, Seth (2011), *The Panic Virus* (New York: Simon and Schuster).

Pepys, Mark B. (2007), "Science and Serendipity", *Clinical Medicine* 7, no. 6, 562~78.

Raju, Jagmohan S. (1992), "The Effect of Price Promotions on Variability in Product Category Sales", *Marketing Science* 11, no. 3, 207~20.

Schindler, Robert M. (1998), "Consequences of Perceiving Oneself as Responsible for Obtaining a Discount: Evidence for Smart-Shopper Feelings", *Journal of Consumer Psychology* 7, no. 4, 371~92.

Thaler, "Toward a Positive Theory of Consumer Choice", 39~60.

Thaler, Richard (1980), "Toward a Positive Theory of Consumer Choice", *Journal of Economic Behavior and Organization* 1, 39~60;

and Thaler, Richard (1985), "Mental Accounting and Consumer Choice", *Marketing Science* 4, 199~214.

chapter 6 이야기성의 법칙

Akpinar, Ezgi, and Jonah Berger (2012), "Valuable Virality", Wharton working paper.

Allport, Gordon, and Joseph Postman (1947), *Psychology of Rumor* (New York: H. Holt and Company).

Baikouzis, Constantino, and Marcelo O. Magnasco (2008), "Is an Eclipse Described in The *Odyssey?" Proceedings of the National Academy of Sciences* 105, no. 26, 8823~28.

Baumeister, Roy F., Liquing Zhang, and Kathleen D. Vohs (2004), "Gossip as Cultural Learning," *Review of General Psychology* 8, 111~21.

BBC News (2004), "Jail Sentence for Tutu Prankster", August 19.

Etcoff, Nancy, Susie Orbach, Jennifer Scott, and Heidi D'Agostino (2004), *The Real Truth About Beauty: A Global Report*; retrieved on June 1, 2012, from http://www.scribd.com/doc/16653666/1/%E2%80%9CTHE-REAL-TRUTH-ABOUT-BEAUTY-A-GLOBAL-REPORT%E2%80%9D.

http://en.wikipedia.org/wiki/Evolution_%28advertisement%29.

http://en.wikipedia.org/wiki/Jared_Fogle for an overview of the Jared story.

http://jonahberger.com

http://news.bbc.co.uk/2/hi/europe/3579148.stm.

http://www.marketingvox.com/dove_evolution_goes_viral_with_triple_the_traffic_of_super_bowl_spot-022944/ retrieved on May 15, 2012.

Interview with Tim Piper on June 18, 2012.

Kardes, Frank R. (1993), "Consumer Inference: Determinants, Consequences, and Implications for Advertising", *Advertising Exposure, Memory and Choice*, ed. Andrew A. Mitchell (Hillsdale, N.J.: Erlbaum), 163~91.

O'Leary, Noreen (2010), "Does Viral Pay?" retrieved May 21, 2011, from http://www.adweek.com.

World Records Academy (2011), "Most Viewed Online Ad: 'Evian Roller Babies' Sets World Record", retrieved May 2012 from http://www.worldrecordsacademy.org.

에필로그

Ardey, Julie (2008), "Cambodian Settlers Glaze a Donut Trail", *Daily Yonder*, February 18; retrieved from http://www.dailyyonder.com/cambodian-settlers-glaze-donut-trail/2008/02/18/1062.

Bleyer, Jennifer (2008), "Dry Cleaners Feel an Ill Wind from China", New York Times, April 27.

http://www.cnn.com/video/?/video/us/2011/07/05/pkg.wynter.vietnamese.nail.salon.cnn.

http://www.pbs.org/wgbh/amex/murder/peopleevents/p_immigrants.html.

Klinger, Jerry, "The Russians Are Coming, The Russians Are Coming", *America Jewish History 1880-1924*, retrieved on March 15, 2012, from http://www.jewishmag.com/85mag/usa8/usa8.htm.

Tran, My-Thuan (2008), "A Mix of Luck, Polish", *Los Angeles Times*, May 5.

Watts, Duncan J. (2007), "Challenging the Influentials Hypothesis", *WOMMA Measuring Word of Mouth* 3, 207.

찾아보기

옮긴이 정윤미

경북대학교 영어교육학과를 졸업하고 5년간 외국어 고등학교 교사로 일했다. 인문, 자기계발, 경제경영 등 다양한 분야에서 활발한 번역활동을 하고 있으며, 현재 번역에이전시 (주)엔터스코리아에서 출판기획 및 전문번역가로 활동하고 있다. 옮긴 책으로 『브랜드 인셉션』 『혁신의 탄생』 『브랜드 심플』 『착한 맥주의 위대한 성공, 기네스』 등이 있다.

컨테이저스 전략적 입소문

1판 1쇄 2013년 9월 26일
1판 27쇄 2024년 2월 23일

지은이 조나 버거 | 옮긴이 정윤미
책임편집 이현정 | 편집 임혜지 박영신 | 모니터링 이희연
디자인 고은이 최미영
마케팅 정민호 서지화 한민아 이민경 안남영 왕지경 정경주 김수인 김혜원 김하연 김예진
브랜딩 함유지 함근아 고보미 박민재 김희숙 박다솔 조다현 정승민 배진성
저작권 박지영 형소진 최은진 서연주 오서영
제작 강신은 김동욱 이순호 | 제작처 한영문화사(인쇄) 경일제책(제본)

펴낸곳 (주)문학동네 | 펴낸이 김소영
출판등록 1993년 10월 22일 제2003-000045호
주소 10881 경기도 파주시 회동길 210
전자우편 editor@munhak.com | 대표전화 031)955-8888 | 팩스 031)955-8855
문의전화 031)955-3579(마케팅) 031)955-1905(편집)
문학동네카페 http://cafe.naver.com/mhdn
인스타그램 @munhakdongne | 트위터 @munhakdongne
북클럽문학동네 http://bookclubmunhak.com

* 잘못된 책은 구입하신 서점에서 교환해드립니다.
  기타 교환 문의: 031) 955-2661, 3580

ISBN 978-89-546-2243-1 03320

www.munhak.com